人民交通出版社“十一五”高职高专规划教材

高职大学生就业指导

■ 主编　李　志　吴元佑

人民交通出版社

内容简介

本书主要内容：高等职业教育现状与高职生就业指导的内容及其作用、高职生就业政策及就业市场、就业的心理准备、求职择业的知识能力准备、高职大学生求职自荐材料的准备、求职择业的面试和笔试技巧、自主创业与自谋发展、高职大学生就业权益与法律保障、适应社会走向成功等，书后附国家有关的就业政策及有关的法规等。

本书是高等职业院校的公共课教材，也可作为从事就业创业指导工作的人员及其他择业人员的培训教材和自学参考书。

图书在版编目（CIP）数据

高职大学生就业指导/ 李志等主编. —北京：人民交通出版社，2007.8

ISBN 978 - 7 - 114 - 06730 - 3

Ⅰ.高… Ⅱ.李… Ⅲ .高等学校：技术学校 - 毕业生 - 就业 - 基本知识 Ⅳ.G717.38

中国版本图书馆 CIP 数据核字（2007）第 118913 号

书　　名：高职大学生就业指导
著 作 者：李　志　吴元佑
责任编辑：邵　江
出版发行：人民交通出版社
地　　址：（100011）北京市朝阳区安定门外外馆斜街 3 号
网　　址：http：//www.ccpress.com.cn
销售电话：（010）85285656，85285838，85285995
总 经 销：北京中交盛世书刊有限公司
经　　销：各地新华书店
印　　刷：北京宝莲鸿图科技有限公司
开　　本：787 × 960　1/16
印　　张：14.5
字　　数：271 千
版　　次：2007 年 8 月　第 1 版
印　　次：2007 年 8 月　第 1 次印刷
书　　号：ISBN 978 - 7 - 114 - 06730 - 3
定　　价：28.00 元
（如有印刷、装订质量问题的图书由本社负责调换）

教材使用调查问卷

尊敬的老师：

您好！

欢迎您使用"人民交通出版社'十一五'高职高专土建类专业规划教材"，衷心感谢您参与我们的问卷调查，敬请留下您的联系方式，我们将向您提供周到细致的服务，第一时间向您赠阅我们最新出版的教学用书及相关图书资料，同时提供业界信息和购书优惠，优先参与教材编写和定期举办的假期研讨班。

本调查问卷复印有效，请您通过以下方式返回：

邮寄：北京市朝阳区安外外馆斜街3号人民交通出版社土木与建筑图书出版中心(100011)

邵江　收

传真：010－85285927(邵江收)

Email：sj@ccpress.com.cn

第一部分：您的资料

姓　　名：________ 职称：________ 职务：________

所在院校、系：________ 专业：________

主讲课程：________

通讯地址：________ 邮编：________

电　　话：________ Email：________

第二部分：关于教材

1.贵校开设土建类哪些专业？

□建筑工程技术　□工程造价　□工程监理　□物业管理

□建筑装饰工程技术　□房地产经营与估价　□楼宇智能化工程技术

2.您认为理想的高职高专教材应具备哪些内容及特征，请描述________

____

3.您对本书的印刷装帧质量：□好　□一般　□差　需要改进之处：________

4.您使用的教学手段：□传统板书　□多媒体教学　□两者皆用　□网络教学

5.您认为还应开发哪些教材或教辅用书？

本系列三个专业(建筑工程技术、工程监理、工程造价)的教材：________

理由：________

其他专业：________

理由：________

6.您是否愿意参与编写教材？参与编写哪些教材？

课程名称：________

形式：□纸质教材　□实训指导书(习题集)　□多媒体课件

7.您选用教材比较看重以下哪些内容？

□作者背景　□教材编排使用　□有案例教学　□配有多媒体课件

□其他________

8.你一般从什么渠道获取新教材信息？

□新华书店　□建工书店　□出版社的宣传手册　□其他媒介

9.本书内容是否有错、漏及不合理之处，请您指出：________

____

____

人民交通出版社"十一五"
高职高专土建类专业规划教材

1 建筑制图
2 建筑工程 CAD
3 建筑材料与检测
4 建筑力学
5 建筑结构
6 建筑力学与结构
7 地基与基础
8 建筑工程计量与计价
9 建筑构造
10 建筑工程质量验收
11 建筑工程测量
12 建筑施工技术
13 建筑施工组织
14 建筑工程技术资料
15 建设法规
16 建筑设备
17 建筑工程事故分析与处理
18 工程建设监理概论
19 建筑工程计价与投资控制
20 建筑施工组织与进度控制
21 建筑工程质量控制
22 工程招投标与合同管理
23 道路与桥梁工程概论
24 建筑构造与识图
25 建筑与装饰材料
26 建筑结构基础与识图
27 建筑设备安装识图与施工工艺
28 建筑经济
29 建筑工程预算
30 建筑设备安装工程预算
31 建筑装饰工程预算
32 建筑施工工艺
33 工程建设定额原理与实务
34 工程量清单计价
35 工程造价控制
36 工程造价案例分析
37 建筑工程项目管理
38 专业英语

我们热烈欢迎广大教师投稿及交换教学资料,如案例、课件、多媒体,共同打造优秀高职教材!

联系人:邵江
咨询电话:010－85285929
投稿信箱:sj@ccpress.com.cn

相关图书推介:
简明英汉－汉英土木工程词汇
简明英汉－汉英公路工程词汇
简明英汉－汉英工程管理专业词汇
AutoCAD2006 道桥制图(Autodesk 公司推荐)

《国务院关于大力推进职业教育改革与发展的决定》中明确指出:“加强职业指导和就业服务,拓宽毕业生就业渠道,职业学校要加强职业指导工作,引导学生转变就业观念,开展创业教育。”大力开展就业指导工作,对职业教育的改革与发展具有重要意义。

编写《高职大学生就业指导》的主要目的是帮助高等职业院校毕业生实现成功就业。本课程是一门思想性、政策性、实践性很强的课程,同学们在学习的过程中,掌握有关职业的知识,确立正确的就业理念,具备就业求职的实操能力,不仅是高等职业院校毕业生第一次求职的需要,而且是今后整个职业生涯发展所不可或缺的。希望本教材不但能成为高等职业院校学生的良师益友,而且能成为每个从业者职业生涯发展的好参谋。

本书由湖北城市建设职业技术学院组织编写,李志任主编,吴元佑任副主编。参加本书编写的还有(按姓氏笔画为序)王佑华、罗庆丰、张兹伟、熊焕武。

在编写本书过程中,得到了湖北省建设厅、湖北省教育厅、湖北省高等学校毕业就业指导服务中心的领导及有关人员的关心和支持,在此,我们表示诚挚的谢意。同时,在编写本书的过程中,借鉴和参考了有关就业指导和其他学科书籍的内容,在本书出版之际,谨向原作者表示衷心的感谢。

对书中存在的这样或那样的不足,我们恳切希望广大师生提出宝贵意见和建议,以便今后修订完善。

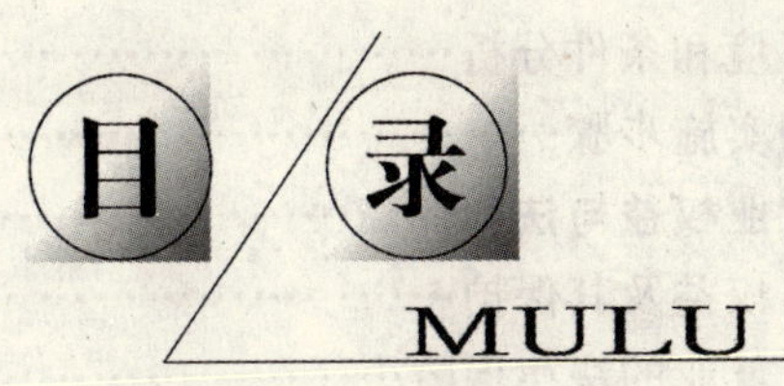

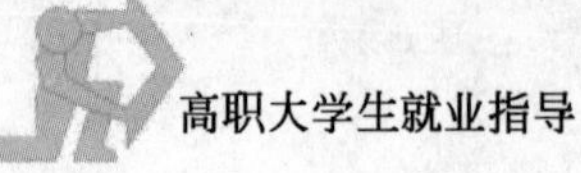

第一章 绪论

第一节 高等职业教育的地位和作用与就业形势分析

一 我国高等职业教育的地位和作用

(一)我国高等职业教育兴办及发展的背景

1979 年,中国共产党十一届三中全会以后我国实现了以经济建设为中心的战略转移。全国各地、各条战线掀起了社会主义现代化建设的热潮。尤其是我国东南沿海地区、改革开放的步伐加快,经济建设呈现高速发展的势态。经济的发展,社会的进步,人才短缺成了突出的矛盾之一。而我国教育事业由于“十年文革”的破坏,人才断层现象十分严重。因此,从 20 世纪 80 年代初开始,在我国东南沿海及一些经济较发达地区率先出现了一批由中心城市举办的新型地方性大学——职业大学,这就是我国最早的高等职业学校。特别是党的“十五大”和《中华人民共和国职业教育法》颁布之后,党和国家高度重视发展职业教育,各级政府相继出台了与之相应的实施办法,采取了一系列具体措施,职业教育从结构、规模和保障等各方面都形成了较为完善的运行机制。目前,承担高等职业教育的学校除职业大学和职业技术学院外,还包括高等专科学校、成人高等学校、民办高等学校、普通高校中的职业技术学院和进行五年一贯制高职教育的中等专业学校,这就形成了多种形式、多种机制、多种模式发展高等职业教育的新格局,高等职业教育已成为高等教育的半壁江山。高等职业教育的迅速发展,一方面是由于各地经济建设迫切需要人才;另一方面是我国高等教育结构改革的结果。改革开放以来,我国高等教育取得了举世公认的成就,为经济建设培养了大

批专门人才;但同时也暴露出一些与社会需求不相适应的问题,比如办学模式单一,偏重理论教学,而轻视实践教学,学生理论基础扎实,但实际能力薄弱等。为此,20世纪80年代末,我国高等教育进行了结构调整,加快了教学领域的改革,除涌现出一大批职业大学外,普通专科学校、成人高校及普通大学也通过深化教学改革,积极探索培养应用型人才的办学模式,取得了明显的改革成果,为我国高等职业教育的发展注入了新的生机。

我国高等职业教育的迅速发展还与我们党和政府确定的方针和一系列政策密切相关。1982年,针对当时我国经济发展速度明显加快,人才缺乏的矛盾日趋突出的状况,五届全国人大五次会议提出:“要试办一批花钱省,见效快,可收学费,学生尽可能走读,毕业生择优录用的专科学校和职业大学。”1985年,在《中共中央关于教育体制改革的决定》中明确提出:“要积极发展高等职业技术院校,逐步建立起一个从初级到高级、待业配套、结构合理,又能与普通教育相互沟通的职业技术教育体系。”1986年,国家教委《关于改革和发展成人教育的决定》中明确提出“职工大学、职工业余大学、管理干部学院应当利用自己同企业、行业关系紧密的有利条件,结合需要,举办高等职业教育。”1994年,全国教育工作会议明确提出通过现有职业大学、部分高等专科学校和独立设置的成人高校改革办学模式,调整培养目标来发展高等职业教育,在仍不满足时,经批准可利用少数具备条件的重点中等专业学校改制或举办高职班等方式作为补充(简称“三改一补”)来发展高等职业教育的基本方针。1996年9月,我国的《职业教育法》正式实施,确立了高等职业教育的法律地位。我国新成立的教育部明确要大力发展高等职业教育,在“三改一补”的基础上,特别要采取新的办学模式和运行机制,积极探索民办高等职业教育。这一系列方针和政策极大地推动了我国高等职业教育的发展。

(二)高等职业教育的地位和作用

1.高等职业教育在我国教育事业中的地位

职业教育是国家教育事业的重要组成部分,高等职业教育是我国高等教育的组成部分。它分为初等、中等和高等职业教育,初等、中等职业教育分别由初等、中等职业学校实施;高等职业教育由高等职业学校实施,或者由普通高等学校实施,主要招收中等职业学校和普通高中毕业生及有同等学力的人员。接受职业学校教育的学生,经学校考核合格,按照国家有关规定,发给学历证书。

2.高等职业教育的作用

职业教育是促进经济、社会发展和劳动就业的重要途径。职业教育对调整教育结构、广开成才之路，对促进义务教育的普及、提高教育整体效益，对全面落实教育方针、增进教育与经济的结合都具有重要的作用。

可见，高等职业教育的目的，重点是促进劳动就业；高等职业教育的对象，主要是中等职业学校毕业生和高中毕业有志从事某项具体专业技能职业的学生；高等职业教育的实施，主要是通过高等职业学校。

高等职业教育在国家各种教育中所占比重多少，是否能够适应科学技术发展对学生能力的要求，是否能够满足社会对学生数量的要求，反映出一个国家教育的发展水平和经济发展水平。同时，高等职业教育的好坏，也直接或间接地影响或制约着国家及当地的经济发展。因此，高等职业教育的改革，对国家政治经济的发展，具有很强的现实意义和深远的历史意义。

(三)高等职业教育的主要特征

1. 培养目标特征：就人才类型而言，培养目标主要是技术型人才

在我国目前的情况下，高等职业教育的培养目标主要是技术型人才。技术型人才主要从事技术的应用与运作，他们和技能型人才的任务都是实施设计、规划和决策并转化成产品，都在生产第一线上工作，都需具备一定的理论技术和经验技术、智力技能和动作技能。区别在于技术型人才以前二者（理论技术和智力技能）为主，技能型人才以后二者为主。今后，技能型人才需要掌握的理论技术和智力技能比重必然增加，然而技术型人才对理论技术和智力技能的要求也在不断变化和提高。新近产生的所谓智能型操作人员，实际上属于技术型人才。至于这两类人才是否可能出现与学科发展类似的“合一分一合”轨迹？尚待研究。但在目前和今后相当长时期内的多数生产领域，这两类人才的区别是明显的。技术型与工程型、技能型人才之间，因为交叉多，工作联系紧密，容易混淆。于是许多学者都特别致力于各类人才特点的研究，努力说明他们之间的区别。在美国，工程技术人员系列中，有工程师(Engineer)、技术师(Technologist)和技术员(Technician)。美国普渡大学(Purdue University)W. K. Lebold教授曾作如下论述：“工程师是产品生产过程或工程系统的开发者或设计者。应用数学和基本理论来解决工程技术问题是他们的典型工作”。“技术师是一个典型的工程实践者，他们关心工程原理如何应用于实践，如何组织生产人员从事生产准备工作和现场操作。他们专注于维护和改良生产设备、生产过程、加工方法和加工程序”。“技术员经常在工程师和技术师的指导下工作或者贯彻他们的技术方案。他们是实践人员，因而，必须了解工作原理和试验程序、测量工具。他们应有较强的动手能力。”

当前，需由高等教育层次培养的技术型人才所分布的职业技术岗位主要有以下四类：(1)专业技术岗位，如工艺工程师、施工现场工程师、林业工程师、农艺师、护理师、高科技装备维修人员、数控机床编程与维修人员等。(2)经营管理岗位，如城建项目经理、作业长、车间主任、建设监理等。(3)经营业务岗位，如中、高级的会计、统计、信贷员、出纳员、秘书、导游，市场预测成本核算、广告设计、外汇交易、证券交易、投资咨询等。(4)智能操作岗位，如飞机驾驶员、远洋轮船驾驶人员和轮机操作人员、柔性加工线运行人员、集中控制室运行人员等。

2.入学要求特征：入学要求既要有高中文化基础，又要有一定的职业技术基础

高等职业教育多数专业的入学者，应具有高中文化基础(不是我国现行的高考标准，而是主要文化基础课的会考标准)和相关专业的知识与技能。

高中文化基础，不仅是学习技术知识与能力所必需，也是高等职业教育毕业生全面素质的组成部分，更是他们毕业后继续学习的需要。为什么要具备相应职业领域的技术基础？因为技术型人才所掌握的职业技术能力，也是一个由简单到复杂，由初级到高级的过程体系。高一级的职业技术能力往往要求建立在低一级能力的基础上。按高等职业教育的培养目标，不但要有高中文化的基础要求，大多数专业还要有一定职业技术能力的要求才能满足。而且，“职业意识”包括必要的行为习惯，是技术型人才的必要素质，需要在一定环境下，有一定的职业性接触才能养成的。因此对多数学生而言，只有入学时具有一定基础，才能保证其培养质量。这里所讲的“相应职业领域的技术基础”指的是一定的职业或职业群中带有共性要求的知识、技能、态度等一系列组成最基本的专业技术能力的要素，而并非针对某一具体职业岗位的就业技能或单项能力。那么，没有这方面的基础，是否就绝对不能进入高职呢？当然不能一概而论，不排除少数例外。事实上，技术型人才的成长途径是多样化的，许多由普通高等教育造就的工程型甚至学术型人才经过多年实践同样成为非常出色的技术型人才。但从教育制度的角度研究高等职业教育的特征，就要从如何优化技术型人才的成长途径来考虑问题。至于某些高等职业教育专业的入学水平不要求有相应的职业技术基础，可在入学后再进行培养的，为数不多，又当别论。加速规范我国高等职业教育的入学标准，如何使普通教育与职业教育相互沟通，怎样使中等与高等职业教育相互衔接，是我国现行学制体系和教育制度急需改革和完善的重要内容之一。

3.培养过程特征

教学和课程的设计以能力为中心；课程种类的跨度较宽，但仍有一定职业类群的专门方向；实践性教学时间比重较大；需有生产和服务现场的环境条件；重点加强专业理论学习。

(1)教学指导思想。

高等职业教育的教学指导思想是使学生获得相应职业领域的能力。教学计划、课程及质量评价标准都以使学生获得能力为中心进行编制,一切教学工作都以使学生获得能力为出发点和终结点。

(2)课程内容。

技术型人才知能结构的总体特征是理论技术与经验技术相结合,而以理论技术为主。因而高等职业教育的课程内容应使学生掌握理论技术所必需的理论基础以及相应的应用能力。但是,理论技术并不排斥经验技术,而是多以经验技术为基础的,同时,理论技术的应用还会伴随出现新的经验因素。实践证明,许多技术成就是二者结合的产物,抓斗大王包起帆的贡献就是一个突出的例子。因而高等职业教育的课程内容必须十分重视理论技术与经验技术的结合,实验、实习与实训等实践教学环节应占较大比重。

(3)课程结构。

在设计高等职业教育课程的过程中,有一对矛盾是必须认真探讨的,那就是针对性与适应性的矛盾。作为职业教育,它必须针对一定的职业范围,学生不能培养成通才;作为职业学校教育,它又必定要与职业培训区别开来,学生除能较快上岗工作外,尚须有较强的适应性。随着科学技术的迅速发展,职业岗位及其内涵的变动非常频繁,高等职业教育毕业生不能只适合在一较狭窄的职业领域中工作,他们应该有较强的就业弹性,应该具有可持续学习的基础。

(4)用人部门参与的特征:办学过程必须加强和用人部门的联系与合作,必须有社会有关行业、企业或单位的直接参与。

首先,职业教育与普通教育相比较,其重要特点之一,是它和用人部门的紧密联系,及其直接服务于社会的性质。职业学校只有主动进入行业环境,投入建设的主战场,得到用人部门的直接参与,才能不容易偏离正确的方向,才能得到社会的承认和支持,才能具有办学的活力,才能不断提高教育质量和办学效益。这是各级职业教育的共同特征之一,当然也是高等职业教育的特征之一。

其次,现代科技的发展速度极快,许多新技术是一边应用、一边发展,未必能及时地反映到学校教育中来。有许多作为技术型人才应具备的知识与能力,只能在实际工作地点才能获得。于是,对于培养技术型人才的高等职业教育来说,工作地点已不仅是从事生产活动的场所,同时也是学生学习的地点。只有书本知识,只在课堂、实验室和校内实训场所,都难以培养合格的技术型人才。所以,学校必须与行业、企业密切地合作,使行业、企业直接参与培养过程,如专业设置、教学计划制订、课程编制、实习及毕业设计与毕业论文的指导等环节,都应由

学校和行业、企业合作完成。学生在学习期间要有一定时间和机会在生产或服务的真实现场经受“真刀真枪”的熏陶和磨炼，一些重要意识和良好行为习惯的养成，某些不易言传的经验和应变方法，只有在现场环境中才能学到。这种社会环境在培养过程中的必要性，是技术型人才培养过程的重要而十分突出的特点。培养工程型人才也要一定的社会环境，但不必有很多的用人部门参与；培养技能型人才当然也离不开生产和服务现场，但主要是解决技能实训问题，对现场环境的范围要求没有那么宽广，对现场情况的要求也没有那么复杂。

(5)培养条件特征：师资的人员构成比较多样，特别注重发挥兼职教师的作用；专任教师的知能储备需更加全面，尤其是对实践能力和社会活动能力的要求较高；教学设备要有鲜明的现场性、技术应用性、综合性和可供反复训练的特点与功能。

为了保证技术型人才这一特定培养目标的实现，必须要有相应的培养条件作保障。高等职业教育的办学条件，除各类教育必须的物质与非物质条件以及社会参与这一特殊条件外，主要是在师资的人员构成和知能结构，以及设备的组成这两方面具有明显特点。

一是师资队伍的构成比较多样。首先，要十分重视兼职教师的聘用。聘用兼职教师至少有如下四个长处：一是有利于解决急需；二是有利于保证较高的专业水平，特别是专业实践能力水平；三是有利于加强学校与社会的联系；四是有利于专业的变换和提高办学效益。若条件允许，兼职教师承担的教学任务可占1/3～1/2。其次，有的对动作技能要求较高的专业，在任课教师所掌握的一般技能难以满足要求的情况下，必须聘任一定的实习指导教师。第三，必须有一批精干的专任教师，为对学生系统而全面地负责，加强教学管理，进行教学改革，提高社会声誉，一支好的专任教师队伍是高等职业学校具有决定性作用的中坚力量。特别值得强调的是，高等职业学校教师的知能储备要更为全面，尤其是对技术应用的实践能力要求比较高，即所谓“双师型”要求。同时还要求教师具有较强的社会活动能力，善于同社会的有关单位及人员进行合作。这些都是对普通高等学校教师不一定提出要求的。

二是设备特征集中表现在实习和实训设备方面，主要是如下四个特点：

现场特点。学生的实习场所要尽可能与社会上实际的生产或服务场所一致，由于校内往往不容易完全具备这样的条件，所以必须充分重视校外实习基地的建设。

技术应用特点。为了适应技术型人才主要从事技术应用和运作的要求，高等职业教育的实习、实验设备应有利于培养学生的技术应用能力和分析、解决实际问题的能力，其重点不是为了理论验证。

综合特点。技术型人才所从事的工作环境往往是多因素综合的，只有在错综复杂的场合才能锻炼学生多方位的思考能力，学会处理各种复杂问题。单一的实习条件难以培养出合格的技术型人才。

可供反复训练的特点。因为许多能力的掌握都不是一次完成的，需要反复练习。正因为如此，仿真模拟设备对于培养技术型人才具有特别明显的作用。尤其如电力生产与输送、化工工艺流程等，难以现场观察，而且必须反复进行故障排除训练，有了仿真模拟设备虽然不能完全代替现场实习，却能比较接近于教学目标的实现。

总之，高等职业教育需要适合于培养技术型人才的专用设备，普通高校的设备未必完全适用。

(四)湖北高等职业教育现状

湖北省充分调动地方政府、省直部门(行业)、大型企业和社会力量举办高等职业教育的积极性，高等职业教育已成为全省高等教育的半壁江山。近几年，湖北省高等职业教育得到快速发展，现有独立建制的高等职业教育学校36所，比1997年增长了4倍。在27所公办高职中，以市、州为区域设立的社区型、综合类高职15所，以大系统、大行业设置的行业型高职10所，大型企业举办的高职2所，另有民办高职9所，形成了多元的办学形式和投资渠道，全省高职学校数占普通高校总数的48%。2002年全省高等职业教育招生7万人，在校生15.6万人，分别占当年全省普通高校招生数和在校生数的35%和28%。全省高等职业学校布局结构趋于合理，基本形成了每个市、州设置一所高等职业学校的格局，民办高等职业教育得到较大发展，市场配置高等职业教育资源的作用得到初步发挥。湖北省正在抓紧贯彻落实全国职业教育工作会议精神，积极推进高等职业教育管理体制改革与办学机制创新，建立高等职业教育评估制度，促进高等职业教育持续健康发展。

湖北省出台《关于高等职业教育改革与发展的意见》，把发展高等职业教育作为实施“科教兴鄂”战略，促进经济建设与社会可持续发展的重要举措，积极推进高等职业教育管理体制改革，建立在省政府领导下，地方(行业)为主、政府统筹、社会参与的高等职业教育管理新体制，加大市州政府、省直部门(行业)及大型企业在发展高等职业教育方面的权限和责任。建立多渠道筹措经费机制，保证高等职业教育办学经费的投入，积极探索“国有民办”、“民办公助”、合作制、股份制等多种所有制的高等职业教育办学模式。建立高等职业教育办学条件合格评估制度，从今年起，对正式设立 3 年以上高职学校的办学条件等情况进行评估，定期向社会公布各高职院校办学条件监测报告，对评估达不到要求的学校，视情况分别给予限制招生、暂停招生等警示。

湖北省正在实施高等职业学校“二定一发展”(核定学校办学规模，制订校园建设规划，确立学校发展目标)计划：到 2008 年，全省高等职业学校数量控制在 50 所左右，在校生规模达到 25 万人以上。全省有 1—2 所高职学校进入全国重点行列，建成 10 所省级示范性高职学校，100 个左右省级高职精品专业。

 大学生就业形势分析

(一)当今的大学生就业市场的形势主要现状表现在如下几个方面

1. 需求不平衡

近年来，随着我国各项改革的不断深入，经济形势的逐步好转以及“尊重知识、尊重人才”观念的增强，社会对大学毕业生的需求量呈现出“行情看涨”的趋势。然而，仍然存在着学科专业、学历层次、地区、院校及用人单位等方面的不平衡。

(1)学科专业之间：随着高新技术产业的迅猛发展和国家对基础设施投资的加大，计算机、通信、电子、土建、机械、自动化、医药、师范等学科的大学毕业生需求旺盛，而哲学、社会学、经济学、法学、农学、林学等学科的大学毕业生需求时有波动。

(2)学历之间：社会对毕业生学历层次的要求越来越高。对研究生的需求量越来越大，对高层次的复合型、外向性和开拓性人才的需求日益迫切，出现了对人才结构、学历层次“重心”的上移。在毕业生就业过程中，形成了研究生需求旺盛，本科生供需基本持平，而专科生、高职生供大于求的局面。有的用人单位甚至有“研究生多多益善、本科生研究研究、专科生不予考虑”的想法。这就形成了，一方面高层次、高学历的毕业生争夺大战愈演愈烈；而另一方面，低层次、低学历的毕业生就业却较为困难，二者形成了鲜明的反差。

(3)地区之间：东部沿海经济发达地区和中心城市，如上海、北京、广东、江苏、浙江等省市，社会需求比较旺盛，呈现出供需平衡或供不应求的局面。随着西部大开发战略的实施，中西部地区的需求也会有所回升。而一些边远省区及经济欠发达的地区需求明显不足。

(4)院校之间：重点大学、名牌院校、名牌专业的“名牌”效应呈现出优势，社会需求增长，其就业率也较高；而一般院校、一般专业的需求相对较弱。

(5)用人单位之间:作为传统毕业生就业主渠道的国有大中型企业,引进毕业生的比例在逐年下降。例如国务院部委所属院校的毕业生到国有企业就业的比例:1996 年为 34.4%,1998 年为 29.3%,2000 年为 26.5%,2001 年为 22.0%。政府机关及事业单位,用人指标有限,难以接受大量毕业生。而三资企业、民营企业及高新技术产业企业(尤其是信息产业)的需求数量却连年增加。

2.社会对毕业生的素质要求提高

目前毕业生就业形成了"买方市场",就业竞争愈显,用人单位对毕业生的素质要求标准越来越高,选择毕业生也更加理性。不再单纯追求人才的数量,而是更加注重毕业生的综合素质。许多用人单位已将综合素质作为评价毕业生"实力"的主要依据和择人标准。例如,在大学生就业市场上出现了即使同一学校、同一专业,由于综合素质不同而就业差别较大的现象:综合素质高的毕业生受到青睐,他们就业面宽,就业机会多,选择余地大,常常是供不应求。相反,综合素质低者,因受到嫌弃而过剩,出现了"就业难,难就业"现象。综合众多用人单位的招聘条件,可以看出具有下列素质和条件的毕业生受到用人单位的欢迎:

(1)较高的思想政治素质和高尚的品德。从多年大学生就业情况看,用人单位普遍欢迎政治思想素质好、品德高尚的毕业生。例如,优秀毕业生、优秀学生干部、优秀学生、共产党员及诚实守信的毕业生在就业市场上大受用人单位的青睐。

(2)具有强烈的事业心和责任感。事业心和责任感是许多用人单位对毕业生素质的基本要求。用人单位特别欢迎事业心强、眼光远大、心胸开阔、具有强烈使命感和社会责任感的人。对那些追求实现个人价值或刚到就业单位,稍不顺心就"跳槽"者则表示极大的不满。

(3)具有吃苦耐劳的创业精神。现在的大学生由于从校门到校门,家长、师长包得过多,其最大的弱点是怕吃苦,缺乏实干的奋斗精神。因而许多用人单位十分看重毕业生是否具有吃苦耐劳的创业精神。那些缺乏吃苦精神,"骄""娇"习气十足,想坐享其成的人是不受欢迎的。

(4)具有扎实的基础知识和宽广的知识面。在就业市场上,学习成绩优良,知识面宽,综合能力较强的毕业生普遍受到欢迎。外语四级、计算机二级及其以上等级证书已是许多用人单位和一些城市接收毕业生的基本要求,更多的高层次单位要求学生外语六级以上。

(5)具有较强的动手能力和创业意识。许多用人单位在招聘毕业生时,总希望毕业生动手能力强,并具有一定的工作能力和经历。例如,当过学生干部的毕业生之所以"走俏",就是因为他们大多适应能力强,一上岗就能独当一面。学生在校期间有论文、作品、著作发表者之所以很"抢手",也是因为他们用自己的"成

果"证明了其实际能力和创新意识。

(6)具有团结协作的团队精神。现代社会越来越需要依靠集体智慧和力量,越来越需要发挥团队协作精神。因此,用人单位在招聘毕业生的过程中,十分注意考察了解毕业生是否具有团队协作精神。那些集体观念淡漠,自以为是,很难与他人合作的人是不受欢迎的。

(7)身心健康者。身心健康是现代企业对人才素质的基本要求。如果一个毕业生其他方面的条件不错,但若有严重的心理障碍或疾病,或者体弱多病,甚至未工作先要治病,用人单位也是不愿意接收的。现在,一些用人单位在招聘过程中,对毕业生进行心理测试、身体健康检查等,就是对身心素质要求的体现。

3.就业竞争日益激烈

一方面大学生择业受到毕业时间相对集中、选择职业时间较短的影响;另一方面,近几年来随着高等教育大众化的实施毕业生的数量不断增多,而社会的有效需求却在短期内增加有限,因而就业岗位有限,就业压力增大。尤其是当前大学生趋之若鹜的"热门"职业、"热门"岗位,就业竞争更加激烈。

除毕业生之间存在激烈的竞争外,学校之间、用人单位之间存在着激励的竞争。学校为了使自己的"产品"——毕业生顺利就业,提高学校的就业率和就业层次、就业质量,提高教学质量,按市场需求调整学科专业招生规模,加强学生综合素质教育和实施宽口径培养之外,也在千方百计采取各种措施加强就业指导,拓宽就业渠道,加强与用人单位之间的密切联系,为毕业生和用人单位提供优质的服务。同时,建立就业"基地",建立集管理、教育、指导、服务为一体的就业指导服务体系;就业指导的"重心"下移,从刚入学的新生开始,就为其提供就业信息和资料,促使学生面向未来、面向社会需要塑造自己;就业工作方式上实行"四化",即态度上主动化,时间上经常化,力量上全面化,手段上信息化。

作为用人单位,也在加大宣传自己的力度,树立企业形象,视人才的使用和培养,不断提高人才的待遇。此外,越来越多的用人单位为了在激烈的竞争中选拔到优秀的毕业生,已不再局限于参加校园招聘会,而是采用各种方法与学生接触,经常与学生保持联系,随时物色合适人选等。

4.以学校为基础的毕业生就业市场已基本形成

尽管社会已形成了全国和地区性的各类人才市场,但由于市场规模大,缺乏严格的市场规则,或者由于针对性不强,而使就业签约率不高。相比之下,以学校为主体的就业市场,由于学校与用人单位常年保持较密切的联系,供需双方专业较对口,学校的中介作用可以充分得以发挥等,这样就使得学校的就业市场签约率较高,市场的效益发挥较好,以其高效、可靠、真实、规范而受到了毕业生和用人单位的普遍欢迎。许多高校的调查显示，毕业生对就业信息的获得主要通过学校，已对学校举办的就业市场产生了依赖性。这标志着以高校为基础的毕业生就业市场已基本形成。

5.就业管理工作进一步规范

(1)以学校为基础的毕业生就业市场和就业指导服务体系已经建立，并为毕业生和用人单位提供了多方面的帮助、指导和服务。据统计，已就业的大学毕业生中，80%是通过学校来落实就业单位的。目前，各学校的就业指导正在向专业化方向迈进，即通过就业指导的专门化、专家化来进一步提高就业指导的水平。

(2)市场机制在毕业生就业工作中的作用越来越明显。公平竞争、优胜劣汰得以充分体现，公开、公正、公平竞争的择业氛围正在逐步形成。许多"过来人"对此深有体会。

(3)毕业生就业市场正从传统的管理向以信息技术为基础的现代化管理模式转变。就业指导的手段正在向信息化、网络化迈进。各高校积极创造条件，依托全国毕业生就业信息网站，为毕业生提供网上信息交流和服务。

(4)就业关系合同化。即无论企业、事业单位，还是国家机关、社会团体，只要录用毕业生，都必须签订就业协议(或劳动合同)，这从客观上反映了毕业生就业工作已进入规范化、法制化的轨道。

(二)2007年大学生就业形势分析与预测报告

在2007年全国普通高校毕业生就业工作会议上，劳动与社会保障部副部长张小建在对2007年的就业状况进行分析时给出了"2007年，全国的就业形势依然严峻!"的判断。2007年全国普通高校毕业生人数将达495万，比2006年增加82万，同比增幅达19.9%。

1.2007年个别省市就业形势简述

北京地区2007届高校毕业生将近20万人，其中研究生人数首次突破5万人，达到历史新高。北京高校毕业生就业指导中心主任任占忠分析指出，研究生找工作的难度比前几年有所增加，在找工作的时候就不像过去那么抢了，本科生需求大致还是可以的，专科生这两年有明显的好转，但从总体上来讲，专科生就业难度比研究生和本科生要大些。

广东省2007年普通高校毕业生人数将比今年至少增加5万人，可能突破27万。2006年广东省参加就业的高校毕业生有21万多人，其中研究生13130人，本科生69699人，专科生127589人。截至2006年10月31日，研究生就业率为89.82%，本科生就业率为91.11%，专科生为88.51%。

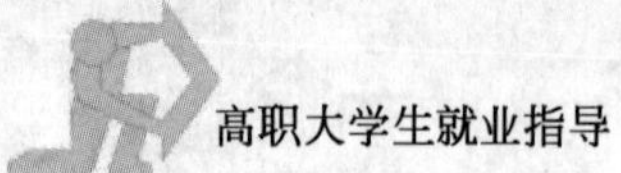

湖北省2007届高校本、专科毕业生总数约为27万人，若加上研究生3万多人，总数超过30万人，而2006年的30万毕业生中，仍有5万名待岗，他们也将加剧2007届毕业生的求职竞争。

南京地区2007年大学应届毕业生将达14万人。南京市已接收普通高校毕业生25695人，同比增加20%。其中清华、北大、复旦、同济、南京大学、东南大学等著名高校硕士研究生2498人，本科毕业生14372人。非公企业吸纳毕业生就业人数达到19189人，比上年增加20%，占接收总数的75%。高层次毕业生就业率高于全国平均水平10个百分点，排名省内城市之首。

厦门市劳动和社会保障局最新调查摸底显示，2007年厦门市预计新增20万个就业岗位，操作工、电子、服装和餐饮服务四大劳动密集型行业可能出现用工紧缺。据了解，去年厦门劳动力市场部分行业就已存在比较严重的缺工情况，缺工较多的工种有电子操作工、工厂一线普工、车工、餐饮业服务员、保安、营销人员、数控模具、软件技术人员等。为此，不少企业相应调高了工资水平，去年厦门劳动力市场月平均工资已从2005年的700—1000提高到1000元—1200元，且不少企业开始改善各种福利待遇，提供吃住等方便。

2.2007年热门行业

中华英才网HR专家就2007年热点行业趋势作出预测，指出通信、汽车、快速消费品及石油能源等四大行业人才需求大，且有较明显的人才缺口。此外，明年另一个职场趋势是海外人才市场将进一步升温，更多的外国公司白领职位将会越来越多地投向中国。以中华英才网与美国MONSTER合作的国际频道所发布职位的趋势分析，精通外语、具有某项专业优势、具有外资企业或国内知名企业的工作背景的求职者，将会赢得更多的海外发展机会。

3.2007年应届大学毕业生整体就业率预测

在中国科学院研究生院2006年11月16日召开的科学与人文论坛上，劳动和社会保障部部长田成平表示，今年高校毕业生比去年增加了75万人，总量达到413万。按照70%的初次就业率计算，今年高校毕业生约有124万人无法实现当期就业。

对于2007年全国就业率的预计，清华大学公共管理学院人力资源专家康小明的回答也并不乐观："排除统计误差，到2007年7月能达到60%已经很不错了。"这一数字与2005年的72.6%相比，也出现了较大的落差。北京大学教育学院对2005年毕业生所做的一项调查显示，"211"工程重点大学毕业生就业率达到85%，而一般专科院校只有59%。康小明表示，目前我国巨大的就业压力可能在3～5年后得到缓解。

第二节　高职毕业生就业

毕业生就业工作的指导思想是以邓小平理论和“三个代表”的重要思想为指导，认真贯彻国务院办公厅国办发【2003】49 号和中办发【2005】18 号文件精神，进一步深化毕业生就业制度改革，拓宽就业渠道，完善服务体系，建立促进毕业生就业的长效机制，努力实现毕业生的充分就业。毕业生就业工作的基本原则是，在国家方针、政策指导下，坚持“市场导向、政府调控、学校推荐、学生与用人单位双向选择”的就业原则。

 高职毕业生就业

(一)什么是就业?

就业是指从事一定的社会劳动并取得劳动报酬的经济活动。就业具有如下特征：第一，具有劳动能力的人从事了劳动；第二，这种劳动必须得到社会的承认；第三，这种劳动必须是有报酬和有收入的。

就业人员是指在一定年龄以上，在某一特定短期内，从事劳动的人员。按照国际劳工统计学家会计提出的标准，就业人员包括以下几种含义：1)在规定的短期内(一周或一天)从事有报酬或有收益的工作人员；2)已经从事现在的职业，但在规定的时期内因疾病、事故、休假、旷工、机械故障、产业竞争等原因暂时停止工作的人员；3)雇主与自谋职业的人员。

部分国家，如美国对就业人员的定义与上述标准有一定的差异，将就业人员定义为：一切为挣工资或为利润而工作的人，以及在家族企业和农场每周工作 15 小时以上的人，就业人员中不包括从事家务劳动、义务劳动的人。

(二)什么是就业准入?

所谓就业准入是指根据《中华人民共和国劳动法》和《中华人民共和国职业教育法》的有关规定，对从事技术复杂、通用性广、涉及国家财产、人民生命安全和消费者利益的职业(工种)的劳动者，必须经过培训，并取得职业资格证书后，方可就业上岗。根据国家有关规定，对初高中毕业的青年实行全面的就业准入控制。实行就业准入的职业范围由劳动和社会保障部确定并向社会发布。

 高职毕业生就业指导的内容及其就业途径和方式

(一)什么是就业指导

就业指导可分为狭义和广义两大类。狭义的就业指导,是给要求就业的劳动者传递就业信息,为他们和用人单位结合做月下老人。广义的就业指导,则包括预测要求就业的劳动力资源,社会需求量,汇集、传递就业信息,培养劳动技能,组织劳动力市场以及推荐、介绍、组织招聘等与就业有关的综合性社会咨询、服务活动。在我们社会主义国家,就业指导还应包括就业政策导向,和与之相应的思想教育工作。

(二)高职毕业生就业指导的内容

高职毕业生的就业指导主要包括法规和政策指导、思想指导和技术指导三个方面。

(1)法规和政策指导。法规和政策指导,主要帮助毕业生了解国家有关就业的法规和政策,了解国家和学校的毕业生就业办法,了解自己应有的权利和义务,正确行使自己的就业权利,合法就业。

(2)思想指导。思想指导主要帮助毕业生树立正确的人生观、价值观、择业观,帮助毕业生了解国家和当地社会经济发展的目标与现状,了解产业结构与发展方向,帮助毕业生准确了解自己、估价自己,同时帮助毕业生确立崇高的职业道德和修养,选择正确的成才之路。

(3)技术指导。求职技巧指导是高校毕业生就业指导的主要内容之一,主要帮助毕业生掌握在具体应聘就业过程中的一系列技巧,避免毕业生在就业过程中由于种种技术方面的原因造成就业障碍。

一个人的职业选择不是一时形成的,职业定向是一个过程,是随着人的年龄增长,个人兴趣和志向的转变,以及社会就业观念和就业环境的变化逐步形成的。就业指导不仅对毕业生初次就业有帮助,而且对以后的职业发展也会有所帮助,甚至可以受益终生。

(三)高职毕业生就业途径和方式

1.大学生就业的途径

根据国家对大学生就业的有关规定,大学生就业的途径一般有以下几种:

(1)大学毕业生到党政机关就业。《国家公务员暂行条例》规定，今后国家政府机关从应届高校毕业生中录用公务员，一律实行考试考核的办法。

①报考国家公务员的条件。具有中华人民共和国国籍，享有公民的政治权利；拥护中国共产党的领导，热爱社会主义；遵纪守法，品行端正，具有为人民服务的精神；报考省级以上政府工作部门的，一般应具有大学本科以上文化程度；报考市(地)级以下政府工作部门的，文化程度由省级录用主管机关规定；报考省级以上政府工作部门的，须具有 2 年以上工作经历，国家有特殊规定的除外；身体健康，年龄为 35 岁以下；具有录用主管部门规定的其他条件。国家规定，某些专业毕业生，如外语、计算机、财会专业应届毕业生，可以经过考试直接进入中央和省级政府机关工作。

②国家招考、录用公务员的基本程序。用人单位编制录用计划：录用计划的主要内容，包括用人部门的名称及其编制，缺编人数及拟增加总人数，拟录用职位名称、专业、人数及所需要的资格条件，报考对象、范围及采取的考试方法。

报名与资格审查：报考之前，组织人事部门会在新闻媒介上发布招考公告，公告招考对象与条件，报名时间、报考地点及报名时政府审查的证件，报考部门、录用人数及专业，考试录用的原则与方法，考试时间和内容，报考费用及其他必须向报考人说明的事宜。

考试：对资格审查合格者，进行笔试和面试。笔试有公共科目和专业科目两项内容。公共科目一般包括邓小平理论、马克思主义哲学原理、社会主义市场经济理论、法律基础知识、行政管理学、公文写作与处理、社会调查报告等。专业科目内容，因拟聘任职位的不同而有所差异。面试是通过面谈、情景模拟或心理测试等方法，对考生的口头表达能力、应变能力、交际能力、言谈举止、仪表等方面进行测试。

考核：在笔试、面试的基础上，还要对考试合格者的政治思想、业务能力等工作实绩及需要回避的情况进行调查考核。

录用：由各用人单位、部门根据职位要求以及应试者的考试、考核与体检结果，公布录用人员名单，进国家政府各工作部门的，报地市级以上政府人事部门备案。

③国家对新录用的公务员的基本要求。新录用的国家公务员，要有 1 年的试用期，试用期满合格的，才予以正式任职，不合格的，取消录用资格。在试用期间，新录用的公务员要接受岗位培训，合格者方可正式任职。新录用的没有工作经历的公务员，应安排到基层工作 1—2 年。中央和省级党的机关录用的工作人虽一般采用招考和选调 3 种方式，录用考试参照国家公务员考试录用的有关规定办理。

(2)大学生毕业到军队就业。中央军委为实现“科技强军”战略,将进一步增加接受地方高校毕业生的数量。

①军队接受的地方高校毕业生应符合的基本条件。拥护党的基本路线,忠于祖国、热爱军队,志愿献身国防事业,符合公民服役的政治条件;在校期间学习成绩平均在“良好”以上;本科毕业生的年龄不超过 25 周岁,毕业硕士生不超过 30 周岁,毕业博士生不超过 35 周岁;接受专业类别以理工类为主,兼顾部分文史类毕业生;身体健康,具体条件参照《中国人民解放军院校招收学员的体检标准》执行。到专业技术岗位的毕业生视力和身高条件,在不影响工作的前提下可适当放宽。

②军队接受高校毕业生的程序。在毕业生所在学校推荐或毕业生自荐的基础上,军队用人单位按照专业要求对初选合格的毕业生进行考核。考核的主要内容包括政治审查、面试、体检。考核合格后到协议单位报到。

③毕业生到军队工作后的待遇。报到后即享受军队干部待遇,从报到之日起发给当月相应职务薪金,实习期满后,即定职定队。本科毕业生定副连职,授中尉军衔;硕士毕业生定正连职,授上尉军衔;博士毕业生定正营职,授少校军衔。入伍后的医疗保健、保险、住房分配、家属随军、休假等福利按国家和军队的有关规定执行。家属享受国家有关军属待遇。

(3)高校毕业生到“三资企业”工作。“三资企业”是指中外合资经营企业、中外合作经营企业和外商独资经营企业。毕业生到“三资企业”工作,必须通过双向选择,签订就业协议书,还要到企业所在地的县级以上人才流动机构办理人事代理手续。

①“三资企业”对人才的具体要求和进入“三资企业”应具备的基本条件:

第一,教育背景。“三资企业”一般要求应聘者受过大学教育,除主管、经理职位以及特殊岗位有时对学历、专业要求高一些外,一般职位对学历和专业要求并不十分严格。在选择应聘单位时,要了解招聘职位与自己专业有何不同与差别。第二,掌握外语和计算机操作的程度。如应聘管理人员,因管理人员需要经常与外国人沟通,要开会,要做报告,英语的听、说能力应达到较高水平,计算机操作方面;必须会使用 WORD 和 EXCEL。应聘初级职位,外语的会话水平应无大碍,但对计算机的操作应当很熟练。第三,综合素质要求。“三资企业”要求应聘者沟通能力好,注重团队精神,语言能力高,充满自信,个性独立自主,学习意识强,有很好的创新能力。同时企业要求员工可以持续加班,身体健康。

②“三资企业”招聘人才的主要途径。通过大型人才中介组织,在报纸上登

广告，网上招聘，参加人才交流会等。加入世贸组织之后，中国将和美国、日本等世界经济强国站在同一标准线上，人才也将突破国家和地域的界限，在更大的范围内自由流动。越来越多的毕业生选择出国继续深造和在国外就业就是一个很好的例证。同时，大量的跨国公司将涌入我国，他们出于战略目的，将大量招收本地人才，传统的就业格局将被打破，大学生更加趋向于在国外著名企业就业。在大学生首选企业的调查中，微软、宝洁、IBM、摩托罗拉、贝尔、朗讯、通用电气、英特和西门子等国际知名大企业仍位居前列。在大学生首选的前50名中近1/2是外国大企业。

(4)其他。大学生也可以到边远地区、城镇国有企业、民营企业就业，或考研、出国，或采取自主创业。

2. 大学生就业的方式

自实行“自主择业，双向选择”的就业制度以来，大学生实际上被推到了市场化就业的轨道，并逐步形成了签约就业、合同就业、定向就业、灵活就业、升学、出国和参加国家与地方项目就业等多种就业方式。

(1)签约就业：毕业生通过学校与用人单位签订就业协议书，领取就业报到证，到用人单位就业。

(2)合同就业：毕业生与用人单位已签订劳动合同，或用人单位出具接收函，不需要就业报到证，到用人单位工作。

(3)定向就业：招生时以定向、委培形式录取的毕业生回原定向、委培单位就业。

(4)灵活就业：包括自主创业、自由职业和其他灵活就业形式。

自主创业，是指大学生毕业后不是向社会“寻求”工作，而是用自己所学知识进行自主创业，毕业生通过科技创新、社会服务或在某一方面有特长，进而自己或与他人合作创办企业，成为新企业的所有者或管理者这不仅解决了自己的就业问题，而且也可以为他人创造就业机会。自主创业目前已成为大学毕业生一种新的就业途径，它作为一种新的就业渠道，无疑对大学毕业生的知识、能力和综合素质等提出了更高的要求。

自由职业，是指以个体劳动为主的一类职业，如作家、自由撰稿人、翻译工作者、中介服务工作者、某些艺术工作者等。

其他灵活就业，是指毕业生与一家或多家用人单位建立不定期、不定时的劳动就业关系，如技术主管、技术顾问、技术员、产品推销员和管理人员等。

(5)升学：包括专科毕业生升本科、本科毕业生考取研究生、考取第二学士学位深造。毕业生升学一方面提高了学历层次，另一方面也缓解了就业矛盾。逐

年上升的考研人数，使得考研队伍成为一支不可忽视的大军，也成为缓解就业难的有效途径之一。

(6)出国：随着改革开放的不断深入和中国加入WTO，部分毕业生到国外继续读书、深造，另外有不少毕业生参与国际人才竞争，到境外的企业去工作。

(7)参加国家和地方项目：毕业生参加由国家有关部委或地方政府选派的大学生志愿者活动，如到我国西部的老、少、边、穷地区或晋西北贫困地区工作等。

三 高职毕业生就业指导的作用和意义

概括地说是：一是帮助择业者充分了解自己的个性特点，例如个人的爱好、性格、知识、能力等，从而使自己对自己有全面、理性的认识；二是帮助择业者了解社会不同职业的岗位要求，例如职业的分类、岗位的内容、岗位的知识和能力要求等；三是帮助择业者根据自身的个性特点选择适合自身的职业，也就是通常所说的实现人职相配，从而完成择业者的择业任务。

第二章 高职生就业政策及就业市场

第一节 大学生的就业制度

一 我国大学生就业制度的沿革与变化

我国政府历来重视大学生的就业工作，在不同的历史时期，根据当时的政治、经济的发展需要，制定了与当时的政治、经济发展需要相适应的大学生就业制度。

(一)计划经济体制下的大学生就业制度

新中国成立后，我们在相当长的一段时间内实行的是计划经济体制。这种经济体制的特征表现为资源的分配、组合不是通过市场，而是通过政府部门的行政指令来实现。与这种经济体制相适应，大学招生与大学生的就业实行"统招统分"的制度，即国家制定招生计划，并对计划内招收的学生在学习期间实行教育培养费全额拨款的制度，学生在校期间的学费由国家统一支付，学生毕业时，学校根据主管部门制定的毕业生方案，把每一个毕业生分配到具体的用人单位，毕业生一般不得跨部门、跨地区分配。这种就业制度下，毕业生与用人单位互不见面，互不了解，但双方都必须服从主管部门下达的分配计划。对于当时的大学毕业生来讲，"服从国家分配"是必须遵守的一项基本原则，同时也是衡量大学毕业生思想的一把尺度。

"统一分配"的大学生就业制度是我国高度集中的计划经济体制的产物，它与我国当时的政治、经济体制是相适应的，在一定程度上保证了国家重点建设项

目、重点单位对专业技术人才的需要，促进了我国经济建设的发展，在人才非常短缺的情况下避免了人才的浪费。随着我国市场经济体制的建立，经济规模的不断扩大，大学教育的迅速发展，这种“统一分配”的大学生就业制度不能适应新的形势需要，逐步退出了历史舞台。

(二)改革开放过程中的大学生就业制度

1978 年 11 月，我们党召开了十一届三中全会，确定了“解放思想、实事求是”的思想路线，各个方面的改革全面铺开。随着我国经济发展和劳动人事制度改革的不断深入，大学生就业制度也开始进行改革，并经历了供需见面、双向选择和自主择业三个阶段。

“供需见面”是指学校与用人单位通过计划内的供需见面落实毕业生就业，而毕业生与用人单位并不直接见面。“供需见面”是在“统包统分”的就业模式还没有被打破的基础上，在具体做法上进行适度修改的一种就业形式，1985 年以后、1989 年以前主要采用这一形式。在实行“供需见面”就业形式的阶段，学生入学后的培养费仍然由国家全部承担，学生毕业后仍由国家负责统一分配。但在制订分配计划、扩大用人单位选择权、增加分配工作的透明度，以及学校如何适应社会和经济的发展方面都做了较大的改革。这种在一定范围内的“供需见面”的办法对于克服原来“统包统分”的弊端，适应社会和经济发展的需要起到了很好的作用，受到了学校和用人单位的欢迎。尽管这一制度并没有真正实现毕业生和用人单位的“供需见面”，而仅仅是当时新旧制度交替时期的过渡办法，尚不完善，但它的实行，结束了长期以来指令性计划的分配体制，为高等学校大学生就业制度的进一步改革打下了基础。

“双向选择”是以 1989 年国务院批准原国家教委提出的《高等学校毕业生分配制度改革方案》(又称“中期改革方案”)为标志开始实行的。这种分配制度主要有两个特点：第一，由于毕业生和用人单位在大学生就业市场中进行相互选择的条件尚不成熟，所以主要由高等学校主导大学生的就业工作，学校通过向社会推荐毕业生的方式帮助学生就业。第二，毕业生和用人单位在一定范围内双向选择。这里说的一定范围主要是指：根据国家招生计划统招的学生毕业后在国家就业方针指导下，由学校推荐，毕业生选报志愿，按照有关规定在一定范围内选择职业，用人单位择优录用。对经推荐未被录用的少数毕业生，则由本人自谋职业。在这个阶段，毕业生的就业范围除了特殊规定外，一般按学校的隶属关系在本行业、本系统、本地区就业。而对于毕业生跨部门和跨地区的就业，则有一定的政策规定。此外，国家为解决某些边远地区和工作条件比较艰苦的行业及重点单位对毕业生的需求，在招生计划中安排一定比例，实行定向招生、定向就业。调节性计划内招收的委托培养学生，毕业后到合同规定的地区、单位就业，自费生毕业后自主择业。“双向选择”的就业制度，对于用人单位充分发挥用人自主权，对于毕业生充分发挥自己的真才实学，做到“人尽其才、才尽其用”，都起到了较好的作用。

1993 年 2 月 13 日，中共中央、国务院颁布了《中国教育改革和发展纲要》。《纲要》明确指出毕业生就业制度改革的目标是：改革高等学校毕业生“统包统分”和“享受干部待遇”的就业制度，实行少数毕业生由国家安排就业，多数学生“自主择业”的就业制度。以此为标志，高校学生的就业制度从“双向选择”过渡到了“自主择业”阶段。在“自主择业”的就业体制下，大部分毕业生将按照个人的能力、条件到人才市场参与竞争，不再依靠行政手段由国家保证就业；用人单位只能用工作条件及优惠待遇吸引毕业生，不再像以往那样依靠国家行政命令的办法保证其用人的要求。高等学校主要是为毕业生“自主择业”提供咨询服务，与此相配套，通过建立人才需求信息、就业咨询指导、职业介绍等社会中介组织，为毕业生的就业提供服务。

(三)我国现行的大学生就业制度

社会主义市场经济体制的建立和完善，促进了社会的深刻变化，也为大学毕业生求职择业提供了良好的社会环境和广阔天地。2002 年教育部将高校毕业生就业的“派遣证”改为“报到证”，这标志着大学毕业生就业基本实现了“双向选择、自主择业”的就业模式。这种就业模式的核心是建立市场导向、政府调控、学校推荐、学生与用人单位双向选择的就业机制，努力实现高校毕业生的充分就业。

综合起来，现阶段高校毕业生的就业制度主要包括以下内容。

(1)毕业生就业应贯彻统筹安排、合理使用、加强重点、兼顾一般和面向基层，充实生产、科研、教学第一线的方针。

(2)在保证国家需要的前提下，贯彻学以致用、人尽其才的原则。

(3)在计划安排上要优先考虑国家和地方重点基础建设上的需要，尤其要保证条件艰苦地区的国防军工和科研等重点单位的需要。

(4)国家采取措施，鼓励和引导毕业生到边远地区、西部、集体企业、私营企业、股份制企业就业。

(5)建立由学校和有关部门推荐、学生和用人单位在国家政策指导下，通过人才市场双向选择、自主择业的毕业生就业制度。

我国现阶段的大学生就业制度对于提高大学生人力资源配置效率，促进大

学教育投资主体的多元化以及人力资本市场的流动都具有重要意义，它深化了高校毕业生就业制度的改革，为高校毕业生开辟了较为广泛的就业渠道和形式。

 大学生就业管理的体制

目前，我国已经形成了职责明确、条块结合的大学毕业生就业管理体制，其主要内容就是毕业生就业采取在国家宏观调控下，实行分级负责、相互调剂的办法，全国高等学校毕业生就业由教育部归口管理。

(一)教育部的职责

教育部是全国毕业生就业的主管部门，其职责是：制定全国高等学校毕业生就业工作的规章和宏观政策；组织研究并指导实施高等学校毕业生就业制度的改革；管理国家毕业生就业信息网络、毕业生和用人单位“双向选择”活动以及毕业生就业市场；汇总、审核、下达全国高等毕业生就业方案，指导和编制教育部直属学校毕业生的就业方案；组织国家急需、应予保证的行业、部门和地区的高等学校毕业生就业计划的实施；检查、监督全国高等学校毕业生年度就业状况等。

(二)国务院有关部委主管部门的职责

国务院有关部委主管部门的职责是：根据国家的有关方针、政策和教育部的统一部署，提出本部门毕业生就业的具体政策和工作意见；组织协调所属院校毕业生就业的“双向选择”活动和毕业生就业市场；编制并实施所属院校的毕业生就业方案；指导所属院校开展毕业教育和就业指导工作；负责本部门毕业生的接收工作，检查本部门毕业生的使用情况，开展有关毕业生就业工作的研究和宣传工作；负责本系统、本行业的人才预测及与毕业生就业有关的其他工作。

(三)省一级主管部门的职责

省一级主管部门的职责是：根据国家的有关方针、政策和教育部的统一部署，制订本地区毕业生就业的具体工作意见；了解和掌握本地区毕业生就业工作的动态情况；负责本地区毕业生就业的数据统计和上报工作；编制地方所属院校毕业生就业方案并按时上报教育部；对本地区人才需求进行预测，收集和发布毕业生供需信息，管理本地区毕业生就业信息网络、“双向选择”活动和毕业生就业市场；负责本地区高等学校毕业生的资格审核工作；组织开展本地区毕业生的毕业教育和就业指导工作；受教育部委托负责本地区高等学校毕业生就业报到证的签发和管理工作；负责检查、监督本地区毕业生的接收工作；向社会公布本地区毕业生的就业

情况;开展毕业生就业制度改革的研究和宣传工作;负责本地区毕业生就业过程中争议或纠纷的调解工作;负责本地区毕业生就业有关的其他工作。

(四)高等学校就业工作的职责

高等学校就业工作的职责是:负责本校毕业生的就业指导和服务工作;根据国家的就业方针、政策和规定以及学校上级主管部门的工作意见,制定本校毕业生就业的实施办法;负责本校毕业生的资格审核和统计工作并按时上报主管部门;收集需求信息,组织本校毕业生的"双向选择"建设活动;建设校内毕业生就业市场;按照主管部门的要求提出本校毕业生就业建议方案并根据主管部门意见,具体实施就业方案;向用人单位推荐毕业生,公正客观地介绍学生的学业成绩和在校表现;开展毕业教育,组织毕业生文明离校;开展与毕业生就业有关的调查研究工作。

(五)用人单位的职责

用人单位的职责是:及时向主管部门报送毕业生需求计划,向有关高等学校提供需求信息;参加"供需见面"会和"双向选择"活动,如实介绍本单位的情况,积极招聘毕业生;负责毕业生见习期间的管理工作;向有关部门和学校反馈毕业生的使用情况。

 我国现行的具体的就业制度

(一)劳动合同制度

劳动合同制度是企业与拟用人员在平等自愿、协商一致的基础上,通过签订劳动合同,明确双方的权利,以法律形式确定劳动关系,并依照合同进行管理的新型用工制度。

劳动合同制度的主要内容是:第一,企业拟用人员,包括管理人员、技术人员、生产操作人员等,都要在平等、自愿、协商一致的基础上,与企业签订劳动合同,明确双方的责、权、利。第二,在企业内部取消不同身份的界限,企业拟用人员统称企业职工或者企业员工。取消工人和干部的身份界限,对干部实行聘任制,能上能下。第三,实行双向选择,合同期满后,企业与职工可以续签合同,职工也可以离开企业,另谋工作。劳动合同制度的法律依据是自1995年1月1日起实施的《中华人民共和国劳动法》,劳动合同制度是这部法律的核心之一。

劳动合同制度的建立,使劳动者与用人单位的关系由原来的行政关系变成

了两个主体之间的平等契约关系。劳动者平等自愿地签订劳动合同,成为劳动力市场中的活跃因素。用人单位既要行使好用人自主权,把劳动者组织到生产中去,又要充分尊重劳动者的合法权益。通过这种形式,可以达到保护用人单位与劳动者的合法权益、合理配置劳动力资源的目的。

(二)人事代理制度

1.什么是人事代理制度

人事代理制度是指在社会主义市场的经济条件下,经组织人事部门批准或授权指定的人才服务机构,受单位和个人委托,运用社会服务的方式和现代化手段,按相关的法律和政策规定,为无主管单位以及不具备人事管理权限的非国有企、事业单位以及自费出国人员等提供人事档案保管或有关人事方面的代理服务工作。简单地说,就是把"单位人"变成社会人,而一些具体的人事管理工作,如档案管理、技术工龄、评定职称、社会保险等,则由人才服务机构(人才交流中心)代管。1995年12月人事代理制度正式实行。

人事代理制度是社会化与专业化管理在人事制度改革中的体现,有利于落实用人自主权,促进人才使用权与所有权的分离,使专业技术与管理人员对单位以人事档案为核心的依附关系从政策上分离,保证了人才资源的社会化和选择职业的自由性,对保障毕业生和用人单位的合法权益、提高流动人员的素质有着重要作用。

2.人事代理的范围和服务内容

人事代理的范围包括:三资企业和私营企业以及其他自愿委托的各类企事业单位;暂未落实单位的大、中专毕业生;自愿委托代理的各类专业技术人员和管理人员;出国留学人员以及与用人单位解聘合同的人员等。对于参与人事代理的被代理人员,人事代理机构提供的服务内容包括:第一,代管人事档案、人事关系、工资关系,收集整理好档案资料。第二,确认被代理人的身份、出具出国政审、工龄计算等方面的证明。第三,办理失业、养老等社会保障服务手续。第四,建立被代理人的党团组织,接转党团组织关系。第五,开展被代理人员岗位及专业技能培训。第六,提供信息咨询服务,包括人事政策咨询、人才供求关系信息、市场统计信息等服务。各级人才流动机构与委托人事对象不发生行政隶属关系,仅为其代理有关服务事宜。

3.人事代理的办理手续

(1)单位办理委托人事代理,须向当地人才流动机构提交下列证件:委托人事代理申请书;企业营业执照(副本)复印件;企业章程复印件;事业单位成立的批件复印件;委托代理人员的履历表、身份证复印件;代理项目相关的资料。

(2)个人办理委托人事代理,根据各自情况不同,须向当地人才流动机构分别提交下列有关证件:委托人事代理申请、聘用合同复印件、身份证复印件、聘用单位证明信(证明其单位性质、主管部门、业务范围)等。

(3)自费出国留学人员办理委托人事代理,须提交委托人事代理申请、原单位同意由人才流动机构保存人事关系的函件和出国有关材料等。

(4)辞职、解聘人员尚未落实单位的,须提交委托人事代理申请及辞职、解聘证明、身份证复印件等证件。

(三)就业准入制度

1.什么是就业准入制度

就业准入制度是根据《中华人民共和国劳动法》和《中华人民共和国职业教育法》的有关规定,对从事技术复杂、通用性广,涉及国家财产、人民生命安全和消费者利益的职业(工种)的劳动者,必须经过培训并取得职业资格证书后,方可就业上岗的制度。2007 年 3 月 16 日,劳动和社会保障部发布了《招用技术工种从业人员规定》,对 90 个工种实行就业准入,即技术工种从业人员必须经过培训,取得相应的岗位职业资格证书后方可上岗工作。对技术工种从业人员实行就业准入制度的根本目的就是促进劳动者主动提高自身的技术业务素质,增强其就业能力和适应职业变化的能力,实现高质量就业和稳定就业。

2.职业资格证书及其级别

职业资格证书是表明劳动者具有从事某一职业所必备的学识和技能的证明。它是劳动者求职、任职、开业的资格凭证,是用人单位招聘、录用劳动者的重要依据,也是境外就业、对外劳务合作人员办理技能水平公证的有效证件。职业资格证书是选择相关工种就业的通行证,有了它则具备了就业的条件,没有它则不能就业。

我国职业资格证书目前分为 5 个等级:初级(5 级)、中级(4 级)、高级(3 级)、技师(2 级)和高级工程师(1 级)。

3.职业资格证书的获取

高校的高职学生取得职业资格证书,可到当地政府部门认定的职业技能鉴定机构申请参加职业技能鉴定。为了适应市场就业准入制度的要求,目前很多高等职业技术院校经当地政府部门批准,都成立了职业技能鉴定机构,组织学生参加职业技能鉴定的培训和学习,通过考试取得由劳动和社会保障部门核发相应的职业资格证书,这样学生在毕业时既可获得学历证书,又可取得职业资格证

书。这种“双证书”的教育培养模式目前已被很多高等职业技术院校所采用。

第二节　高职大学生的就业政策

 就业政策的含义和特征

就业政策是国家在一定的历史条件和历史阶段，为促进经济发展和社会进步，为劳动者创造就业条件、扩大就业机会所制定的行为准则。它包括就业指导思想、管理体制、指导原则、就业范围等相关具体的规定等。

高校毕业生就业工作涉及面非常广，关系到人力资源的合理使用、国家的可持续发展和社会稳定，对毕业生、家长、学校、用人单位、户籍部门等方面都产生着直接的影响，是一项政策性很强的系统工作。为了保证高校毕业生能够顺利的充分就业，按照市场规律合理配置人力资源，国家制定了一系列政策，对高校毕业生就业问题作出了许多具体的规定。各省、自治区、直辖市就业主管部门结合本地区实际情况也制定了相关的指导性政策和规定，这些政策和规定都是高校毕业生就业政策的有机组成部分。高校高职学生只有全面了解这些政策，熟悉和掌握就业程序，才能顺利地走上工作岗位。

我国现行的就业政策具有稳定性、严肃性、发展性等三个方面的特征。

 了解就业政策的重要性

目前，我国高校毕业生就业制度正朝着适应市场经济需要的方向进行。随着我国市场经济的不断完善，特别是中国加入了“WTO”之后，中国的经济结构发生了很大变化，社会对于人才的需要也相应地发生了变化。这种变化，使毕业生在就业时出现了暂时的结构性困难。具体表现为：真正需要大学生的单位要不到大学生，大学生想去的单位又不需要他们，社会急需的专业学校培养的毕业生数量很少或暂时还没有。这种结构性困难还将持续一段时期，尤其是 1999 年全国高校大规模“扩招”后，高校毕业生的数量急剧增加，使原本较难的就业的形势更加严峻。虽然“双向选择”、“自主择业”是大学生就业的基本制度，但“自主择业”并非自由择业。不同隶属关系学校的毕业生和不同层次、不同类别的毕业生在就业办法和有关规定方面略有差异，不同地区接受毕业生的办法也不尽相同，这些都在每年的毕业生就业政策中有所体现。因此说，掌握就业的方针和政策是大学生顺利就业的前提条件。只有掌握就业政策，才能提高求职命中率，少

走弯路，避免不必要的损失，顺利实现自己的职业理想。

例如：南方某师范学院毕业生小魏，一心想在珠江三角洲工作，但自认为来自农村，要想留在大城市很困难。所以，从大三开始，她就强烈地意识到自己的就业问题不能像一些有“背景”的同学靠家里帮忙了，只有依靠自己主动去争取。小魏对自己的状况作了以下客观的分析，认为自己虽已大三，但对就业问题一无经验，二无资料，千头万绪，该从那开始呢？听同学讲得神神秘秘，老师在就业指导课上也告诉了许多，分析来分析去，小魏打定主意，先按老师说的从掌握就业政策入手，把珠江三角洲一带的就业政策和就业信息调查研究一番，再做决定。她首先用一段时间到图书馆把珠江三角洲各地的报纸找到，然后在网上查询一番，再加上其他一些渠道，凡是有关珠江三角洲的就业方面的信息，她都要收集起来分析研究。通过一段时间的工作，她的心中慢慢有底了，对上一年的就业形势和就业政策比较熟悉了。

到了寒假，小魏决定不回家了，留下来到各地参加供需见面会，亲自摸一摸情况。根据了解到的情况，小魏对省一级的供需见面会不抱什么希望，但又要去看看，了解总的形势。这类会议主要是对研究生、重点院校的本科生有利，而且用人单位在会议上往往又抬高条件。果然，在招聘现场，各用人单位都表示只收重点院校的本科生和研究生，自己一份推荐表也未投出去。于是她把重点放在各市的供需见面会上。

从毕业前的2月份开始，小魏参加了佛山、顺德、东莞等地区的供需见面会。在佛山，小魏看到很多教育单位“要求本科以上学历”的条件，对一般院校的毕业生主要接收本地生源。对此她虽有准备，可还是感到了心凉了大半。在佛山、顺德、东莞受挫后，她及时调整了自己的求职方向，把眼光放到更大的范围内考虑。结果，东边不亮西边亮，她从众多的资料中发现在三水、新会一带仍然有许多适合自己的机会。那些地方上一年的人才需求表明，今年仍需要一些教师，而且，那里的人事政策仍能容许接受部分外地毕业生。经过艰苦的努力，结果小魏确实在新会一所中学找到了比较理想的就业岗位。

小魏回到学校后，在班会上谈体会，她说了一段令同学们印象很深的话，她说，政策就是信息，政策就是机会，对于就业政策以及其他一些知识，我们一定要尽可能多的掌握。

古人云：“冰冻三尺，非一日之寒”。小魏求职的成功经历也充分证明在就业问题上也需要积累，需要信息上和政策上的积累。小魏从“大三”就开始收集就业的有关资料，对政策方面资料的掌握采取“韩信点兵，多多益善”的策略。这是非常有远见的做法。所以她能够在求职过程中对珠江三角洲各地区的就业和人

事政策了如指掌，顺利的实现了自己的职业理想。因此，在一些求职择业的关键时刻，一定要注意政策方面的信息，尤其是各地接收毕业生的基本条件，包括生源、层次、专业等方面的要求都要做一定分析、对比，从中寻找符合自身条件的政策信息，有的放矢地进行求职活动。这对毕业生在求职过程中，如何把握政策所带来的机遇，从而取得求职成功是大有裨益的。正如小魏自己说的，政策就是信息，政策就是机会。

通过上述例子，我们可以看出就业的相关政策对于我们求职来说是非常重要的。就业政策和法规不仅仅可以对毕业生的就业行为进行规范，而且在"双向选择、自主择业"的条件下，更有利于保护大学生和用人单位双方的合法权益。只有掌握就业政策，才能提高命中率，少走弯路，避免不必要的损失。

三 高校高职学生现行的就业政策

高校高职学生具有技术应用能力强、踏实肯干的特点，是我国人力资源的重要组成部分。合理配置、有效使用这一人力资源，充分发挥其作用，对于促进经济发展和社会进步具有重要意义。为此，国家强调毕业生就业要坚持公开、公正、择优、自愿的原则，实行国家宏观调控、学校和各级政府推荐学生和用人单位双向选择的模式。同时还要求社会各个方面要积极拓宽毕业生的就业渠道，国有企事业单位要进一步加大吸收毕业生的工作力度，做好人才储备工作。国家积极支持和鼓励集体、私营、联营、股份制等经济类型的企业接收毕业生，对毕业生到这些单位工作要给予支持和帮助，解决他们在派遣报到、户籍档案、职称评定等方面的后顾之忧。

(一)如期完成学业高职生的就业政策

完成教学计划规定课程的学习，如期完成学业取得毕业证书的高职学生，由省市就业主管部门签发《全国普通高等学校专科毕业生就业报到证》，其中落实就业单位的学生的报到证可直接签发到接收单位。毕业生在择业期(一般是截止到毕业离校日)满后才落实就业单位的，就业主管部门不再办理派遣手续。到非国有单位就业的毕业生，政府人事部门所属人才服务机构应及时办理人事代理手续。未办理人事代理手续的，其人事档案和党团组织关系留在人才服务机构，工龄可以连续计算，户籍关系可落在人才服务机构，也可落回家庭所在地。对自主创业、自谋职业的毕业生，各省市在人事代理、社会保障、户籍管理、工商税务审批等方面要做相应规定，制定优惠政策，积极予以支持。

(二)结业生的就业政策

结业生就业必须在《就业报到证》上注明“结业生”字样。在规定时间未联系单位的，其档案、户籍关系转至家庭所在地(家住农村的保留非农村户籍)，自谋职业。已被录用的结业生，在国家财政拨款单位就业的，其工资待遇按照国务院文件规定，比正常毕业的毕业生的工资标准低一级。结业生在一年内补考及格换发毕业证书，国家承认其毕业资格，工资待遇从补发证书之日起按毕业生对待。

(三)患病毕业生的就业政策

毕业生就业前必须参加学校组织的身体健康检查。检查中发现所患病症不能坚持正常工作的，应该让其回家休养。一年内治愈的(需经学校指定县级以上医院证明能支持正常工作的)可以随下一届毕业生就业；一年以后仍未痊愈或没有用人单位接收的，户籍关系和档案材料转至家庭所在地，由其自谋职业。

(四)肄业生的就业政策

大学高职肄业的学生由学校发给肄业证书，并将其档案和户口转回其生源所在地自谋职业。

(五)对违约毕业生的就业政策

大多数毕业生的就业是由学校根据社会需求直接和用人单位见面，或是毕业生经“供需见面”和“双向选择”后，以就业协议书的形式固定下来的。国家为维护广大毕业生的利益，要求用人单位维护毕业生就业协议的严肃性，就业协议一经形成，用人单位不得拒收毕业生，否则按违约处理，用人单位缴纳违约金，并给毕业生一定的赔偿。同样，毕业生也不能违约，不能随意更换签约单位。毕业生若由于某种特殊原因更换工作单位而不得不单方面违约时，必须报经用人单位同意后，才能进行第二次择业，否则学校不予办理相关手续，并应视情况追究其违约责任。

四 高校高职学生就业的主要程序

高校高职学生求职与就业要经过一定的程序，了解这些程序有助于学生顺利就业。

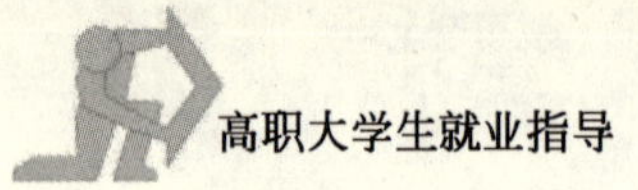

(一)就业管理部门的工作程序

高校学生的就业管理机构大致由三部分组成:教育部主管全国大学生的就业工作;各省、市、自治区和中央有关部委分管本地区、本部门大学生的就业工作;各高等学校和用人单位负责毕业生就业的具体工作和招聘接收毕业生事宜,他们的工作程序大致如下:

1.分析形势、制定政策、统计生源

教育部根据国民经济和社会发展的情况,确定年度就业工作意见,制定相应的就业政策,对全国高校毕业生年度的就业工作进行宏观管理。各省市、自治区和中央有关部委根据中央和教育部的文件精神,制定本地区、本部门所属高校毕业生就业工作的具体意见。在制定就业政策的过程中,各部门还要同时进行毕业生可供生源的统计工作,最后由教育部负责向社会及时通报毕业生生源情况和需求情况,并及时组织毕业生供需方面的信息交流。

2.供需见面和双向选择

毕业生落实就业单位过程中,一种行之有效的方式,就是以双向选择为特征的供需见面会。各地区、各部门和各高校就业管理机构组织的供需见面、双向选择的洽谈会,一般从每年的11月份持续到来年的4、5月。经毕业生和用人单位供需见面和双向选择后,毕业生和用人单位一般都签订了就业协定,学校就可以根据就业协定向毕业生签发报到证了。

3.签发“报到证”

毕业生到就业单位报到前,必须持有主管部门签发的《全国普通高等学校本专科毕业生就业报到证》,持有“报到证”后就可根据所在学校的时间安排,办理离校手续,到用人单位报到了。

(二)毕业生的就业程序

根据高校高职学生就业的现状和经验来看,毕业生就业过程中一般要完成下列程序:

1.收集就业信息。收集信息是就业活动的第一步,及时掌握就业信息有利于自己在择业求职的过程中处于主动地位。毕业生应该收集的就业信息包括:国家和学校有关毕业生的政策及具体规定;就业市场、用人单位的招聘会以及对专业、学历、人才规格的要求;相关用人单位的经营状况、工作条件、福利待遇、对人才的重视程度;学校老师、往届毕业生的分析建议等。

2.确定就业目标,准备自荐材料。毕业生在就业的过程中一定都会有自己的职业规划和与其相适应的就业目标，必定会考虑自己准备就业的地域、行业和单位的类别。在收集就业信息、确定就业目标的基础上，应该有针对性的来准备自己的就业自荐材料。

3. 参加招聘会等双向选择活动。参加学校和人才市场组织的招聘会是毕业生实现就业的主要途径。在这个活动过程中，毕业生要向用人单位投递自荐材料，与用人单位进行面谈，参加用人单位组织的笔试和面试。通过这些形式充分表达自己的诚意并得到用人单位的认可后，一般就可以和用人单位签订就业协议书，在办完毕业离校的各种手续之后，持报到证在规定的时间和地点去用人单位报到了。

毕业生与用人单位签订的就业协议书明确了双方的责任、权利和义务，毕业生应该信守协议，不得单方面随意毁约。因特殊原因不得不放弃就业协定时，在规定时间内征得原签约单位同意的，毕业生在交纳一定的违约金后，可以到学校办理改派手续，到新签就业协议书的单位就业。

第三节　高职大学生的就业市场

市场经济的主要特征就是市场在资源配置的过程中起基础性的作用。高校高职毕业生毕业后的流动方向很大程度上由人力资源市场的需求状况来决定，需要通过就业市场上的双向选择来解决未来的工作单位和就业方向。

一　毕业生就业市场的含义及类型

1. 什么是大学生就业市场

大学生就业市场是在国家宏观政策指导下，求职者和用人单位双方按照自愿的原则自主选择，合理流动，用市场机制对毕业生资源进行合理配置的人才市场。大学毕业生就业市场的根本任务是解决毕业生的就业问题，即通过市场调节，在特定有限的时间内，使毕业生这一特殊劳动力资源在社会生活的各个领域得到合理配置和使用。

在高等院校毕业生的就业市场中，参与市场活动的各个主体都是平等的。作为市场买方（使用方）的用人单位，在用人的层次结构、录用标准、选聘方式、工资待遇、工作条件等方面有相当大的自主权，其需求状况可以影响学校的人才培养目标、培养方式、学科专业结构以及毕业生充分就业的程度。基于人才就业市场的这种现实，现在高职院校都把“以服务为宗旨，以就业为导向”作为学校的基

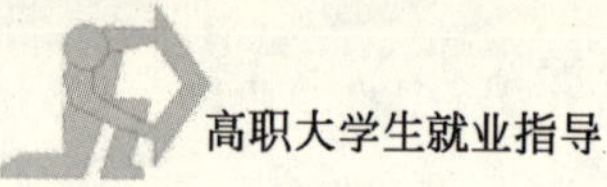

本办学定位，以适应人才市场对用人规格的需要。毕业生在大学在就业市场中处在卖方(被使用方)的位置，它是聚合了多重知识的复合型“智力产品”，在资源体系中，它是一种最宝贵的资源，具有独立性和自主性，其流向即就业过程要受到市场价值规律、供求关系、竞争规律以及经济环境的影响。至于政府人事代理机构，各级各类人才市场和高等院校，它们则是大学就业市场的中介。随着社会分工越来越具体和政府职能的转变，社会生活中各级各类人才市场的中介作用会越来越明显，它们在大学就业过程中的地位越来越重要。

2.毕业生就业市场的类型

从目前毕业生就业实现的途径来看，主要是通过不同类型的就业市场来解决就业问题的。现在的就业市场主要包括高等学校与用人单位联办的就业市场、社会就业市场、用人单位主办的就业市场和网络就业市场四种类型。

高等学校与用人单位联办的就业市场是每个高等学校针对自己学校毕业生的专业特点和就业方向，邀请与其有密切关系的用人单位参加、以为本校毕业生提供就业单位为目的的就业市场，往往以招聘会、就业洽谈会、就业信息发布会的形式运行。学校与用人单位联办的就业市场可以是一个学校与一个用人单位联合举办，也可以是多个学校同时与多个用人单位联合举办。人才市场的需求一般都是综合性的，高校毕业生主要是通过这个平台实现就业的，所以对于毕业生来讲，应该充分利用这个机会向用人单位推荐自己，实现就业。

社会就业市场是由政府人事代理机构或人才市场、职业介绍所、人才公司等单位举办的临时性和常规性的人才招聘就业市场。这种就业市场面向的对象非常广，既包括高等学校的毕业生，也包括企业下岗职工和其他下岗人员，可以满足不同用人单位对各种用人规格的要求，在促进毕业生充分就业方面起着重要的补充作用。

用人单位举办的就业市场是为了满足本单位、本行业对高校毕业生的需求，部门、行业、企业举办的以招聘毕业生为主要对象的招聘活动，通过用人单位举办的就业市场可以满足部门、行业、企业对高校毕业生的用人要求。这种就业市场往往对应相关的学校和专业，具体又可分为行业性就业市场，区域性就业市场和专业性就业市场。

网络就业市场又叫无形就业市场，是指毕业生通过媒体网络等手段获取就业信息、投递就业简历而与用人单位进行双向选择的活动。近年来，随着信息化建设步伐的加快，教育部、中央其他部委、各地方和学校在网络就业市场的建设方面都作了积极的努力和探索。除教育部出台了高校毕业生就业信息管理和决策系统外，各地方、各高校为了进一步完善无形市场的建设，都建立了自己的毕业生就业信息网站和就业信息库，加强了就业信息的交流，以实现信息资源的共享。毕业生和用人单位通过计算机网络进行双向选择，节省了大量的人力、物力和财力，大大提高了双向选择的效率，具有比较广阔的发展空间。有的地方和学校还积极研究、探索开展网上招聘和网上择业的模式。在网络就业市场中，毕业生联系工作不受特定的时间和空间限制，依据个人意愿，自行选择，极大地方便了毕业生对用人单位的选择。网络就业市场随着网络信息化的发展越来越趋向规范化，必将在毕业生实现就业的过程中发挥越来越重要的作用。

二 毕业生就业市场的特点

大学生就业市场经过了多年的发展，逐步形成了以下几个特点：

(一)群体性。

每年全国有几百万毕业生走出校门、走向社会，它不是孤立的、分散的，而是集体的、聚合的，少则一个班、一个专业；多则是一个学校、一个年级，具有鲜明的群体性。

(二)时效性。

毕业生一般从每年7月1日起离校，在此之前，大多数毕业生基本上都要落实到具体单位，如果迟滞这个时间之后，毕业生的就业难度就会加大所以，就大学生毕业生就业市场而言，时间紧、任务重，且相对集中，具有很强的时效性。

(三)需求多变性。

毕业生就业市场受整个社会政治和经济的影响较大，其需求与经济和社会发展成正比，供求关系的状况与社会的稳定状况、经济的发展速度有密切的联系。

(四)形式多样性。

毕业生就业市场形式灵活、多样，既有有形的，也有无形的；既有规模大的，也有规模小的；既有综合的，也有分类的；既有区域的，也有部门的等。

(五)高层次。

与其他人才市场相比，大学毕业生是经过较长时间专门训练、学有所长的专门人才，学历层次较高，综合素质较好，能力比较强。与此相对应，进入大学生就

业市场的单位在选贤聘能时就已经确定了比较高的标准,包括学历标准、技术标准和工资标准。

(六)年轻化。

即毕业生的年龄一般较轻,同时他们所掌握的知识也“年轻”。年龄和知识均具有蓬勃的朝气和锐气,是社会所急需的新生力量。

(七)初次性。

毕业生初出校门,没有实践经验,且多为第一次择业,多是初次就业。

大学毕业生可根据上述毕业生就业市场特点,从自己的实际出发,选择不同的市场来就业。同时,市场是变化的,毕业生的就业策略和期望值也应随市场的变化而变化。当市场需求大时.毕业生可提高期望值,好中选优;当市场需求较小时,毕业生应降低期望值,低中选高。当然,劣与优、低与高都是相对的,毕业生可酌情而定。

毕业生在就业市场中择业,必须明确自己的权利和义务,而毕业生最基本的权利是选择权,基本的义务是遵守市场的规则,把个人的志愿与国家的需要紧密地结合。只讲权力不讲义务是不行的。市场是无情的,竞争是激烈的。大学毕业生必须清醒地意识到这一点。一旦进入市场,就是一场知识的竞争、能力的竞争、素质的竞争,危机意识是不可缺少的。有了危机感,大学生就会更加珍惜大学生活,集中精力学习知识,提高素质,增强自己的竞争力。当然,大学生也应该有待业的准备,因为暂时待业,对社会,对个人,对市场都是一种调节。面对政府机构精简、企业转制,每个大学生都应有找不到工作的心理准备,这是市场给我们上的第一课。

第三章 就业的心理准备

就业是大学生人生的重大转折，是关系到毕业生个人前途和全社会稳定发展的大事。随着我国高等教育由精英化向大众化转变，大学生的就业问题显得尤为突出和关键，应引起社会的格外关注和重视。大学生就业能否顺利直接关系到国家人才资源的充分利用和社会的安定，关系到学生将来生存发展的需要以及个人价值的实现。目前不容乐观的就业形势，给大学生带来了很大的思想、心理障碍，如情绪障碍、人际交往障碍、人格障碍等。在社会普遍追求高学历的爆炒下，高职毕业生在就业过程中处于劣势，其就业心理也必将面临更多的问题。因此，在人才竞争日益激烈的今天，如何科学合理地规划职业生涯，为顺利就业做好心理准备；如何调整自己的就业心态，缓解就业心理压力，是大学生普遍关注的问题，也是当前心理学的重要研究课题。

第一节 积极面对择业，树立求职雄心

大学生就业心理是指大学生在考虑就业问题，为获得职业做准备，以及寻求职业的过程中所产生的各种心理现象。它贯穿于整个大学的学习和生活当中。随着就业难度的增大，有相当一部分大学生由于心理准备不足，或由于存在这样或那样的心理缺陷、心理问题，从而在求职过程中出现了就业心理偏差和矛盾冲突，影响了顺利就业。因此，大学生在择业时除了要做好充分的思想准备、物质准备外，还要全面、真实地认识自己的专业特色、能力水平、能力倾向、性格特点、气质类型、兴趣爱好等。这样才能在职业的特点、要求和个人的心理倾向、才能之间寻求最佳组合，找到自己心仪的岗位。

一 锻造良好的心理素质

心理素质专家认为，择业过程是一个复杂的心理变化过程。就业心理与大学生的人格特点、学习心理等有着密切的联系。个人的心理素质不仅影响着就业，而且影响就业后的工作心理。大学生的职业选择，实际上是自己人生道路的选择，关系到个人的生存和发展。职业选择是大学生从学校步入社会的开始，也是大学生人生的新起点。大学生在面对这一重大选择的时候，必须具备良好的心理素质。那么大学生求职择业应具备什么样的心理素质呢？笔者以为需要具备以下四种心理素质。

（一）正确认识自己，确立合理目标

1. 学会认识自己

认识自我是择业过程的第一步。大学生的自我意识日趋完善，对自我的存在及意义有了较明确的认识，并以此为标准进行择业。但是如果单纯从自身愿望出发，不顾国家和社会的实际需求往往会导致就业问题。结果不仅实现不了个人愿望，还会影响社会的稳定和发展。因此择业时，每个毕业生都必须客观评价自己，全面了解社会需求。这样方能知己知彼，百战不殆。例如，现在国家机关，企事业单位都在实行减员增效的政策，要求部分人员下岗分流出去。不少大学生却还抱着计划经济时代的老观念，非要挤进来。沿海地区及一些大城市就业人员日趋增加，竞争激烈。西部地区求贤若渴，却很少有人愿意去。大部分毕业生的首选就业地区仍是上海、北京、广东、浙江等地。这样就导致了人力资源分布不合理，造成人才浪费。因此，大学生要树立符合实情的就业观念。同时，大学生要全面认识自身的特点，评估自己的实力，预测自己的潜能。大学生首先要了解自己的性格、能力、气质、个性等心理特点。其次要明确自己的职业理想。然后将自身和职业理想结合起来，寻找适合自己的工作。一种职业，一个岗位并不适合所有的人。一个岗位适合一种人可能就不适合于另一种人。例如：让张飞绣花，让林黛玉杀猪就会让两个人都无法胜任。试想一下，让一个人干自己根本就不喜欢或者自己能力胜任不了的事情，如何干得好呢？因此毕业生首先要充分了解自己，才能作出与自己个性特征相符的职业选择，提高求职成功率，也为今后工作有所成就打下了基础。

2. 树立自信心

部分大学生对自己的就业没有目标；还有部分大学生自我评价过低，缺乏进取意识。再加就业竞争激烈，从而导致大学生在就业过程中自信心不足。对北

京理工大学的抽样调查显示:55%的大学生不清楚自己适合何种工作,30%的人认为将来不能适应外界的变化,33%的人觉得未来没有前途……,当被问到"你认为不好找工作的原因是什么?"时,有72%的人认为自己不能够胜任或竞争者太多。大学生择业正面临着自信心不足的问题。

自信是求职成功的心理基础,也是现代职业最为重要的职业品质之一。没有自信,人生便失去意义;缺乏自信,人生便失去成功的可能。许多学生求职失败不是因为他们不能成功,而是因为他们不敢去争取,或不敢不断争取。自信是对自己的一种积极评价,即对个人自我价值的表达,对自身力量的认识和估计,坚信自己能完成任务,达到目标。A·克拉克说得好:"自信的人力量最强大,怀疑的人力量最薄弱。强烈的信念远胜于盛大的行动。"青年学生必须树立应有的自信心,相信自己的能力。世上只有没能获得成功的人,没有不能获得成功的人。同时要积蓄自信的资本,不断充实自己、完善自己、提高自己。培养自信的心理素质可以从下面三个方面着手:

(1)相信自己的力量。因为只有相信自己的力量,才会有勇气朝着锁定目标前进。要敢于说"我能"、"我行",经常给自己积极的自我暗示。

(2)发现自己的优势。每个人都有自己的优势和弱点,树立自信的关键在于要善于发现自己的优势,并利用优势,把它发展到最佳状态;同时,尽量避免自己的弱势。这样在择业竞争中就能积极主动。俗话说的"扬长避短"就是这个道理。

(3)要善于抓住机遇。一个善于抓住机遇的人,成功的概率就更高,自信心就会逐步上升。相反,不善于抓机遇,总是一副姜太公钓鱼愿者上钩的架势,自信心就会在漫长的等待中一步步化为灰烬。

(二)要有诚信意识

每年毕业之际,做一份既精美又引人注意的简历是每个毕业生都十分关注的事。为了能在激烈的竞争中脱颖而出,伪造学历和学位证书、添上子虚乌有的实践经历,复制别人的荣誉证书为己所用,自己自封学生会主席等不讲诚信的事时有发生。另据报道我国几家主要国有银行的助学贷款中坏账比例竟高达10%。还有学生随意签约,一女嫁二夫,乱占用就业岗位,不仅造成就业单位损失,更造成了社会资源浪费。诚信意识缺乏已引发了大学生择业诚信危机。那么大学生在择业过程中是否一定要诚信呢?回答是肯定的。西方有句格言:"诚实是最好的策略。"在求职过程中,诚信是获得对方好感和信任的秘诀,诚信是达到目的的最好手段。相反,不讲信用、弄虚作假只会引起用人单位反感,即使侥幸蒙混过关,也会给今后工作埋下一颗定时炸弹。

美国总统林肯曾说过，你可以在所有时候欺骗有些人，在有些时候欺骗所有的人，但你不能在所有的时候欺骗所有的人。在用人单位成为买方市场的今天，这些不诚信的行为不仅使行为者本身受害，而且还严重影响就业环境。

（三）增强应变性

应变是指大学生要根据实际情况，及时调整就业期望值和自己的知识能力结构，以便与就业市场的要求保持最大适应性。俗话说："他山之石，可以攻玉"、"失之东隅，收之桑榆"、"计划赶不上变化"。求职中的灵活变通是一种良性的态度转换。没有变通性与适应力，仅仅是诚实自信，就会显得迂腐或呆板，导致自我封闭，孤芳自赏。要抛弃过去那种择业就是一次到位，要绝对稳定的观念。要把择业看成是一个动态的过程，先就业，后择业，再创业。在工作中不断提高自己的社会生存能力，增加实际经验，然后再凭借自己的努力，通过正当的职业活动，发展自己，逐步实现自我的价值。

（四）培养竞争意识

当今的社会就是竞争性社会，市场经济就是竞争经济，职业竞争是社会竞争之一。随着人才市场的进一步开放，优胜劣汰，适者生存的自然法则成为大学生就业竞争的法则。大学生应该敢于竞争，善于竞争，要抓住机会，而不要消极地被动等待。首先，要敢于竞争，作为时代骄子的年轻人，要体现年青人敢想敢说敢干的特性，树立"爱拼才会赢"的观念，不能前怕狼，后怕虎，唯唯诺诺，胆小怕事。要敢为天下先，欲与天公试比高。其次，要善于竞争，要从实际出发，充分考虑自身特长，扬长避短，古人云：骏马能历险，犁田不如牛；坚车能载重，渡河不如舟；舍长以求短，智者难为谋；生才贵适用，慎勿多苛求。宝贝放错了地方可能就一文不值了。最后，还要有敢于承受挫折的竞争心态，任何竞争都存在失败的可能，求职也不例外，只有充分考虑了失败的后果，做好遭受挫折的思想准备，才能提高受挫折的心理承受能力，才能从一次次的跌倒中一次次地腾飞。古人云：有志者，事竟成。破釜沉舟，百二秦川终归楚；苦心人，天不负，卧薪尝胆，三千越甲可吞吴。职场生涯短暂，走过弯路固然能增强自己抗挫折能力，但弯路走多了，快步走在阳光大路上的时间还剩多少呢？我们不惧怕苦难，但也不追求苦难。

 明确求职定位与需求

选择适合自己的职业，充分发挥自己的潜能，是每一个有进取心的大学生梦

寐以求的事。然而现实生活中，很多人不了解自己，对未来感觉茫然，不知道自己适合什么职业。有的大学生对自己的就业没有目标，缺乏计划性和前瞻性。研究表明，60%的职业困惑源自于职业方向不清，定位不准。因此，大学在开始择业前应该首先做好自己的职业定位和职业规划，这样才能有的放矢。特别是在职业市场已经逐步成熟，在机会越来越难抓的今天，为自己定位找到正确的发展之路已经刻不容缓了。

1. 职业定位的内涵及分类

职业定位是指毕业生结合自己的知识结构，能力特征，自己的择业方向和社会的人才需要等因素，确定自己的求职目标。它有两层含义，一是确定自己是谁，你有什么价值目标、适应力、知识结构、个性特征，你适合干什么；二是告诉别人你是谁，擅长干什么。

职业定位根据职业性质可分为五大类。一是技术型，这类人不愿从事管理工作，更愿意从事自己所学的专业技术；二是管理型，这类人具有强烈的管理愿望，具备分析能力、人际能力、情绪控制能力等基本素质，敢于和错综复杂的人事关系打交道，熟悉潜规则；三是创造型，这类人只需要有自我创造，自我体现的空间，不愿意循规蹈矩，墨守成规；四是自由独立型，这类人往往不受拘束，特立独行，天马行空，不愿意在组织中束缚自己。五是安全型。这是我国目前大多数人的职业定位，他们追求职业的长期稳定性和安全性，不愿意冒险或创新。

2. 职业定位的意义/重要性

(1)定位准确可以使职业发展具有可持续性。我们要树立长远的职业发展的观念，学会规划自己的职业生涯，而不是人云亦云，随波逐流。实践表明很多人事业发展不顺，后劲不足，都是因为当初定位不准确造成的。现实生活中，我们也看到有些地区经济发展定位不准，导致资源浪费，环境污染，可持续发展遭受破坏，无异于杀鸡取卵，涸泽而渔。因此，错误的定位会导致个人发展受阻；而准确的职业定位则有利于成就个人的事业，对个人的终身发展大有裨益。

(2)定位准确可以合理开发利用自身资源，激发潜能，发挥优势。职业发展需要广而精，更重要的是精。好比一枚钉子，不尖就无法挤进木头中去。有些人涉足很多领域，就好比万金油，什么病都能治，却什么病也治不好，结果特色体现不出来，资源也浪费了。

(3)定位准确可以排除干扰和诱惑，朝着既定目标勇往直前。有些大学生社会上流行什么就选择什么职业，或者哪个岗位钱多就往哪个岗位跳，不能持之以恒，结果像小猫钓鱼，三心二意，最后什么也没有得到。俗话说坚持就是胜利，成功往往是坚持到最后五分钟。事物的发展是辩证的，有些现在的热门职业，未来

可能就是冷门，夕阳产业；有些冷门也许就是将来的热门。风水轮流转，正所谓三十年河东，三十年河西。

(4)定位准确能受到用人单位青睐。大学生择业时往往喜欢在用人单位面前强调自己什么都会，什么都能，上至总经理助理，下至清洁工，自己都能胜任，殊不知犯了大忌。用人单位招聘都是有的放矢的，你定位不准确，用人单位就无法发现你的特长、优势，认为你的自我评价不准确，甚至可以说意志不坚定。连自己适合做什么都不知道的人，想获得用人单位的青睐，无异于痴人说梦。

 就业定位依据

大学生合理的就业定位，应包括择业目标(职业、单位、地区、经济条件等)、实现目标的条件(专业、能力、性格、健康状况等)、实现目标的方法步骤(自荐、面试、试用)几个方面。就业定位就是大学生要根据就业市场的发展趋势和特点，全面结合自己的综合情况，确立求职应聘的指导思想与基本条件。就业定位的过程就是大学生以社会需求和用人单位的要求为背景，深入对自己的专业、能力、品质、心理等因素进行自我评价、自我评判的过程。如果分析判断理性、客观、科学，就能准确地测定出自己到底适合于什么样的工作，自己的能力和水平到底有多高，自己的发展潜力到底有多大。可见合理的就业定位非常重要。如何合理定位呢？具体来说，大学生就业定位应从多方面考虑，既要考虑个人因素，还要考虑社会因素，家庭因素等等。笔者结合多年工作经验，认为应从以下几个方面考虑。

(一)社会因素

随着高等教育办学能力的增强和劳动者文化素质的逐步提高，大学生已经是劳动大军中的一员。但大学生就业已经由卖方市场向买方市场转移。很多大学生看不到社会变迁，一味地追求铁饭碗、国字号、大城市等，结果这些地方都是人满为患，常常是一个岗位上百人竞争。殊不知，国家建设重心已经逐步由东部向西部转移，由发达地区向不发达地区转移。很多大型企业人才饱和，而中小型企业，民办企业由于正处于创业阶段更容易吸收人才。因此大学生应该准确把握社会的风向标，以国家和人民的需要为坐标，合理设计成才之路，到中西部去，到基层去，到中小私营企业去，到最能发挥自己潜能的岗位上去。这样定位才能准确，成才的几率就会更大些。

此外，国家政策，社会价值观，科学技术的发展状况也成为大学生职业定位

需要考虑的外在社会因素。

(二)性格因素

性格是一个人对现实的稳定的态度和习惯化的行为方式的总和。性格中表现的个体对劳动对工作的态度成分,会直接影响到人的职业选择和职业成就。我们很难想象一个不善言辞的人去选择做谈判代表,让一个活泼好动的人选择办公室文员……。如果真是这样,那么他们工作就不会有激情,与岗位的磨合期就会更长。

美国心理学家和职业指导家霍兰德经过几十年的跨国研究,提出了职业人格理论。他根据性格特性与职业选择的关系,把人划分为六种个性类型,这六种不同性格的人在选择职业上具有明显差异,如表3-1所列。

性格与职业匹配表 表3-1

性格	具体表现	匹配职业
现实型	重视物质的,实际利益,喜欢操作工具,不愿意与人打交道、喜欢户外活动	机械、建筑、野外工作,工程安装
探索性	强烈的好奇心,重分析,对工作极大热情,对人不感兴趣,喜欢挑战,不喜欢遵循很多固定程序的任务	工程设计,生物学、实验研究
艺术性	想象力丰富,易冲动,好独创,强烈的自我表现欲,喜欢非系统的、自由的,要求有一定艺术素养的职业	音乐、美术、文学、影视
社会型	乐于助人、善于交际、易合作、重感情,有较强人道主义倾向,喜欢处于集体的中心地位	医生、教育、就业指导
企业型	精力充沛、自信、热情洋溢,富于冒险,支配欲强,爱争辩,精明,耐心	经理、销售、房地产、经纪人、政治家
常规型	易顺从,能自我抑制,喜欢稳定高度有序工作,愿意执行命令,不喜欢作判断	图书管理、计算机操作、会计、程序、统计

多数人都属于几种类型的复合型,很少有人属于单一的某种类型。

(三)气质因素

气质是人生来就具有的心理活动的动力特征,存在着神经生理学的基础,有较强的稳定型。一个人的气质特征会在很多活动中显示出来。气质没有好坏之分,但气质能影响一个人的工作效率,特别是在一些特殊职业中,气质不仅关系到工作的效率,还关系到事业的成败。

古希腊医生希波克拉底以为，人的气质由人的体液决定。不同的体液对应不同的气质特点，因而影响着择业心理。气质类型与职业匹配见表 3-2。

气质类型与职业匹配表 表 3-2

气质类型	具体表现	相配职业
胆汁类型	精力旺盛，乐观大方，但性急、暴躁而缺少耐性，性情忽高忽低	推销员、节目主持人、采购员等
多血质型	热情、开朗、对外界事物感受迅速但不深入，不能持久，兴趣广泛但注意力易分散，感情易变化	管理工作、驾驶员、运动员等
黏液质型	情绪不易激动，内向冷漠，动作稳妥，不善交往但善于忍耐，注意稳定，有较强的自制力	医生、法官、机床工等
抑郁质型	情绪兴奋性高，敏感，体验深刻，各种心理活动的外部表现都是缓慢而柔弱	化验员、保管员、研究人员等

（四）能力因素

能力是人们成功地完成某种活动所必需的，并直接影响活动效率的个性特征。经验表明，一些有特殊能力的人，如果从事了适合他们的工作，就很容易取得出色的成就。能力是就业的砝码，能力强，就业定位高一些，能力差，就业定位就低一些。高职院的学生应结合自身专业能力特点准确定位。例如他们有知识结构优势——少而精，社会需要什么，就开什么课程；有实践经验优势——动手能力强。在一切社会活动中，尤其是生产、服务一线，没有熟练的操作能力是很难胜任的。很多本科生，就业不顺，又重新到技校回炉就很能说明问题。沿海私企，开出年薪 18 万招高级技工，应该明白这样一个道理，单位要找的是最合适的人才，而不一定是学历最高，最优秀的人才。我国正处在经济飞速发展的时期，许多单位缺少的正是熟练的高级技术员，高职学院定位在培养紧缺型、应用型、技能型人才上，也是对广大高职学生的一个很好引导。

有的高职院校加强就业指导，学生定位准确，专升本名额年年过剩。有的学校学生一味追求高学历、挤专升本独木桥，结果本科读完反而不好找工作。适合高职学生就业的岗位，未必适合没有接受过规范职业技能训练的高学历者。

第二节　求职、择业常见心理问题分析

由于择业问题的复杂性和当前就业竞争的日趋激烈性，即将走向社会的大学生，面对择业不可避免地会遇到各种困难、挫折和冲突，导致一系列心理问题和矛盾的产生。全面分析大学生求职、择业中的心理误区和心理冲突，有助于树立正确的择业观，排除心理困扰，走出择业误区。

一　择业心理误区

所谓择业心理误区，就是个体在求职过程中，对自我求职目标的期望、评价等方面，存在不乐观或与现实存在较大差异的一种影响求职的心理倾向。

随着我国用人制度和大学生毕业分配制度改革的不断深入，大学生在择业空间更广阔的同时，也感到了前所未有的就业压力。有些在求职过程中容易出现心理误区，从而导致求职过程中一些不良行为的发生。如不讲诚信，同学之间互相拆台，多头签约，甚至诱发重性精神病、自杀等。大学生择业心理问题已成为各高校心理教育中重点课题，也是当前不可回避的教育问题和社会问题。

常见的大学生求职心理误区有以下几点。

1. 自负心理

一些大学生对自己评价过高，自我感觉良好，以为满腹经纶，学富五车，或者认为自己身出名门，紧俏专业，皇帝的女儿不愁嫁；有的大学生这山望着那山高，抱着“是我去择业，而非职业选择我”的错误观念。对就业形势和用人单位需求不了解，完全按照自己想法一厢情愿地谋求高薪职位，结果由于目标定位不切合实际，在择业过程中屡屡碰壁。高不成，低不就，花中选花，越选越差，最后错过花期。

2. 自卑心理

与自负心理相反，但也是自我认知偏差造成。自卑是一种缺乏自尊心、自信心的表现。过度自卑会产生精神不振、消极、沮丧、失望、脆弱等心理现象。这些学生面对就业问题时总感到自己学校不是名牌，学历不高，专业不热，既没有关系可利用，又没有金钱可打点，总之自己一无是处；特别是面对用人单位提出的高学历，高职称，高薪酬的“三高”政策更是自怨自艾，不敢面对。以至于自己不多的闪光点也被埋没，使他们失去了不多的机会。俗语说撑死胆大的，饿死胆小的。我们经常在招聘会上看到有些学生言行木讷，面对考官，总是让父母出面，

如此当然难得找到满意的工作。正如有的用人单位所说的,“一个自己都不认可自己的人,还能得到单位的认可吗?”有的用人单位招聘时明确提出见求职者本人。一般来说,硬件劣势的学生,性格内向的学生以及受到用人单位性别歧视的女生容易产生自卑的心理。

3. 急功近利心理

有些同学择业时过分看重地位的实惠,一心只想在大城市,留在沿海发达地区,留在跨国公司。为了功利不惜抛弃自己的专业和兴趣。这当然能会得到一时的满足,然而抛开专业优势和自己兴趣去竞争,时间一长很容易遭受挫折。

4. 依赖心理

部分大学生的观念仍停留在“统包统分”的就业模式上,不能主动适应市场经济的要求,消极地等待就业单位选择。当代大学生中,独生子女较多,从小受到过度保护,依赖性较强,缺乏自我责任感和独立决策能力,在就业时缺乏进取精神,择业时过多地依赖他人。有些学生寄希望于父母、学校、老师,怀着“车到山前必有路”的依赖心理,超然于求职之外。一旦希望落空,就会怨天尤人,产生很大的心理落差,埋怨父母无能,社会不公,甚至出现欺骗等极端行为。还有一些独立能力较弱的女生受传统观念、家庭环境的影响,就业时也存在依赖心理。这种依赖心理继续发展,形成依附心理,觉得只要找个条件好的男友甚至嫁个有能力的丈夫,自己有无工作和工作理想都无所谓。

5. 焦虑心理

就业对大学生来说,既是机遇又是挑战。很多大学生面对就业和步入社会深感焦虑。眼看着毕业的脚步越来越近,眼看着身边同学一个个名花有主,焦虑心理担心自己的理想不能实现,担心择业上的失误导致终身遗憾,担心专业学非所用,担心下一次应聘又会被拒之门外。毕业生择业存在一定程度的焦虑很正常,但不能过度。有的同学整天坐立不安,胡思乱想,情绪不稳定;有的愁眉苦脸,闷闷不乐,忧心忡忡;有的东奔西跑,四面出击,马不停蹄。大学生就业由“统包统分”发展为“自由择业”。目前我国就业采取“双向选择”的原则,即用人单位和大学生之间相互选择。大学生就业呈现多元化的趋势。职业选择的自由度越大,选择行为的责任就越重,择业心理压力也越大。很多大学生把人生的憧憬和前途都放在就业上,既渴望进入社会,谋求到理想职业,又担心被用人单位拒绝,担心择业失误造成终生遗憾。因而容易焦虑,对走进社会心里没底。有人甚至患了“择业焦虑症”,一提到择业就心理紧张,怀疑自己的能力,个别人甚至产生绝望的心理,出现极端行为。还有毕业生平时没有认真学习和积累经验,求职的知识、能力、心理准备不充分,求职屡遭挫折,产生极度的焦虑感。

6. 抑郁心理

在全社会就业压力普遍较大的情形下，大学生就业难是一个不可回避的现实问题。择业过程中遭受挫折是正常的事。试问一下，当今社会，除了国内顶尖大学的紧俏专业，还有谁能一锤定音？绝大多数学生都是一次次吃了闭门羹后，才推开那扇属于自己的门。有的学生受挫后不能正确对待、不思进取、漠然置之，甚至放弃一切努力，把自己孤立起来，自我放逐，不与外界交往，这样就导致抑郁心理发生。

7. 偏执心理

在就业过程中，学生的偏执心理主要表现为追求公平的偏执，高择业标准的偏执和对专业对口的偏执。特别是面对社会上择业的不良风气，如搞关系走后门。有的学生以偏概全，不能正确对待，把自己的择业挫折全部归咎为社会不公，给自己造成阴影。认为一切都是假的，一切都是人为操作的，从来就没有什么公平可言。学得好，不如关系好，能力强不如容貌强。有的不愿降低择业标准造成有价无市的局面。

不少大学生在求职路上或多或少地存在上述心理误区，如果不加以调适，不仅仅会在求职过程中屡遭失败，甚至还会有心理健康问题，为今后成才埋下祸害。俗话说求学、求职、求婚是人生三部曲，每一步都要走好，一旦走不好会给人生带来不可估量的损失。

8. 懈怠心理

近年来，大学生毕业生中出现了“不就业一族”。有些大学生因对工作岗位挑挑拣拣，“高不成，低不就”，自动放弃就业机会，有的在学校附近租房“安营扎寨”，一边打工，一边找工作；有的干脆待在家里靠父母养活。他们中的相当一部分人无所事事，闷得无聊，时常返回学校四处游荡，自称为大学校园“漂一族”。“毕业不就业，未来还是梦”是“漂一族”心理的真实写照。此外，还有部分学生由于考研、出国、自主创业或自谋职业等原因而选择“不就业”，从而获得继续升学，办理出国手续、做好创业准备等“缓冲期”。

二 常见心理矛盾

心理矛盾是指两种或两种以上不同方向的动机、欲望、目标和反应同时出现，由于莫衷一是而引起的紧张状态。心里矛盾并不奇怪，一般心理矛盾是促进心理发展的动力。但过分强烈会对人的心理健康带来严重影响。大多数大学生希望通过择业来实现自己的价值，渴望找到既能满足物质需要，又能实现精神需

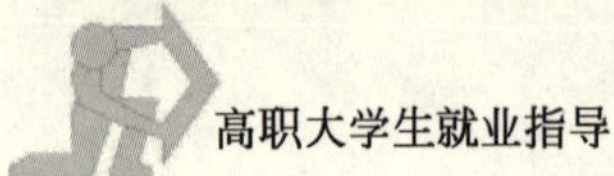

求的工作岗位。这种不合实际的过高预期，使他们处于两难的心理困境。长期存在于择业求职中的心理矛盾主要表现在以下几个方面：

1.理想与现实的矛盾

每个人都有对生活的美好的向往。对于毕业生来说，他们对美好生活的向往和追求会更迫切和强烈。大学生活让他们拥有了比一般人更丰富的知识和技能。面对纷繁的社会，他们豪情万丈，渴望着展翅高飞，大干一场。然而由于他们真正接触社会较少，涉世未深，对职场上的规则尚不能完全掌握。在很多时候理想与现实严重脱节以致形成极大反差。面对这样的反差，他们往往举棋不定，处于矛盾之中。调查表明在择业取向中，受市场经济与精英意识的双重作用，大学生既表现出市场经济影响下的较为功利化的就业取向，同时又无法摆脱精英意识影响下的理想化特征，出现了理想的自我膨胀和现实的自我萎缩之间的矛盾。

2.人生价值与艰苦创业精神缺失之间的矛盾

很多大学生都希望从专业出发选择职业，将来学以致用，实现自己的人生价值，做一个对国家、对社会有用的人；不希望做一个无所作为，碌碌无为的人；都有一腔报国之志，希望将来驰骋疆场，马革裹尸，而不愿踯躅方圆之地，老死于户囿之中。然而他们往往又不愿意到基层，到边远地区，到艰苦的地方去，或者说缺乏艰苦创业的心理准备。总是想走捷径，想攀高枝，想一夜暴富。殊不知，一屋不扫，何以扫天下，哪一个将军不是从小兵开始的。调查发现：极少大学生乐于接受去小城镇及边远地区工作；50％以上的学生表示在别无他求时才会考虑；30％以上的学生不能接受。实现人生价值的强烈愿望与缺乏艰苦创业精神的矛盾造成大学生就业空间缩小，从而加大了就业难度。

3.渴望竞争与害怕竞争的矛盾

就业渠道的多样化，为大学生提供了更多的选择，让每个人都有展示自己才华的舞台。大多数学生都渴望能一显身手，寻找到属于自己的天空。然而当他们真正面对竞争时，又瞻前顾后、畏缩不前，缺乏勇气。有的怕自己能力不够，一旦落败很丢脸面，有的怕伤和气，有的怕没有退路，全军覆没。总之表现出退缩心理，而且往往向外归因。认为是社会风气干扰太大，社会保障体系不健全。却不知真正的原因是他们主观努力不够，没有实践的能力和勇气。调查表明，50％以上的学生认为自己竞争力一般，担心比不过别人；30％的大学生认为竞争取胜的把握很小，只有不到20％的学生认为自己应该胜出。

4.择业目标定位的矛盾

有的学生由于缺乏对自己个性特征、知识结构、能力大小的正确认识，在择业过程中往往普遍撒网，多头开花，这实际上是目标不明确，定位模糊的表现。

古人云，鱼和熊掌不可兼得，当断不断反受其乱。很多事情都是在犹豫不决中失去机会，犹豫不决是机会的天敌。例如，有的学生被称为“面霸”，同时面试多个单位但又都不签约。原因是有的单位薪水高，但发展空间不大，有的单位刚起步，个人机会很多，但薪水低。结果在观望和等待中花儿谢了。俗话说，知人者智，自知者明。有的学生要么自视甚高，意识不到自己的局限，不能对就业形势做全面、客观的分析和判断，以致高不成低不就，白白浪费时间和精力，遭受不必要的挫折；要么对自己评价过低，忽视自身的优势所在，缺乏自信，瞻前顾后，人云亦云，没有主见，在择业中不敢或不善推销自我，不能正确表现自己的才能，以致丧失很多机会。因此，大学生在就业时应该明确自己能做什么，善于做什么，应该怎么做。用人单位更看重那些目的明确，义无反顾的人。

三 大学生择业心理误区和心理矛盾的原因分析

大学生择业过程中的心理误区，心理矛盾的出现有社会因素，学校因素，也有家庭因素和个人因素。

(一)社会因素

1.高校扩招

近年来，高校不断扩招，毕业生人数急剧上升。扩招解决了“上大学难”问题，同时却带来了“就业难”的问题。教育部统计资料显示，2001 年，全国高校毕业生 115 万，2002 年有 145 万，2003 年有 212 万，2004 年有 252 万，2005 年有 348 万，2006 年有 413 万，2007 年有 495 万，“十一五”期间，将有 2500 万大学生就业。而社会岗位的增加幅度远低于扩招的增幅。供需的矛盾日益突出，毕业生就业从“卖方市场”转向“买方市场”，导致就业竞争日趋激烈。竞争在名校和名校，重点院校和地方院校，学历层次之间全面展开，使毕业生在就业过程中承受巨大的压力，容易受挫。同时，随着经济体制改革的深入，国有大中型企业采取减员增效，下岗分流的政策，各级党政机关，事业单位也“精兵简政”，压缩人员，使得就业形势更加严峻。大学生必须面对严峻的就业形势，迎接挑战。正如国情问题研究专家胡鞍钢所说：“中国正面临着世界上最大的就业战争。”不容乐观的就业形势像一朵挥之不去的乌云压在高校的上空。

2.社会变迁

近几年，社会多种体制改革，机制转换，又面临经济全球化，人才国际化的国际大环境，使原有的价值观受到冲击，新的价值观尚未形成。在社会转型，新旧交替的过程中，社会价值观出现了多元化，人们的需求表现出多层次，全方位的特点。青年学生接触社会少，了解社会不深，生理心理尚处于发展成熟阶段，缺乏坚定的信念和深度的理性思考，容易受外界影响，价值取向趋向个人主义和功利主义。在社会上的所见所闻和同学间的攀比，更强化了他们的利益观念，导致择业价值取向错位。有人说，现在的中国就像一口沸腾的大锅。处于这一环境中的大学生，在就业中极易心理动荡。

3.就业机制不完善

市场经济提倡"优胜劣汰""公平竞争"，但用人单位录用毕业生时仍存在不正常的现象。如，有的用人单位无节制地提高用人规格，大专生就能胜任的工作却非要招收本科生，甚至研究生，造成人才浪费。有的单位明确规定要男生不要女生。有的单位宁愿要有"关系"的差生，也不要无关系的优等生等等。另外，当前人才市场流通渠道还不畅通，公平竞争的环境也不完善，从而使既无关系，又不突出的毕业生容易产生就业危机。有的毕业生由期望过高变为自信心动摇，甚至失去自信，导致价值观发生变化，不能正确对待择业。

(二)学校因素

1.高校改革相对滞后

社会发展变化飞快，高校教育尚不完全适应发展需要。高校教育目前处于调整期，短时间内无法紧握时代发展的脉搏。大学生就业难和高校教育质量不高有密切关系。在社会对人才要求越来越高的今天，大学生容易感到"知识不够用"和"能力不足"，从而导致自卑和焦虑。有的大学生认为自己的文凭和实际水平不太一致，学校开设的专业课程"不太适应社会需要，学科知识陈旧，影响就业"。因此，高校如何适应社会新形势，进行专业结构，课程设置，教学内容等的改革，提高师资水平，加强学校的配套发展，培养符合社会需要的人才，就显得尤为必要和重要。高等教育改革的滞后，影响了毕业生的就业率。另外，我国的高等教育沿用原有的教学模式和方法，偏重系统的理论知识传授，缺少实践能力和创新精神的培养，导致很多毕业生眼高手低，思想多于实践，满足不了用人单位的需要，找不到合适的工作。

2.就业指导工作相对滞后

就业指导在国外已经有悠久的历史。但在我国才刚刚起步。从国外的经验看，从幼儿园开始，学校就承担着系统的职业生涯辅导和职业教育任务，在进入大学之前已经有较强的理性思考和感性准备。而我国传统教育体系中根本没有职业生涯规划和就业指导的内容设置。面对日益激烈的市场竞争，许多毕业生新旧择业观冲突，茫然不知所措，导致大学生择业过程中出现种种心理适应问题。如何保持健康的择业心理，自信心、心理平衡和自我调节能力就显得非常重要。目前高校对毕业生的就业指导做得还不够，甚至明显滞后于学生择业心理的发展变化。

(三)家庭因素

近年来，为拉动内需，高校实行收费上大学，学费一度上涨。收取费用既改善办学条件，增加学生接受高等教育的机会，又可增强学生学习的主动性和自觉性。但很多大学生来自贫困家庭，尽管国家和学校采取了各种措施，如助学金、生活补贴、国家奖学金、国家助学贷款等，但他们仍然承受着家庭经济困难的压力。部分大学生经济状况窘迫加上虚荣心，导致心理矛盾加剧。加上父老乡亲寄予厚望，自尊受伤害，则容易产生委屈感、受辱感和不公平感等，导致心理失衡和心理障碍。此外，部分家长受传统观念束缚，按照自己的想法给子女安排一切，却忽视了子女的主观愿望和性格优势，这些容易使大学生在择业时产生矛盾心理。

(四)个人因素

1.毕业生本身处于矛盾期

毕业生正处于人生的转折点，面临着人生的重大抉择问题。这一时期是他们人生最动荡的时候，内心充满了各种矛盾。心理学认为，人在认识自我、剖析自我时有一种无形的东西——无意识的自我保护机制在保护着自己，影响对自我的全面、正确、客观和公正的认识，使真实自我产生变形或扭曲。心理学研究表明，理想的我与现实的我之间的差距随年龄的增长而增大。安葬于西敏寺的英国国教主教的墓志铭就这样写道：我年少时，意气风发，踌躇满志，当时曾梦想要改变世界，但当我年事渐长，阅历增多，我发觉自己无力改变世界，于是我缩小了范围，决定先改变我的国家。但是这个目标还是太大了。接着，我步入中年，无奈之余，我将试图改变的对象锁定在最亲密的家人身上。但天不从人愿，他们还是维持原样。当我垂垂老矣，终于顿悟了一些事情：我应该先改变自己。

大学生择业是在各种矛盾中的选择。自我和超我的矛盾，理想与现实的矛盾，奉献与索取的矛盾，社会需求与自身实力的矛盾等充斥着就业过程。诸多错综复杂的矛盾是前所未有的。加上大学生本身处于人生心理矛盾突出的时期。他们心理发展不稳定，容易出现矛盾。如，开放与封闭的矛盾，独立性与依赖性的矛盾，情感与理智的矛盾等。再次，当代大学生生理与心理发展不同步。相当一部分人心理不成熟，加上个体生活经历不同、体验不同，因而个性心理特征具有较大的个体差异，在择业过程中表现出心理特征的复杂性和矛盾性。

2.旧择业观的影响

受传统的“铁饭碗”影响，部分毕业生择业时定位不切实际，过分考虑工作的稳定性和待遇问题。还有部分人，一心往发达城市和沿海城市挤；对私营企业，艰苦行业，待遇较低的单位不加考虑，不愿意去基层、西部地区，更不想吃苦自主创业。不少毕业生认为找不到好工作就不能报答父母，无颜见江东父老。

3.自我定位不准

部分大学生对自己缺乏客观的认识和评价，要么自视甚高，要么评价过低，对自己定位要么过高，要么过低，甚至有的没有定位，随波逐流。在择业过程中茫然徘徊。古人云：知人者智，自知者明。没有正确的自知，就难以找到合适自己的工作，难以发挥自己的潜能。

4.个人能力和素质不高

大学生的综合素质直接决定着就业顺利与否。大量研究资料表明：当代大学生整体素质较高，但仍存在缺陷。有的大学生注重知识学习，忽视人际交往。有的大学生知识面窄，文科生不了解理科常识，理科生不了解人文常识；还有一些学生学习不努力，专业知识不扎实，英语和计算机水平低，实践动手能力和开拓创新意识缺乏；有的学生依赖性强，缺少独立解决问题解决困难的磨炼，承受能力差，意志薄弱。这些都会影响就业。

总之，大学生择业的心理问题和矛盾，既有客观原因也有主观原因。客观方面，我国正处于社会转型时期，产业结构调整，企业单位裁员，大学教育的精英化转化为大众化，毕业生人数剧增，就业市场还不完善等等。这些主客观因素交互在一起，给心理相对还较脆弱的大学生造成强大压力。心理误区，心理矛盾的出现不可避免。主观方面，大学生刚踏入社会，阅历较浅，涉世不深，心理也不成熟，不善于面对应激事件，心理防卫机制还不健全。但大学生择业心理问题属于发展过程中的问题，具有适应性障碍特点。因此，只要加强引导，教育得当，适当宣泄，绝大多数人会随着应激源的消失而趋于正常。

第三节　择业心理问题的自我调适

心理调适的过程是指个体通过调节自身的心理状态，使自己的行为获得积极的改变，使之与客观环境保持和谐的过程。大学生求职过程中会遇到意想不到的问题和困难。若不能正确对待、及时解决，很容易造成心理问题，甚至心理障碍，以致影响顺利求职，甚至损害身心健康。例如求职过程中多种选择造成的目标冲突感，害怕失败引起的焦虑感，自我评价不当造成的自卑感，多次被拒引发的挫折感等，都是大学生求职过程中常见的心理现象。

对于一个身心发展还不很完善，社会阅历不够丰富的大学生来说，择业中遇到挫折是很正常的。就业中产生心理冲突是每个大学生都要面对的现实。每个大学生都要运用正确的调适方法，提高择业中的抗挫折能力，正确看待困难与失败，有效排除异常心理，争取择业成功。大学生择业心理的正确自我调试要做到以下几点：

一 树立正确的择业观

择业观是指大学生对于为何选择某种社会职业和如何进行选择的认识、评价、态度、方法和心理倾向。它是大学生职业理想的直接体现，是他们对于择业目的意义的根本看法和态度的体现，是大学生世界观、人生观、价值观在择业活动中的综合反映。大学生求职中所遇到的挫折，大部是由非理性观念引起，若不能正确把握，将直接影响毕业生能否正确认识自我、适应社会并成功就业。

近年来，大学生择业在总体趋于理性和理智，但陈旧的就业观仍然存在。如果旧的就业观念不能革除，适应社会发展的新观念不能建立，大学生顺利就业就会成为泡影。

1. 从一次就业到多次就业

在计划经济年代，人们很少流动，一次就业定终身的思想根深蒂固。受其影响，有一部分学生对待择业慎之又慎，左挑右选，多角度、多层次比较，生怕一失足成千古恨，追求就业的安全性和稳定性。这样很容易失去机会。现在市场经济逐步完善，劳动力资源配置机制日趋健全，劳动者的职业流动成为十分普通的现象。大学生在确立职业时要认识到在其漫长的职业生涯中，工作变换是极为正常的，期望一劳永逸是绝对不现实的。俗话说“树挪死，人挪活”，在职业生涯漫长的发展道路上，开始就跑在前面的未必就领先一辈子。职业生涯像一场马拉松，领先和落后都只是暂时的。应树立“先就业，后择业，再创业”的观念。现代社会为我们提供了独立发展的空间，毕业生应不急于短时间内找一个固定的铁饭碗，要学会在运动变化中求得生存和发展。

2. 从单一就业到多渠道就业

面对严峻的就业形势，少数学生仍然心存幻想，抱着“皇帝的女儿不愁嫁”的心理，建立过高的就业期望，眼光只盯着理想的岗位，如公务员、跨国公司、大型外资企业等。只见树木，不见森林，结果屡屡失败。据调查，70％的大学生选择政府机关单位，17％的学生选择民营企业，80％的学生选择沿海城市大城市，11％的学生选择中等城市，西部地区，农村。俗话说，“如果你不能扭转风向，你

就必须学会调整自己的风帆。"高级的水手都会因势利导，巧借风向。最后到达胜利的彼岸。大学生就业也应如此，多角度观摩，全方位出击，多渠道就业。无论是流动就业，临时就业，还是弹性就业，只要能展示自身的价值，体现自己的能力，做什么工作都行。君不见，异军突起的民营，私有企业在中国经济突飞猛进的历史潮流已占据半壁江山。

3.淡化专业对口观念

专业知识是一个知识结构的主干，是知识结构的主体，专业对口，一直是大学生就业的主要原则。但是在目前市场经济下，人才大量流动，专业交叉，跨学科联合，使用人单位对人才知识结构的需求以及社会对人才录用的方式发生了很大变化，特别是社会对毕业生的需要始终处于动态之中，学校的专业设置既有滞后于社会发展变化的情况，同时也存在某些边缘学科超越社会发展的情况。因而学校的专业设置不能与市场需要一一对应，要适应这种新形势就要求大学毕业生从专业的框框中解放出来，主动地在广阔的社会中寻找切入点，大胆尝试，一定会有新的发现。同时，大学生要拓宽自己的知识面，培养自己多方面的能力，提高自己的综合素质，使自己在就业中具有更强的适应性。

二 增强心理健康意识，提高自我调适自觉性

心理学家通过理论与实践的探索，提出了很多行之有效的自我心理调适方法。大学生在择业过程中，可以根据自身的特点有选择地运用。

1.理性情绪法，也称正确归因法

人有理性与非理性两种信念，这些信念指引下的认知方式会左右人的情绪。此理性情绪法源于美国心理学家艾里斯创立的"理性——情绪疗法"。他认为情绪困扰并不一定由应激源直接引起，而常常是由经历者对事件的非理性认识和评价引起。因此要消除人的不良情绪，就要设法将人的非理性观念转化为理性观念。例如，有的学生在就业中遭遇挫折就消沉苦闷、怨天尤人，原因在于他的非理性认识——大学生是天之骄子，顺利就业理所当然，"天生我材必有用，堂堂大学生受过系统高等教育的人，找工作不是小菜一碟"。正是因为这样的心理，才导致了不良情绪。如果将这些情绪观念加以纠正，则不良情绪自动缓解。大学生在运用理性情绪法时，应首先分析自己的消极情绪有哪些，找出非理性观念(绝对化、完美主义、予取予求)，并对其进行挑战、质疑和辩论，同时对比两种观念下个人的内心感受，鼓励自己向理性观念方面转化，从而有利于排除不良情绪。

2.适度宣泄法

从心理卫生角度讲，不良情绪就是心理活动的垃圾，如果不将其扫地出门，

过分压抑自己的情绪，只会使垃圾越积越多，不利于身心健康。适度的宣泄，可以把不良情绪施放出来，从而使情绪正常。切忌把不良情绪强压于心底。忧虑隐藏越久，受到的伤害就越大。宣泄的方式有很多，如倾诉、哭泣、运动等，但要有节制、要适度、要注意方式方法，时间场所以及要顾及他人的感受。不能一味只考虑自己痛快而忘了别人的感受。这好比把自己家里扫出的垃圾都扔在了别人家门口。宣泄应是无破坏性的。较妥善的办法是向朋友、老师倾诉，一吐为快。也可以去打球、爬山、参加大运动量的活动，宣泄情绪。

3.自我慰藉法

自我慰藉就是自我安慰，实际是自我辩解。人不可能事事顺心。如果遇到困难，尽了主观努力仍无法改变时，不必苛求自己。毕业生择业遇到挫折时，说服自己，适当让步，另辟蹊径可以缓解动机的矛盾冲突，消除焦虑，抑郁，有助于保持心理安宁和稳立，如失败时告诉自己，“失败是成功之母”，拿自己的优处比别人的短处，“塞翁失马，焉知非福”，“福兮，祸之所倚，祸兮，福之所伏”。俄国文学批评家别林斯基有句话很有启发意义，每个人不要做他想做的或应该做的，而要做他可能做的，拿不到元帅杖，就拿枪。拿不到枪，就拿铁铲。找个可以接受的理由，让自己内心平静下来，承认并接受现实，得以解脱痛苦。

4.情绪转移法

有时不良情绪是不易控制的，这时可以采取缓冲的办法，把自己的精力和注意力转移到其他方面去，使自己没有时间、精力、甚至空间，沉浸在不良情绪中，以求得心理平衡。例如，可以把择业问题暂时放一放，出去旅游，或学习一门技术，或参加一项自己喜欢的体育活动。

5.松弛练习法

松弛练习是一种通过练习学会在心理和躯体上放松的办法。通常通过肌肉放松，音乐放松等训练，让心理焦虑、恐惧得以消除。

自我调整的方法还有很多，如环境调节、自我激励法、自我暗示法、自我升华法等。这都是一些事后应变的方法，关键还是要提高人的心理素质，树立正确的世界观、人生观、价值观，磨炼坚强的意志，培养开朗、豁达的人生态度，这样才能在择业压力面前，始终保持积极乐观的精神状态和健康的心理状态。

三 加强择业指导

择业指导就是运用心理咨询的原理和方法，从职业的分工、选择、适应发展等方面给毕业生以帮助和指导，帮助毕业生用慎重、科学的方法理智地选择工作

和职业,使每个毕业生都能扬长避短,人尽其才。

(一)加强择业指导

学校作为毕业生制度改革的主体,要对学生加强就业政策引导,广泛深入地宣传就业制度改革的方向,步骤和内容,介绍当前改革和形势,为大学生不断提供就业的知识情报。如社会发展趋势,对人才规格的要求,科技发展现状及趋势,毕业生反馈信息等,提高大学生对社会信息和科学信息的选择力与判断力,独立分析有关前途活动的能力,缩短与社会实际生活的距离,尽快地适应社会。

(二)加强心理训练

要指导毕业生掌握必要的心理知识,启发学生了解自己、认知自己、评价自己。在知识、能力、情绪、社会适应个性品质,行为特点和人际关系等方面,对自己有一个起码的了解。有针对性地积极排除择业心理问题,有目的性进行心理训练,帮助他们树立正确的择业观,缓解内心冲突和压力。

(三)及时调整教学结构

面对产业结构的客观要求,和激烈的人才竞争形势,要坚持发展才是硬道理的思想和市场取向,及时改革调整学校专业结构、学科结构、层次结构、布局结构、使学校的培养与社会需求实行无缝接轨。要优化教育、人事、劳动部门之间的关系,转变大学生就业的传统观念,完善社会支持系统,使大学生就业服务有坚实的依托。

(四)帮助毕业生搞好职业生涯设计。

要运用先进的理论和手段,对学生的心理能力、爱好、基本性格进行综合测评,为其初步规划将来职业范畴,使学生理性地、全面地认识自我,尽早地为职业生涯做好积极的准备,减少择业过程中的盲目性,从而做到合理而充实的择业。

(五)要做好毕业生择业技巧指导工作。

择业技巧指导是就业指导的重要内容,有许多技术和技巧是毕业生择业成功的主要因素之一。毕业生存在的不良择业心理,在一定程度上起因于缺乏恰当的择业技巧,例如,要指导学生做好求职前的准备工作,明确具体的应聘程序,掌握基本的谈话技巧,慎重地签订合同,这样就可以避免由于自我介绍不着边际,简历制作不得要领,言语不当,衣冠不整等细节原因的失误。

第四章

求职择业的知识能力准备

第一节　建立合理的知识结构

一　知识结构的几种模式

知识结构，不存在一个固定的、普遍适用的模式。目前，比较有代表性的知识结构模式有五种：

1. 宝塔形知识结构

宝塔形知识结构把基础理论知识形象地比喻为宝塔的底部，然后从下往上依次为基础知识、专业基础知识、专业知识、学科前沿知识。宝塔顶部是主攻目标或从事的职业目标。这种知识结构有三个主要特点：一是，侧重于基础知识的广博性和宽厚性；二是，侧重于专业知识的精深性；三是，强调主攻目标的明确性。这种知识结构容易把宽厚的知识集于一点，突破主攻目标，取得成绩。

2. 蛛网型知识结构

蛛网型知识结构是国外经济管理学派提出的模式。此结构由三部分组成：第一部分是以自己本学科的专业知识为蛛网中心；第二部分是把专业知识相近、直接与专业知识相关学科的知识作为蛛网的结；第三部分是把离专业知识较远，间接影响专业的基础理论、一般知识作为蛛网的外围。其主要特点：一是，侧重于专业知识的核心地位；二是，侧重于广泛知识的互相联系，强调发挥整体知识的协调作用。

这种知识结构模式比较形象、直观，易为人们所理解，尤其有利于大学生通

过图解，发现自己知识结构的直观缺陷，以随时调整不同知识的学习时间和精力。保证专业知识的核心作用，使人能在较大范围内吸取营养，充分发挥其潜在的才干。

3.飞机型知识结构

我国企业界人士翟新华，根据自己在实际工作中的经验和体会，针对优秀企业管理人才，提出了飞机型知识结构。机头部分是宏观经济理论，机身部分是宏观与微观经济活动的实践经验，机尾部分是微观经济理论。这三部分构成了优秀企业管理人才知识结构的主体。然后还需要两翼部分，即外语和数学。这种知识结构的特点是：它把经济理论和经济实践活动经验作为主体，强调理论和实践的结合，是一种新颖而全面的知识结构模式。

4."宝塔形"向"网络型"发展的知识结构

这种知识结构由下而上包括基础知识、专业基础知识、专业知识、学科前沿知识。这种结构既具有扎实的基础知识，又有在专业方向上的精、深、实的扩展。是随着现代科学技术的发展，特别是众多新学科的出现而出现的，对于政治领导人才、高级智囊人才、高级经营管理人才，超大规模工程指挥人才等是很重要的。

5."T"型结构

对于在校大学生来说，大学学习毕竟还是打基础的阶段，大学生有别于一个有实践经验的建设者。所以，对于大学生应该具备的知识结构尚需进行专门研究和设计。由日本学者提出的"T"型知识结构是一种适应性较强，在现代社会有较广用场的知识结构。在"T"型结构中，竖杠是指专业知识，横杠是指一般知识和基础理论知识。其特点是既强调基础知识的宽厚，又强调专业知识的精深。这种知识结构对于在校大学生来说不失为一种比较合适的知识结构。

求职者在择业时，不但要注意所选职业类型在整体上对求职者知识结构的要求，还要了解所选职业岗位在社会组织中的位置及具体层次，以此来调整自己的知识结构，增强就业后的适应性。

二 就业对知识结构的要求

各类现代职业对于就业者文化素质和合理知识结构的要求越来越高。就知识结构而言，不仅对知识技能共性的要求越来越多，同时对就业者知识和技能的适应性要求也越来越强。对不同岗位大学毕业生的调查："平而不尖"现象，与知识结构的缺陷有重要关系。

1.宽厚扎实的基础知识

基础知识是知识结构的根基。近年来科技发展迅猛、知识更新加快，但更新的决不是基础知识，基础知识是知识更新的原动力。一位著名的科学家讲了一段极为深刻的话，他说现在的学生一进大学即分系、分专业，由于急于求成，急于专业化，学生仅学到限于本专业的一些基础知识，将来毕业后适应性较差，换一个方向（更不要说换专业）就晕头转向，不知所措，这怎么能适应四化建设的需要呢？大学教育的根本一点，是要扩大学生的知识面，把基础知识的面拓的尽可能宽一点，这样，学生就有了“后劲”。这段话应当说是很有见地的。随着社会产业、行业、职业结构调整速度的加快，大学生无论是选择职业，还是确定方向，或是适应工作性质的变动，都离不开宽厚扎实的基础知识的储备。这不仅关系到是否能进一步发展，是否在专业上有所建树，而且关系到将来走向工作岗位之后能否尽快适应、胜任工作。同时基础理论的学习，还有助于科学思维方法和良好的心理素质的培养，而这又是工作中必备的优秀品质。所以大学生在大学阶段要认真系统地学习基础知识，扎实地掌握基础理论，特别是有关专业最基础、已被普遍运用的理论，决不能为了培养其他方面的能力，而忽视了基础知识的学习。现实生活中往往有一些毕业生初到工作岗位，给人的印象是好高骛远，在本学科的基础理论还没有掌握的情况下，总试图进行深入的研究，结果只能是只知其一，不知其二，最终难免碰壁。

在学习基础理论的时候，大学生还要不断拓宽自己知识面，这是提高实际工作能力的基础。拓宽知识面并不是什么都要学，而是科学地有选择地学，要根据自己的情况，考虑自己的精力和承受能力，量力而行，才能达到学习的目的。首先要学好必修课，把基础打牢固；其次尽可能多读些参考书，了解和掌握本专业国内外当代新的科学技术成就；再次就是学些同本专业发展相关的基础知识，以适应社会的需要。

随着科技和经济的高速发展，社会的产业、行业、职业结构调整的速度必然加快，毕业生在择业就业上已不可能再是从一而终，职业岗位随时变动的状况不可避免。

2.精深的专业知识

大学毕业生是将要从事较强专业性工作的专门人才，因此，专业知识是知识结构的核心部分，也是科技人才知识结构的特色所在，无专业特色，也就不成其为科技人才。所谓精深，是指大学生对自己所从事专业的知识和技术，要在一定的范围，具有一定的深度，既有对概念体系、理论体系、研究方法、学科历史和现状等量的要求，又有对本专业国内外最新信息及与其专业邻近领域知识的了解和熟悉，并善于将其与本专业领域紧密联系起来质的要求。

3.现代管理和人文社会知识

现代化的社会,需要大学生具有一定的社会知识,一定的经济与管理知识和人文社会知识。目前大学生不少在高中阶段就开始了文理的分班学习,文科班的学生不学物理、化学;理科班的学生不学地理、历史。而进入大学后,学生们又只在本专业知识范围内学习,既使学些其他学科内容也是极为有限的。所以普遍存在知识面太窄的问题。因此,作为一名大学生,应该利用在校学习的时间,利用专业学习的空余时间,多读一些社会科学、管理科学方面的书籍,增加自己的知识面,开阔自己的视野,不断增加对社会和现代管理科学的了解,从而不断提高自己的能力。同时通过形象思维和抽象思维的交替使用,还可以促进整个大脑的思维能力的提高。

4.大容量的新技术新知识的储备

本世纪以来,人类知识总量正以几何级数剧增。据统计16世纪各种新发现、新发明不过26项,17世纪106项,18世纪156项,19世纪546项,20世纪前半叶961项,而仅20世纪60～70年代短短10年的新发现和新发明就已超过了过去2000年的总和。知识转化为直接生产力的过程也大大加快。从1727年照相术的理论提出,到1839年的首次应用,期间经历了112年,19世纪电话从理论到应用经历了56年,本世纪初的电视则经历了11年,到了50年代太阳能电池从理论到应用只用了2年时间。科学杂志的数量也按指数规律激增,自1665年第一本科学杂志《伦敦皇家学会哲学学报》出版以来,1750年的科学杂志仅有10种,19世纪初为100种,1900年达10000种,现今已达到35000种。学科数目发展迅速,最初的学科只有很少的几门,后来向专业发展,出现了物理学、化学、生物学、地学。随着实验科学的不断深入,传统学科开始分到19世纪上半叶发展到很细的程度。20世纪30年代以后,学科之间相互交叉和渗透,出现了一些综合学科、边缘学科。现代科学的出现,高度分析与高度综合相结合,使科学发展出现了一体化的态势,一些新的科学技术越来越多地出现在学科之间的空白区,出现在科学的交叉渗透和转移之中。

在现代科学技术发展如此迅猛、科学知识量急剧增长的今天,面对全面改革开放的形势,如果只掌握本专业现阶段的知识,是很难适应社会的。所以大学生应该利用在学校学习的宝贵时间,在不断加深对本专业知识了解的同时,跨学科学习更多的知识,以充实自己,在基础知识学习的宽度和深度上下工夫。要自觉地阅读现代科学书籍,掌握本专业国内外研究的新动向、新成果,了解世界科技新动态,注意本专业的科学前沿状况,要注意掌握专业知识的精湛性和先进性。这样在毕业后,才能在实际工作中不断追踪国际上的先进技术。当然要求大学生同时掌握多种专业知识是不现实的，但是除了精通自己的专业知识，并能在实际中运用以外，再掌握或了解与专业相关相近的若干专业知识和技术却是可以做到的。

毕业生要有“通才”意识，这是市场经济发展对人才提出的新要求。古代，科学处于萌芽时期，人才曾以“通才为主”；近代，科学不断分化，人才则以“专才为主”；今天，科学高度分化与高度综合，人才以“通才取胜”。诺贝尔奖获得者中，多是进行综合性研究的通才；诺贝尔本人是化学家、发明家、语言学家、企业家。

目前国外的高等院校都十分注重通才教育。美国强调培养学生的“适应社会环境”的能力，提倡“百科全书式”的教育；比利时根特大学提出，要培养“能看到最不同的科学领域间的相互关系的人，而这种人，又应是人文科学和自然科学的内行”；法国学者指出，高等教育应培养“既有广阔得多的视野，又对某些新的问题或新的设想有高度的造诣，不受学科的历史界线束缚的人”。

三 不同职业对知识结构的特殊要求

1. 管理类职业的要求。

主要包括经济管理、企业管理、金融管理、财政管理、外贸管理、行政管理等社会工作。根据管理职业的实际需要和管理科学的发展规律，必须掌握党的方针政策和相关法律知识。在知识结构中，管理理论和知识占较大比例外，还应了解税务、工商、外贸等知识。一般要求具有“网络型”知识结构。

2. 工程类职业的要求。

职业范围包括从事工程技术应用工作的职位。要求就业者在文化素质上应具备：牢固掌握专业知识，具有较新的现代专业理论，熟练掌握并能应用于实际工作中的应用技术及一定的管理知识。

3. 科研类职业的要求。

主要指基础理论研究、信息情报研究、学科应用技术研究等职业。要求：具有丰富坚实的专业基础知识；掌握严谨的科学研究方法并运用于实际研究；掌握大量的本专业的前沿信息；熟练掌握本专业的各种实验方法和调查方法。一般要求具有“宝塔形”知识结构。

4. 教育类职业的要求。

职业范围包括大学教师、中学教师以及各类职业教育教师、干部培训教师等。要具备以下条件：掌握基础理论和深厚扎实的专业知识；熟悉本专业最新研究成果及发展趋势；了解与专业相近的新兴边缘学科或交叉学科的情况；具有较高的有关知识(含教育学、心理学、教育心理、教材教法等)。该类职业要求就业者的知识结构为“网络型”。

大学生应当根据社会需要,结合个人专长,充分了解各种职业对求职者知识结构的特殊要求,在就业前和就业后注意建立和调整自己的知识结构,并使之日趋合理,日臻完善,为成才奠定坚实的基础。

四 建立合理知识结构的原则和途径

(一)建立合理知识结构的原则

1. 广博性与精深性相结合的原则。

合理的知识结构是广博性与精深性的有机统一体。它既是在广博基础上精深,又是围绕精深目标的广博。所谓“广博”,即广采博学,“精深”即精通一门学科或方向。广博是基础,有了广博的知识,才能使人们眼界开阔、思想活跃、触类旁通。现代科学技术发展日新月异,边缘学科和横断学科不断出现,技术上的高度综合、学科间的互相渗透,要求人们具有相当宽广的知识面,知识面过窄则难以适应科学技术发展的需要,也很难在事业上有所建树。强调广博并不是不要精深,只有广博而不精深,则只能是“样样通,样样松”。成功的人才往往都是在具有宽厚的基础知识上对专业知识精益求精,从而成为某一学科、某一方面颇有造诣的专家。

广博与精深相结合,就要处理好主攻学科与相关学科知识的关系。要集中主要精力学好主攻学科知识,同时要有计划地学习一些跨学科知识,只有知识丰富的人,才可能有旺盛的创新精神和创造能力。诺贝尔毕生献身化学,但他对于电学、光学、机械学、生理学也很感兴趣,同时他还是一位诗人和文学爱好者。正如他自己所说:“各种学科彼此之间是有内在联系的,为了解决某一科学领域的问题,应该借助于其他有关的科学知识。”

2. 层次性与比例性相结合的原则。

一个合理的知识结构,既是由低到高的几个不同层次的知识构成,也是多种不同比例知识的恰当组合。大学生在建立知识结构时,要坚持层次性与比例性相结合的原则。一般说来,大学生的知识可分为三个层次:基础层次、中间层次和最高层次。基础层次是指大学生应该必备的各种科学文化和基础知识,它是大学生参加实践活动不可缺少的条件;中间层次是指一般的、系统的专业知识,它是大学生在专业方向上得到发展,投入创造的基础和前提;最高层次是指关于某个专业或某项事业的最新成果、攻坚方向和研究动态的知识，它是大学生走向社会和开创事业的直接准备。三个层次的各部分知识的比例必须恰当和协调，既要将那些对实现目标有决定意义的知识放在中心的位置，又要使一切相关的知识在整个结构中占有相当的位置。

3.知识的积累与调节相结合的原则。

合理的知识结构既需要大量的知识积累，也需要适宜的知识调节。大量相关学科知识的积累，有利于强化整体效应，能适应当代科学技术相互渗透、不断分化综合的发展趋势。调节，一方面是要更新知识，防止知识的老化；另一方面是要增强实用性，防止与自己主攻方向无关的知识所占比例过大，最终不适应职业岗位的要求，影响个人能力的充分发挥。

4.理论与实践相结合的原则。

合理的知识结构不仅是理论知识的有效积累，而且是实践经验的结晶。在理论与实践的天平上忽视或缺乏任何一个方面，都会导致知识结构的倾斜。缺乏理论指导的实践是盲目的，而缺乏实践的理论又是空洞的。没有实践，理论就会枯萎；而没有理论，实践就会缺乏指南。大学生要建立合理的知识结构，就要坚持理论与实践相结合的原则，除了重视“第一课堂”的学习外，还应积极参加“第二课堂”活动，走向社会，重视在实践中学习。

(二)建立合理知识结构的途径

1.博览群书。

书是人类知识的综合和储存，博览群书，使人视野开阔，思路灵活。在人类历史上，一切优秀的人才无不是博览群书的典范。中国的孔子、欧洲的亚里士多德，都因其知识的广博而被尊为圣贤。控制论的创始人维纳，从小就广泛涉猎书籍，在大学学习期间，他充分利用图书馆，读了大量的小说、杂志、期刊以及哲学、心理学等方面的书，为他养成全面的品格和积累系统知识奠定了坚实的基础。

2.按主攻目标积累。

积累知识的过程中，按主攻目标积累的知识最有效。这是因为，有了主攻目标才能制订计划去做某事；有了主攻目标，才能明确积累什么知识；有了主攻目标，才能判断知识的相对价值，积累最有效的知识，最大限度地发挥知识结构的作用。一个人要有所成就，就必须专注一事，不可把精力分散于多方面。因此，在具备了一定广博的知识后，应按主攻目标积累知识，善于限制阅读范围，严格慎重地选择阅读的书籍和杂志，切忌漫无边际的浏览。

3. 注意动态调节。

世界上一切事物都处于不断的运动、变化和发展之中。作为反映客观事物的知识结构，也必然是不断变化的。大学生要建立合理的知识结构，就要注意动态调节。在实际生活中，需要调节知识结构的情况有三种：一是由于科学技术的迅猛发展引起的知识更新，需要调整知识结构，以适应形势的需要；二是开辟新学科或探索新的科学领域，需要建立与之对应的新的知识结构；三是职业或工作性质变动，需要调整原有的知识结构，使其保持高效状态，发挥潜在的效能。

4. 内储与外储相结合。

记忆是掌握知识的基本手段，人们的记忆一般通过两种方式进行：一是内储，另一是外储。内储就是用大脑记忆知识，其储存范围因人而异，通常是常用的、能够举一反三的知识，这些知识是人们进行思维活动的工具。外储就是利用记忆工具储存知识。其储存对象是与本专业、特别是与主攻目标相联系的知识。外储的方法主要包括做笔记、积卡片、编索引、剪辑资料、作摘录、照片、录音、录像等。知识的内储与外储，是记忆的两个侧面，二者关系密切、不可偏颇。忽视知识内储，会导致思想迟钝，忽视知识外储，会使记忆负担过重，只有二者协调发展，才有利于实现成才的目标。

第二节　培养科学的思维方式

一　科学思维方式的主要特征

一般来说，科学的思维方式应具有广阔性、深刻性、灵活性、敏捷性、独立性、批判性和理性思维的特征。

1. 思维的广阔性和深刻性

所谓广阔性，就是抓住问题的全体，一般表现为善于在不同知识领域和实践领域内全面地、创造性地思考问题。具有广阔性思维的人在解决问题时，善于全面考虑问题，不仅能把握问题涉及的范围，还能注重问题的重要细节。既考虑到整体，又想到问题的主要部分。

所谓深刻性，即能抓住问题的本质及规律，一般表现为善于思考问题。具有深刻性思维的人，不满足于对问题的表面认识，而善于分析事物的现象与本质、主要与次要、基本与枝节，善于从多方面和多种联系中理解事物。思维的广阔性和深刻性是相互作用的，只有对问题进行全面而深刻的思考，才能得出完整而准确的结论。

2. 思维的灵活性和敏捷性

思维的灵敏性即通常所说的"机智"，一般表现为思维活动依据客观情况的变化而变化。具有灵敏性思维的人，当时间、地点、条件发生变化时，能从实际出发，立即改变原有的解决问题的方案，适应新情况，灵活采用不同的方法、途径来解决问题。

3. 思维的独立性和批判性

思维的独立性，就是对各种问题有独立见解，表现为善于提出问题和解决问题，不依赖，不盲从；思维的批判性，就是善于考虑事物正反两方面的因素，坚持正确的一面，放弃错误的一面，分析评价事物从实际出发，不迷信，不轻信。

 如何培养科学的思维方式

1. 要加强马克思主义哲学的学习

理性思维是科学的思维方式。大学生经过高等教育，一般都具备了一定的理性思维能力。要提高理性思维能力、培养科学的思维方式，必须强化马克思主义哲学的训练，增强哲学思维的素养。马克思主义哲学是关于自然、社会和思维发展的一般规律的科学，其理论内容是辩证唯物主义和历史唯物主义。

2. 要积累丰富的知识和经验

丰富的理论知识和有益的经验，是敏捷思维和科学思维方式的基础。一个人掌握的知识越多越丰富，其思路就会越广越深，思维的成果就可以越完全越准确。比如，逻辑学的知识对提高人们的思维能力是非常重要的。因为，无论是形式逻辑还是辩证逻辑都是以思维为对象，都是关于思维的规律、形式和方法的科学。

3. 要独立思考问题

独立思考，是指每一个问题从头到尾，由理论到实践都独立经过自己的头脑。善于独立思考的人，既能集中别人的智慧，又能超越前人的思想。善于独立思考的关键在于有时间静下来深思，整天忙于事务而不思考，不仅工作搞不好，也谈不上培养思维能力。独立思考需要多思，同时也要博学善问，富于钻研精神和重视思想方法。

4. 要不断调整自己的思维方式

一个人得到某一正确认识之前，总难免要犯各种各样思维方式上的错误，有时因为概念不清，有时因为判断有误，有时因为缺乏灵活和变通，等等。不断总结在思维上的经验教训，可以不断完善自己，大大提高自己的思维能力，逐渐培

养起科学的思维方式。

第三节 注重实践能力的培养和锻炼

知识、合理的知识结构固然是大学生就业成才的基础，但如果只注意知识的积累和合理知识结构的建立，不注意在理解、掌握和运用知识过程中培养和锻炼自己的实践能力，也不可能成就事业。因此大学生应把积累知识、建立合理知识结构和培养锻炼能力统一起来，这样才能使自己在择业、从业中立于不败之地。

 能力与知识

能力是人们在认识世界和改造世界时所表现出来的力量。完成任何一种活动要靠多种能力的有机配合，如学习活动需要阅读能力、记忆能力、理解能力和抽象能力等的配合。能力高的人之所以能取得较好的成果，正在于他们的各种能力能够有效地充分地围绕着某项活动调动起来，从而取得较高的效益。而知识是人的能力形成的基础，是能力的“营养”。学生掌握知识、就是把教师传授的以及自己从书本上、实践中学得的知识，变为个人的精神财富，并熟练地运用这些知识来回答或解决有关理论上和实践中的问题。学生在学习知识的过程中，认真思考，汲取前人总结的经验教训，同时也发展了自己分析、综合、抽象、概括的能力。所以，任何能力都是在掌握和运用知识的过程中完成的。一个人有了知识，会增添无穷的智慧，如果再具有很强的能力，便如同插上翅膀，可以在天空翱翔。我国一位著名的教育家在谈到对学生的培养教育时，形象地讲了一个故事说：孩子要离家远去，妈妈主张给孩子多带些干粮，爸爸主张给孩子猎枪，以使孩子无论走到哪里都能凭手中的猎枪有吃有穿。这位教育家认为，我们应给学生以“猎枪加干粮”，“干粮”即知识，“猎枪”即能力。只有获得“猎枪”的人，才能在复杂的科学研究、生产实践中，主动学习新知识，提高自己的工作能力，及时地、不断地适应日新月异的新变化、新情况，研究新问题，有所发现，有所发明，有所创造，有所前进。美国流行的俗语：“送人一条鱼，只够他吃一顿；教人去钓鱼，就够他吃一辈子”，讲的是同样的道理。国外在评价研究人员时，十分重视对能力的考核，不少科研机构从学识、工作态度、创造能力、计划能力、决断能力、指导管理能力等六个方面对研究人员进行评分，学识仅占百分之二十到三十，而能力却占百分之七十到八十。大学生在掌握基础理论的同时，不能忽视自己能力的培养，只有把理论和实践结合起来，把知识和能力结合起来，才能有所成就。

二 大学生应具备的基本能力

1. 适应能力

人与环境的正确关系是既要适应又要改造，是适应与改造的辩证统一。适应就是改变自身以迎合客观环境的要求；改造就是改变客观环境使之符合自身发展的要求。过去人们在谈到人与环境的关系时，往往注重了后者而忽视了前者。在人类社会的进步与发展中，人对环境的改造固然起着主导作用，但改造不能离开适应。社会生活的纷繁多样和生活环境的不断变化，要求每一个人必须培养自己适应环境的能力，只有这样才能在社会上和工作岗位中立足，也才能谈得上对环境的改造。

目前，高等教育从运行机制、专业设置、教学内容等方面正在进行全方位改革，作为一名大学生也必须努力提高自身的整体素质，以适应社会主义市场经济的要求。事实上现在很多大学生已经开始意识到这个问题的重要，也愿意和要求加强自身实际工作能力和锻炼，以增强自己的社会适应性。如某高等学校开设了市场推销与公共关系、实用英语、口语、听力、国际市场与外贸实务等五个实用技能培训班的学习。学习采取自费上夜校的方式进行，仅三天时间，报名人数就突破了计划人数，学员除少数在职人员外，绝大多数是高校的在校学生。这些实用技能培训班，所以受到大学生的青睐，正是适应社会多层次多方面的需要，尤其为大学生择业创造了一个“加分”录用的良好条件。一位理科的学生说：“我临近毕业，现在都说大学生分配难，我学的是长线专业，不一定受用人单位欢迎，如果我能在管理学院夜校学到一些实用技能，对我的毕业分配双向选择是有好处的，至少增强了我的适应能力。”近年来，在一些工科高校毕业生中出现的学习计算机的热潮，一些学生跨系选修自己感兴趣的专业课等等，也从一个侧面反映了这个问题。

2. 人际交往能力

以社会认可的方式，妥善处理人与人之间的关系，并与他人和谐共处、共同发展的能力即为人际交往能力。生活工作中需要与许多人交往，要交往就难免会产生矛盾。作为大学生，只有具备一定的人际交往能力，善于处理各种人际关系，才能在工作中充分施展自己的才能。在人际交往中，要以我们民族善良、诚实的传统美德，“将心换心，以诚相待”，要学会尊重他人，多为他人设身处地着想，这样才能得到他人的尊重；要学会既能干大事，又能做小事的本领，不能以“才子”自居，枉自尊大，要有甘当小学生的精神；要学会处理具体问题，既要坚持

原则，又要不失灵活，以免贻误总目标的实现。

3. 表达能力

表达能力是指人们以语言或其他方式展示自己思想感情的能力，是交流科学技术思想、交流感情的工具。人们在日常学习、工作、生活中，要交流思想、讨论问题、互通情况、阐述观点等等，不注意表达能力的培养，有再好的见解和办法，表达不确切、不清楚，也会直接影响本领的施展。表达能力主要包括口头表达能力和书面表达能力。口头表达能力要求的是语言的流畅性、灵活性和艺术性；书面表达能力要求的是文句的逻辑性、艺术性和条理性。对一名大学毕业生来说表达能力在将来的工作岗位上是极为重要的。有的大学生在工作岗位上，动手写东西很费劲，拿起笔来不知从何入手，写出来的东西，文字不顺，逻辑不通；有的连通知、申请都写得不像样；有的会设计，写不好说明；有的外语不错，中文却不通等等。因此，大学生在校期间要努力加强锻炼，不断提高表达能力。要多读书，以增加自己表达思想的深刻性、观点的新颖性、内容的丰富性；要多实践，以培养自己思路的敏捷性、表达的条理性、准确性和生动性。

4. 开拓创新能力

开拓创新能力是人们用已经积累的丰富知识，通过不断地探索研究，在头脑中独立地创造出新的形象，提出新的见解和做出新的发明的能力。它是人才素质的核心，包括发现问题、提出问题的能力，发现规律的能力，创造性地分析问题和解决问题的能力，发明新技术，创造新产品的能力等，它是由观察敏锐性、记忆保持性、思维灵活性、独立思考能力、创造性思维、创造性想象和创新意识等基本要素构成的。大学生毕业后，在实际工作中，将会遇到一些前人所从未问津的新课题，有的人能把这些问题进行科学的分析，理出头绪、分清主次、抓住本质、提出方案，充分利用自己解决实际问题的能力进行不断的探索研究，得出科学的结论，取得创新的成果。相反，也有的人面对无成规可循的新问题，不知所措、不敢问津，或者乱撞乱碰，费了不少精力和时间，到头来一事无成。这些差异正是由开拓创新能力的不同所致。所以，大学生在学校期间，要不断加强自己的开拓创新能力的锻炼，增强开拓创新意识，为在今后的工作中有所发明、有所创造奠定良好的基础。

5. 动手能力

把创造性思维变成实际的物质成果，或是用生动形象的实验过程呈现创造性思维的转化能力即为动手能力，也称为实验操作能力。这种能力对于大学生，尤其是工科大学生来说尤为重要。现实工作中，尤其是在科研、生产第一线，要求的是理论上要懂，实践中会干的人才，要求讲能讲出科学道理来，动手能干出样子来。而目前的问题是，有些大学生对于工作中遇到的问题，理论上懂，道理也讲得出来，但要亲自动手来解决这些问题，往往就显得能力欠缺，直接影响了自己作用的充分发挥。所以，大学生在学校不仅要积累知识，还要通过参加科研活动，利用生产实习和勤工俭学等机会，着力培养和提高实际动手能力，以满足今后的工作需要。

6.组织管理能力

组织管理能力包括计划能力、组织实践能力、决断能力、指导能力和平衡能力。随着毕业生就业制度的改革，具有一定的交往能力和组织工作能力的大学生越来越受到用人单位的普遍欢迎，许多单位挑选大学生时在注重学生的学业成绩的同时，对学生是否担任过学生干部、担负过社会工作很感兴趣。因为，大学生将来无论从事何种工作，都离不开一定的组织管理。要把工作开展起来，把计划付诸实施，把他人的积极性调动起来，把大家的智慧发挥出来，没有一定的组织管理能力是不行的。因此，在学校大学生应积极参加社会活动，尽量做些社会工作，不断增强自己的组织工作能力，以利于今后的工作。

三 实践能力的培养与锻炼

实践能力的培养要从学校时做起，从以下几点锻炼。

(1)大学生要积极参加各项社会活动，有计划有针对性地进行社会调查，接触校门外广阔的天地，学习书本外的知识，从而增进对社会的了解。并在此过程中，不断调整自我评价值，摆正自己在社会活动中的位置；同时提高自己的社会活动能力和社会交往能力，提高自己分析问题和解决问题的能力。近几年，大学生积极参加社会实践、勤工助学活动形势喜人。在社会实践中学生们开展了以向社会学习为宗旨的各种形式的社会调查；以校内外相结合的科学研究、科技协作、科技服务；以参加校内建设或社会生产建设为主要内容的生产劳动；以举办各种类型的学习班、讲学班、担任家庭教师等为主的智力服务活动等等，在广阔的社会舞台上锻炼了自己，受益匪浅。

(2)大学生要珍惜实践环节，虚心向有经验的人学习。目前，学校在教学环节内已经安排了金工实习、生产实习、毕业实习等实践环节，学生们一定要充分利用好这些机会，向现场有经验的技术人员学习，向工人师傅学习，汲取他们多年的实践经验，来充实自己。特别是毕业前的实习阶段，是学生从校门走向社会，理论联系实际的第一步，是对社会、未来从事的职业一次直接接触，是大学教学活动的最后一个但又是十分重要的环节，它是对学生智力和能力的一次总检

验和总训练。重视这一环节，可以学到很多书本上学不到的知识，既能培养和锻炼自学能力、综合运用知识的能力和实际动手能力；又能使自己的创造性思维能力、工作学习的独立性和主动性得以提高。同时，通过实习，还可以增加对未来工作环境、工作性质、工作要求以及自己所学专业的应用范围的全面了解，从而发现自己的长处与不足，明确自己为适应未来工作再学习、再努力的方向。

(3)在实践中，要有意识地注重自己分析问题、解决问题能力的培养。大学生分析、解决问题的能力需要通过实践去获得。在校期间，大学生应该把课堂上、书本里学到的普遍理论同具体实践结合起来，在实践中培养自己的分析问题和解决问题的能力，培养真才实学。要认真搞好学校安排的课程设计、毕业设计，在设计中，不能简单的咀嚼别人的东西，要在一定程度上以新的实践和新的理论来充实新的内容。这就要求在完成设计的全过程中，不断增强自己全面运用学过知识的能力。

(4)积极参加课外科技活动。现在越来越多的学校开始重视学生的课外科技活动，全国每年也举办“挑战杯”全国大学生课外科技学术作品比赛，不少品学兼优的大学生在参与和组织学生的课外科技活动中，学到了知识，提高了能力，树立了为人民、为社会奉献服务的精神。实践证明，大学生的课外科技活动促进了大学生的科学研究能力、动手能力和创造能力，进而提高了他们分析问题和解决问题的能力，同时还学会了科研器材的使用技巧，增强了组织管理、独立工作和社会活动的能力。有关资料表明，参加过课外科技活动的大学生走向工作岗位后，往往能很快适应环境，独当一面地开展工作，有的大学生工作仅几个月就被选送出国进修，有的工作两年后就被破格聘为工程师。所以，在校期间积极参加课外科技活动，是锻炼提高实践能力的重要途径。

第五章 高职大学生求职准备

第一节 大学生求职材料

经过多年的学习和努力，我们的高校毕业生即将迈出校门，踏上社会大舞台，踏上职业生涯的另一个起点，实现从"学校人"到"职业人"的人生另一个角色的转变。

随着经济的发展，社会的进步，我国的用人体制也随之改变。高等学校毕业生的就业不再是原来的"统招统分"，而是现在的由学校推荐，用人单位和毕业生之间的"双向选择"。找到一份自己满意的工作，实现自己的职业生涯目标是每位毕业生的理想，而求职是每位毕业生必须面临的一个现实。如何在众多的求职者中脱颖而出，除了自身的综合素质外，出色的求职材料是必不可少的。求职材料又被人力资源专家称为"通向面试的护照"，每位毕业生都要本着诚信这个基本原则，精心制作自己的求职材料，以便顺利达到求职的目的。"机遇总是青睐有准备的人。"

毕业生的求职材料主要包括：求职信（自荐信）；个人简历；毕业生推荐表；由学校教务部门提供的学习成绩卡；在校期间的各类获奖证书、职业资格证书等。要提醒的是，在面试前，向用人单位提供的求职材料一般都用复印件，以免丢失。面试时再提供材料原件以证明真实性。

在求职前，认真核对、填写、报送毕业生的个人信息资料和了解毕业生推荐表、就业协议书、全国普通高等学校本专科毕业生就业报到证（即原来所说的派遣证）、户口迁移证等相关内容是必须的，这样可以节约大量的求职经费、时间和精力。

学校的就业指导服务中心在规定的时间内，负责向学校所在地的省一级就业主管部门上报当年每位毕业生的个人信息资料，包括姓名(必须与户口簿上的一致)、性别、出生年月(必须与户口簿上的一致)、当年高考报名号、学号、身份证号、政治面貌、所修专业、学制等。因此，毕业生在向学校填报资料时，每项必须认真、如实填写，不得有任何错误，字迹不得潦草。否则，会给录用、编制和审批就业方案、办理报到手续甚至以后的工作生活带来不必要的麻烦。

第二节　个人简历的制作

 简历

求职简历是大学生求职必备的工具，是重要的应聘书面材料。它和求职信(或自荐信)不同。它向用人单位表明，你具备能胜任某项工作要求的技能、态度和资质，能吸引用人单位的注意，以使自己能获取面试的机会。成功的简历，既体现应聘者的推销能力、沟通能力，也体现应聘者的文字水平和专业水平。它帮助用人单位了解学生，给招聘者留下好印象。

 如何撰写简历和投送

正规的简历最长不要超过 A4 幅面 2 页，不要认为简历越长越好。一般来说，招聘者平均花在每份简历上的时间在 1 分钟左右，真正的用人单位来不及把你所有资料全看完，要抓住主要的一张纸让他们知道你的状况、你的特点、你的经历或学习有利于职位。所以，简历以尽量简洁为好，主要陈述求职资格和工作能力。用人单位比较看重的方面有：与职位相关的技术能力；领导管理能力；服务意识；主动性和灵活性；团队精神；分析和解决问题的能力等。要选择那些对所申请工作岗位具有说服力的资历和能力进行描述，把关键的说清楚就行。

如何撰写你的简历呢？

(1)要了解简历的格式。通常，简历的格式由五个部分组成：个人基本信息；求职目标；教育背景；课外活动或社会实践；爱好及特长。有时，也会加上自我评价部分。

个人基本信息：包括姓名、性别、出生年月、民族、籍贯、政治面貌、毕业学校、系别、专业、学历、学制、通信地址(所在城市、省份、邮政编码)、联系电话(家庭电话和手机号码，应加区号)、E－mail(如果有)等。至于身高、视力等，可根据具体

公司的要求而定。这里要特别提醒的是，你所提供的联系电话应在一定时间内保持畅通，经常有个别同学提供的联系方式无法联系上本人，或关机，或停机等，如果由此而浪费机会实在可惜。如果联系信息有改变，应随时更新简历。

另外，目前，来自艰苦地区、偏远地区的学生普遍受到用人单位的欢迎，原因很简单，吃苦精神要比城市孩子强，会更加珍惜机会。所以，来自农村的同学在求职时，似乎又多了一些机会，在填写家庭住址时，不妨大胆地写得详细些。这也给来自城市特别是大中城市的同学一个警醒。当然，并非来自农村的都能吃苦，而来自城市的不能吃苦。

求职目标：你所希望的岗位。不要给予太多限定（因看到特定广告而投递的简历除外），尽量简洁，不要超过两行。当然要说明你能胜任该岗位的理由、能力和资质。这里要注意的是，对于不同的公司、不同的职位，你的求职目标都应该有所不同，需要重新确定。有的同学是"一份简历走天下"，不管是什么公司，招聘什么岗位，都是同样的简历。

教育背景：一般采用倒序，先写现在，再写以前；最近、最高的学历排在前面，最好以高中为限。成绩、奖学金、荣誉称号等，能使招聘者更好的了解你。如果你已经参加了相关的其他学历教育，或参加并完成了某些岗前培训，可以列出并在简历中提供证明材料。

课外活动或社会实践：包括课外活动、兼职、实习工作经验等。在校生写简历时，社会经验应在教育背景之后。很多用人单位比较看重课余的活动和经历，以判断你的实际工作能力、社会阅历、社会经验等。你要根据用人单位的岗位设置，重点突出。如果在校期间担任了学校或校外的某些职务，当然可以列出你的主要工作和业绩。

爱好及特长：列出有证明材料的能力和特长，如英语等级证书、计算机等级证书、职业资格证书等。如果招聘的职位还要求别的技能，而这些技能你又具备的话，把它写进简历，并说明你是怎样通过社会实践活动来获得的。不要写一些太模糊的词语，诸如一般、熟悉等。至于爱好读书、文学、电脑、旅游、摄影等一些闲暇方式，即使在某个方面有相关的证书，当它与岗位无关时，也不宜写得太多。

自我评价：这是对自己的一个综合评价和高度浓缩，语言要精练，突出用人单位特别看重的特点，不宜太长，可使用短句进行描述。

(2)要了解你所要参加招聘的公司的性质、背景、企业文化以及应聘岗位的具体工作内容，该岗位对应聘者素质、才能、知识和交往能力等方面的要求。

(3)要仔细检查简历。要检查有无错别字，语句是否通顺、连贯，有无逻辑错误，标点符号前后是否一致。注意行距统一，上下左右对齐等。特别是学校名

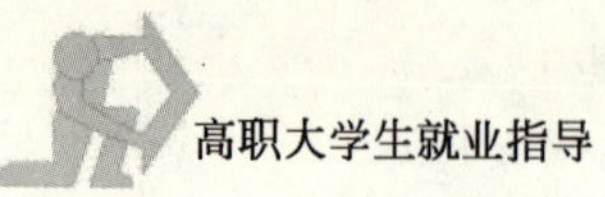

称、所修专业全称,有的同学在校学习了几年,居然连学校名称和专业都写不正确,实在不应该,也令人难以置信。

(4)简历最后一部分,一般是列举有关证明人及简要说明,有关附加性参考材料。附加性材料一般包括学历证明、获奖证书、职业资格证书、专家教授推荐信、所发表的论文论著等原复印件。

一份高质量的简历是别人对你产生第一印象的重要一环,它能使你在众多的应聘者中脱颖而出。

制作好简历后,简历的投送也是要注意的。简历的投送也要有针对性。毕业生根据自己所修的专业,或自己所向往的公司或岗位,要有目的性。曾有报道,一位应届毕业生,无论大小招聘会,无论单位如何,只要是,都要奉上一份简历,他先后投出400多份,原以为一定会有面试邀请,结果是一无所获。所以,简历的投送不能撒胡椒面,“病急乱投医”。公司不相同,文化自然有差异。建议应聘者要注意:应聘不同的企业,尽量要用不同的简历。这并不是主张应聘者简单地变更一下原来的简历就可以,而是建议应聘者必须结合要应聘的企业,重新写自己的简历。

一个人的求职目标不能只盯住某一家知名公司或某一种岗位,或必须从事与本专业相关的职业。大学的学习只是一个知识的积累过程,是一个综合素质的培养过程,文凭和所修专业对你的发展来说,也许就是一块敲门砖。其实,也有相当的事业成功者,最终的职业与自己当初在学校所学的专业并没有太多的联系。面对目前严峻的就业形势,不妨先尝试其他的工作,说不定对你今后从事自己的本专业有很大的帮助。所以,在制作和投送简历时,可以考虑几方面的兼顾,当然,简历的内容也要作一定的修改和调整。现在,我国的职业生涯规划还只是起步阶段,从职业生涯管理的角度来讲,如果你现在找到的岗位与你的专业相近,但并不一定能发挥出你的最大潜能。换一种角度,寻求另一种与专业无关的岗位,调整好心态,相信一定能找到自己心仪的工作。

三 制作简历要注意的几个方面

(一)简历内容真实

无论是“学校人”还是“社会人”,诚信是根本。因此,在制作个人简历时,内容一定要真实,要实实在在的反映你的真实情况,不要弄虚作假,自欺欺人。即使能暂时蒙混过关,但迟早会被发现,使学校、用人单位和社会怀疑你的诚信度,因此而造成的不良影响是要花很长的时间来消除的。通常涉及的几个方面有政治面貌、获得职业资格证书情况、获奖情况、在校任职情况等。这里要指出的是，有个别同学仅仅是参加了业余党校的培训并取得了结业证书，就以为自己就是中共预备党员了。像这种低级错误我们不谈是弄虚作假，姑且认为是不懂党员的发展程序，但他应该再回去补习中国共产党的基本常识。至于其他的方面故意提供虚假信息，则另当别论了。

(二)简历内容全面

简历的内容要全面，有时用人单位也会要你填写用人单位自制的求职登记表。简历的内容是来佐证求职信的，你在求职信中所说的能力和优势，需要在简历中加以说明，同时应附上相关证件的复印件，面试时还需带上原件。在求职信中没能表述的，可以在简历中加以阐述。这里说的内容要全面不是要你把所有的都罗列上，而是把能证明你能胜任某个求职岗位的材料列出。如果其他的太多，容易使人产生误会，觉得你不太专一。

(三)简历内容简练

前面提到，简历一般不要超过 A4 幅面 2 页，如果太多，反而重点不突出，使招聘者难以在短时间内抓住他所需要的关键内容。另一方面，简练并不是说越短越好，如果过短，该突出的没能突出，或招聘者想了解的内容没有体现。所以，简历过长或过短都不好，要适当。通常，对于大部分的高职毕业生来讲，简历以 A4 幅面 1 页最好。

(四)太完美或太业余

简历如果写得太完美，易使招聘者怀疑他的真实性，诸如“精通”英语或“熟练”使用计算机相关软件；团委或学生会的工作人员说成是部长甚至书记或主席；具有“很强”的团队合作精神等等，凡是用人单位看重的，统统写上。如果太业余，招聘者会怀疑你的基本能力。也有的同学为图省事，直接抄袭同学的简历，仅仅把个人信息作一下修改，有的甚至直接到打字店用别人的简历，修改一下个人信息，其他的根本不看，结果连学校的校名都没改过来。这是在实际工作中亲身遇到过的，应聘结果不言自明。

(五)错别字及语法错误

简历要尽可能地避免错别字和语法错误。在简历做完后，不妨多请几位同

学帮忙检查检查，及时纠正。否则，如果错字连篇，语句不通，简历也就没有任何意义了。

总之，简历要做到内容真实，篇幅适当，布局合理，结构清楚。简历以打印为好。另外，要为简历附上一张近期照片，要清晰、自然。

四 个人简历样本分析

附个人简历样表一　　表 5-1

姓　名	×××	性　别	男	照片 （二寸）
民族	汉	籍贯	湖北宜昌	
出生年月	1986.11.22	政治面貌	中共预备党员	
学历	专科	学制	三年	
专业	建筑工程技术			
通信地址	武汉市武昌区珞瑜路 1008 号		邮编	430073
联系电话	027—8780××××，1380666××××		Email	666@163.com
爱好及特长	围棋业余二段；校羽毛球队队员			
求职意向	施工员、安全员等岗位			
主修课程	建筑制图，建筑测量，建筑材料，建筑审计与监理，房屋建筑学，钢筋混凝土，地基基础，建筑电工，砌体结构，建筑机械，钢结构，建筑工程概预算，建筑施工，房屋建筑学课程设计，混凝土结构课程设计，砌体结构课程设计，单层厂房课程设计等			
个人技能	已获得施工员、安全员职业资格证书，通过英语四级、计算机三级，能对 Office，Photoshop，AutoCAD 等大部分操作系统熟练操作			
教育背景	2004.09 —— 2007.07××××职业技术学院 2001.09 —— 2004.07 宜昌市××××高级中学			
获奖情况	2005.09 —— 2006.09 获学校二等奖学金 2006.09 —— 2007.07 获学校三好学生、优秀毕业生称号			
曾任职务	2005.09 —— 2006.09 担任班长 2006.09 —— 2007.07 担任系学生会学习部长			
课外活动 社会实践	2005.07.15 —— 2005.07.24 参加新农村建设规划测量工作 2006.04 参加××××大厦建筑施工实习 2006.07.20 —— 2006.8.19 在×××公司做市场调查			
备注	愿服从公司安排，在基层中锻炼			

注：请不要逐字照抄本样表。

附个人简历样表二 表 5-2

姓 名	×××	性 别	男	照片 (二寸)
民族	汉	籍贯	湖北宜昌	
出生年月	1986.11.22	政治面貌		
学历	专科	学制	三年	
专业	建筑工程技术			
通信地址	武汉市武昌区珞瑜路 1008 号		邮编	430073
联系电话	1372055××××,1370555××××		Email	666@163.com
爱好及特长	看书,听音乐,玩电脑,打篮球等			
求职意向	包吃住,保险在内,月薪在 1500 元左右的岗位			
主修课程	建筑制图,建筑测量,建筑材料,建筑审计与监理,房屋建筑学,钢筋混凝土,地基基础,建筑电工,砌体结构,建筑机械,钢结构,建筑工程概预算,建筑施工,房屋建筑学课程设计,混凝土结构课程设计,砌体结构课程设计,单层厂房课程设计等			
个人技能	能对 Office,Photoshop,Autocad 等软件熟练操作			
教育背景	1998.09 —— 2001.07 宜昌市××××初级中学 2001.09 —— 2004.07 宜昌市××××高级中学 2004.09 —— 2007.07××××职业技术学院			
获奖情况				
曾任职务				
社会实践	2006.03.10 —— 2006.03.12 参加学校的测量实习			
备注	最好能在管理部门			

注:请不要逐字抄写本样表。

上面两个样表分析 表 5-3

	样表一	样表二
基本信息	中共预备党员	
爱好及特长	有特长,很吸引人	是特长么
求职意向	从基层做起,在基层中锻炼,就业定位准确	自身硬件不够,要求的待遇不低
个人技能	事实真实,表达适当	一定是电脑专家了
曾任职务	面试时具有一定的优势	面试时注意弥补方法
社会实践	内容丰富,注意总结	相对单一

附个人简历样表三 表 5-4

姓　名	×××	性　别	男	照片（二寸）
民族	汉	籍贯	湖北宜昌	
出生年月	1986.11.22	政治面貌		
学历	专科	学制	三年	
专业	建筑工程技术			
通信地址	武汉市武昌区路瑜路 1008 号		邮编	430073
联系电话	1370555××××		Email	
个人特长	电脑			
求职意向	施工员			
学习背景				
学校表现	良好			
理想的发展思路				

样表三没有提供可参考的？

五 网络求职简历的制作和投送

网络技术的迅速发展，使网络求职十分方便、省钱而且效率高，求职者再也不必辛苦地邮寄一封封求职信，对于企业来讲，也可以节约招聘成本，提高工作效率。越来越多企业不但花钱在求职网站上刊登招聘信息，同时也在自己企业的网站上发布职位信息。美国《财富》杂志报道，美国企业已经有 45％以上的求职都是在网络上完成的。

“网上招聘是一种特殊的择业形式，避免了人群大范围集中和近距离接触，给用人单位提供了更广阔的选择空间，也使天南海北的求职者有了平等的表现机会。因此，网上招聘受到了越来越多用人单位和毕业生的青睐。”郭国庆教授认为，毕业生网上求职大约有十二个方面：

第一、选择适合自己的网上招聘会，有的网上招聘会针对的是有工作经验的社会求职人员，应届毕业生即使投了简历，也会因为不符合条件，而被用人单位退回。

第二、拓宽视野可将求职信息张贴在“中华就业网”、“大学生就业网”等专业网站里，或将信息发布在一些点击率较高网站的招聘专栏上，或登录用人单位的网站，捕捉人才招聘网页上随时发布的招聘信息，直接与单位联系。

第三、参加网上在线招聘，对用人单位的提问一定要简明、扼要，回答问题要突出个人特点和优势，网上应聘最忌一开口就谈钱。受网络时间、视频空间的限制，网上招聘给每个求职者的时间是有限的，应聘大学生要问最想知道的内容、最关键的问题。获得用人单位首肯后，一定要留下明确的联系方式，为下一步的面试做好准备。

第四、网上应聘，不要急于一时，人少时求职，效果反而更好。通常网上招聘会持续一段时间，大可不必赶在最初的几个小时、一两天应聘。不要因为网络拥挤，而放弃求职机会，人少时应聘，更容易引起人事主管的注意。

第五、根据个人的专业、爱好、特长，有目标地向用人单位求职，不要简历“满天飞”，无目的地投简历等于没投。特别不要应聘同一单位的不同岗位，容易给用人主管留下随意、不专业、缺少诚信的不良印象。

第六、求职的自荐材料内容应突出专业、学校、社会实践、自身性格，是否具有工作经验等重点内容。面面俱到、内容太多、太花哨的简历往往最容易被淘汰。

第七、求职者发送简历的同时，应该发送一封求职信，这是求职者常常忽略的。为了人事主管阅读方便，避免在电脑上多次翻页，求职信、简历都应该采用文本格式。求职者应注意求职信的措辞和语气，不要出现错别字，可使用标点符号突出求职重点。

第八、发送求职简历不要用附件的形式。不要因为技术的原因，导致一些用人单位的电脑无法打开附件，而让大好的工作机会白白溜走。

第九、发出求职资料后，要主动与用人单位联系。在网上招聘会结束后几天，要主动通过 E－mail 或打电话询问情况，向用人单位表示诚意，也让自己心中有数。

第十、网上参加招聘活动，要提高警惕，小心受骗。网上招聘存在不少局限，求职者并不能全面了解用人单位的情况，为了防止受骗，大学生网上求职应参加由学校、教育部门、人事部门组织的正规网上招聘活动。

第十一、大学生网上求职，可以化被动为主动，利用自己的技术优势，在互联网上建立自己的个人主页，充分展示自身特色，吸引用人单位的目光。个人主页应该图文并茂，内容包括自己的求职信、简历、论文、实习报告、日记、个人论坛以及见报文章等。

第十二、网上求职要保持平和的心态。网上招聘会提供的岗位有限，而应聘者又多，求职的大学生要坦然地面对挫折和困难，不必自卑胆怯和过分焦虑，要积极调整心态迎接挑战。

网络求职简历的制作和投送要注意以下几个方面

1. 内容填写

在网上填简历，要严格按照招聘方的要求填写，要求网上填写的就不要寄打印的简历；要求用中文填写的就不要用英文填写；有固定区域填写的就不要另加附件。

2. 邮件标题

现在的垃圾邮件特别多，而且还有可能携带病毒。所以，为了提高自己简历的阅读率建议使用一些标准的邮件标题。

发送简历是网上求职关键的一步，如果是自己在网上通过 E－Mail 发简历，应该尽量用自己的信箱，以“应聘某某职位”作为邮件标题，把求职信作为邮件的正文，再把简历直接拷贝到邮件正文中，而不是正文一个字没有而把简历放在附件中，这样既方便对方阅读又杜绝了附件携带电脑病毒的可能性。如果对方在招聘的时候已经声明了用哪种格式为主题，尽量照着做，也许这是初步筛选的第一个标准。一些公司会要求邮件主题统一，如某家公司要求主题为：已签院校、学历、专业、姓名。

如果通过人才网站求职，可以直接把填好的简历发送给招聘单位，网站的在线招聘管理系统还能把个人简历以数据库的方式存储起来，根据求职者的要求，供招聘单位检索和筛选。

建议邮件标题使用：院校、姓名、应聘岗位。尽量少用英文标题，类似“我的简历”、“你知道我是谁吗?”、“我要应聘!”、“某某某的简历”、“感谢你的阅读!”等的标题很难会被关注。也易被误认为是垃圾邮件。

3. 不要把简历放在附件中

这样首先增加了人力资源部门阅读你简历的时间，因为可能你的简历不是被一个人看的，也不是只看一遍的，每一遍都要打开附件很麻烦，要是保存下来也不方便找到。这还不包括有些服务器直接将带附件的邮件屏蔽的情况。其次，这样破坏了你的第一印象。尤其是正文没有字直接在附件中粘了一个简历的人，这样显得你的诚意实在是不足。至于那些在招聘广告中就强调了请勿以附件形式投递的职位，如果你还是用附件，那只说明了一个问题：如果你连应聘的时候都没有仔细看说明，或是看了也没有照着做的话，那怎么能证明你在工作中会认真仔细服从安排呢?

4. 注明应聘岗位

不要自己编造、创造一些与招聘信息无关的岗位，只需按招聘信息上的照写就行。凡与招聘信息无关的，不要出现在简历中或邮件标题中。你自己要清楚你要应聘什么职位，至少是哪种类型的职位。很多人投了很多根本不相关的职位看似增加了自己的机会，其实这样的人通常都不会被考虑的，自己都不清楚自己要做什么，公司怎么会要你呢？

下面是来源于《牛津管理评论》、《智联招聘》给网络求职者的建议。

(1)简历要与大公司沾边

当人事经理搜索人才时，一般会以关键字“知名企业名称＋职位名称”，比如消费品行业可能喜欢可口可乐及宝洁的人，人事经理会这样搜索，例如：“可口可乐＋销售经理”，系统会搜索到简历中出现以上关键字的求职者，如果你的简历里出现知名企业名称的字样，就可以被搜索到，例如：“我在××矿泉水公司工作，成功地令竞争对手——可口可乐旗下的天与地矿泉水在当地的市场份额减少……”、“我在可口可乐的广州白云区经销商工作”等，又提高了人事经理浏览简历的机会。

(2)经常刷新简历

当人事经理搜索人才时，符合条件的简历是按刷新的时间顺序排列，而一般只会看前面一两页。很多求职者其实并不知道刷新简历可以获得更多求职机会。因此每次登陆，最好都刷新简历，刷新以后，就能排在前面，更容易被人事经理找到。

(3)不要只应聘最近三天的职位

一般求职者认为刚刚发布的最新的招聘信息肯定是成功率最大的，其实不然。因为很多企业人事经理没有及时的登陆刷新刊登的职位，所以求职者在搜索职位时刚刷新的职位会排在前面，这些职位应聘的人多，竞争大，相反，一些职位已经是半个月甚至两个月的，应聘的人少，成功率反而高。

(4)让你的邮件永远在最前面

你要知道每天人事经理看求职者邮箱，他们其实是很懒的，100 多页简历邮件他们最多只看前 5 页，你现在应该知道为什么你的求职简历永远没有回应。

所以发邮件到企业指定的邮箱时，怎样才能让你的邮件永远排在最前面，让人事经理每次打开邮箱都首先看到你的邮件？只要在发邮件前，把电脑系统的日期改为一个将来的日期，如 2008 年，因为大多邮箱都是默认把邮件按日期排序，所以你的邮件起码要到 2008 年以后才会被排在后面。

(5)新颖的邮件标题

人事经理每天收到大量的求职电子邮件，求职者一般会按企业要求把邮件题目写成：应聘××职位，怎样才能吸引人事经理的眼球，让他先打开自己的邮件？可以在邮件题目上做文章。一天人事经理收到几百封邮件，只有标题新颖的才有机会被打开。

(6)简历最好放照片

对于人事经理来说,每天需要浏览大量简历,如果同等的条件,一般会先通知有照片的求职者来面试,因为通过照片,人事经理对应聘者又多了几分了解。

(7)求职信“骂”对方公司往往会带来意想不到的效果

一般人认为在求职信中称赞对方公司会引起好感,其实不然。如果先指出这家公司的缺点,往往会引起关注,语不惊人死不休呢,我作为人事经理,我只会对指出我们缺点的求职者有好感,对恭维我们公司的求职者一般会放在一边。即使你不知道对方公司缺点,你随便写一些永远不会错的:“我认为贵公司创新不够,市场表现过于常规化;我以消费者心态观察贵公司,发现贵公司客户服务还有许多待改进的地方;我发现贵公司品牌形象还有可能做得更好……”如闻其详,可面谈。可勾引相关公司面试。只要有面试机会,其他再说。(简历有机会面试目的是一切,手段是无所谓的)。

(8)自已要学会让简历与职位匹配

两个观念都是有效的:一是不要太在乎对方职位要求的描述,很多职位描述只是写写,连经理都不知道要招什么样的人,如果你看到对方职位要求本科,你是专科就不敢投递简历,那就失去机会了。如果你看到对方要求有5年经验,你只有3年经验,你也不敢投,那完全没有必要。因为人事经理们对职位的描述只是例行公事随便谢谢而已,你千万不要当真。

另外一个匹配观念就是他的职位如何描述,你就改变你的简历换一个说法匹配,如他说要求领导能力强,你的简历也说具有领导才能,他要沟通能力一流,你的简历也说我最擅长沟通。你的简历表面匹配度最高,也可以多增加机会。你可将简历改成为他职位描述完全量身定做的简历。

其实求职者有更多的面试机会,不但可以增加成功求职机会,还可以增加自已的信心,工资越叫越高还可以积累面试经验。很多优秀的求职者网上发了很多简历没有回应,以为自已不行没有竞争力,只好自动降价,实为可惜。

要知道现在网络求职的成功率一般是发200份简历,有8份面试,2份成功,一个是你不想去的,可能一个是你相对满意的。所以网络求职的朋友千万不要对自已失去信心。

来自《中国人力资源开发网》的《求职简历创作技巧二十四条》值得大家借鉴。

(1)绝对不要出现任何拼写、语法、标点或者打印错误。

(2)在创作简历之前,预先确定谁是阅读者。然后根据界定的阅读者创作简历。

(3)简历必须能够将你的技能与未来顾主的需求相配合。

(4)简历必须能够描述出你的市场价值,并且在20秒中或更短的时间内,回答这个问题,“我为什么要雇佣你?”

(5)要着重突出成就、资信和资质。

(6)售卖特色和利益、你拥有什么技能,它们能为组织的目标做出什么贡献?

(7)简历创作要力求避免结构松散内容空洞。含糊不清和泛泛而谈只会产生一份无用的简历。

(8)简历要与众不同、充满勇气和激动人心。乏味的简历只能带来乏味的工作。

(9)以新颖别致令人激动的方式包装简历。

(10)确保简历内容组织得当。

(11)简历的表达方式必须职业化,并且与你谋求进入的行业协调一致。

(12)你的简历应当有鲜明的个性。小心选择你的用语,这会带来天壤之别。

(13)时序型的简历格式按时间倒序顺序描述你的工作经历,从你最近的职位开始,然后回溯,着重强调责任和突出成就。这种格式适用于你有无可挑剔的工作经历。

(14)功能型的简历格式在简历的开始部分就强调你特殊的成就和非凡的资质,但是并不将他们与特定的顾主联系在一起。当你正在改变职业,或者有就业记录空白,或者其他不宜使用时序型格式的问题时,就使用这种格式。

(15)综合型格式同时借鉴和综合了功能型格式和时序型格式的优点,是一种强有力的写作格式。在简历的开始部分介绍你的价值、资信和资质(功能部分)。随后的工作经历部分提供了支持性的内容(时序部分)。

(16)履历型格式的使用者绝大多数是专业技术人员,或者是那些应聘的职位仅仅需要罗列出能够表现求职者价值的资信。例如演员、歌手或音乐家、外科医生以及律师或注册会计师或许也使用这种类型。

(17)简历的五个主要部分是:1)抬头、2)简介、3)工作经历、4)教育背景、5)其他杂项。

(18)杂项部分包括军队服役、出版物、发表演讲、社团成员资格、奖励和获得承认、计算机技能、专利权、语言技能、许可证书和资格证书以及个人兴趣。

(19)以第三人称写作简历,避免使用代词“我”。

(20)简历上不要出现薪金的历史记录和待遇要求。如果你提供这些信息,写在附信上。

(21)简历一定要附上附信。

(22)如果你是一个刚刚毕业的学生或者是已经有很长一段时间没有工作了，那么你必须在展示你的情商、潜力、动力和经历方面付出特别的努力。强调可量化因素和你在社区、学校或其他地方中的领导角色。你向招聘人员传达的信息表明，你将成为一个机智聪明、勇敢创新和能作出贡献的团队成员。

(23)通过使用综合型格式(或者功能型格式)，你能有效的掩饰工作记录空白、频繁离职和教育背景缺陷等问题。

(24)简历应当是正面的材料。它应当告诉人们真相，但没有必要告诉全部真相。你不能说谎，但你不需要全部都说出来。负面的内容要远离简历。

第三节　求　职　信

一　个人简历与求职信的区别

求职信和个人简历是有区别的。常常有学生用简历代替求职信，这是不规范的。求职信和个人简历是求职材料中必不可少的两个重要组成部分，既相互独立，又紧密联系。

1. 书写格式不同

求职信(或自荐信)属于书信类文体，要用书信类格式来写。标题可以是“求职信”或“自荐信”或干脆不写标题。而个人简历的标题就是“简历”或“个人简历”。

2. 内容的侧重点不同

求职信的主要内容是应聘的岗位、求职的愿望、求职的理由、自己具备应聘岗位的条件、优势和胜任该岗位的能力等。而简历的内容主要是求职信的更为详尽的佐证材料。

二　求职信的格式和内容

求职信是属书信文体，分为称呼、问候、正文、结束语、署名、日期六个部分，每个部分必须用语得体，缺少任何一部分都是不好的。要讲究语言的技巧，用词要简洁明了，言简意赅，用语精炼、准确，通顺流畅。

称呼　求职信的开头要注意看信人的称呼，对于不同的用人单位要注意用不同的称呼。一般来讲，简历的称呼位置要预先空出，到了到具体的单位应聘时再手写填上，单位名称一定要写正确。如有可能，事先了解一下招聘负责人的姓名和职位最理想，可以在预先空出的称呼位置对应填好单位名称、招聘者姓名和职位。这样，当招聘者看到自己的名字出现在求职信上时，就会感觉到你的细心和诚意，表明你确实是在想申请该单位的某种岗位，在一定程度上你就会首先被引起关注。

如果只知道单位名称，则用通用的称呼。一般是“尊敬的××公司负责人/领导”，也可以是“尊敬的××先生/女士/小姐”。

问候　称呼后的问候语不论人数多少，都是“你好”，而不是“你好”、“你们好”，更不是“您们好”。在汉语中，没有“您们”之说。

正文　正文部分一般为2～3段，不可太多。

第一段，先介绍自己，指出招聘信息的来源，说明你想申请的职位，如“我是××职业技术学院××专业200X届毕业生，想应聘贵公司网站上公布的××职位”。这里需提醒一下，现在很多同学对“届”和“级”分不清。“届”为毕业的年份，“级”为入学的年份，即如果你是2007年毕业，则为2007届毕业生；如你为2007年入学，则为2007级学生。

第二段和第三段，要马上切入正题，主要是介绍自己在校期间通过学习和工作获得的能胜任对应职位的素质，如主干课程、获得的职业资格证书情况、英语和计算机等级水平以及社会工作经验、实习实训情况等综合素质。当然，用人单位还希望知道你对该行业的了解和你对应该行业的相关技术。注意这一部分不要把你的所有长处都列出，只写用人单位看重的。

结束语　求职信的结尾要感谢招聘负责人能抽出时间阅读你的求职信，表达想成为该单位一员的强烈愿望，希望单位能给予考虑、考察，并能提供面试的机会。

致敬语、署名、日期　任何场合，礼仪是必须的。在求职信的正文结束后，要注意必要的礼节性的致敬语。最后，签署你的姓名和具体日期。

 书写求职信的注意事项

1. 内容长短要适当

求职信最好不要超过一页。有时，用人单位收到的求职信可能很多，特别是一些著名的公司。如果内容太多，文字太长，势必会浪费别人的时间，影响看信人的情绪和对求职信关键内容的理解，效果是适得其反。哈佛人力资源研究所1992年就有一份经典的测试报告，即一封求职信如果内容超过400个单词，则

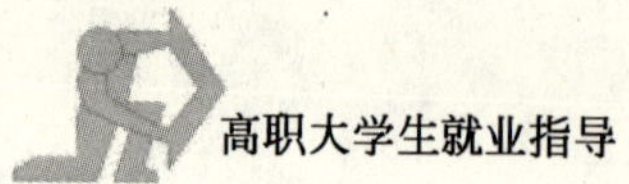

效度只有 25%，即阅读者只会留下 1/4 的印象。

2. 正文部分要重点突出

看信人花在求职信上的时间不会太多。如果你的求职信没有特色和风格，没能引起看信人的足够注意，就可能成为废纸一片。求职信的关键在于正文部分，它不仅要突出你适应某个职位的特别能力和素质，还能看出你的语言表达能力、组织协调能力和逻辑思维能力等等。薪水和其他待遇问题不是求职信的内容，求职信的主要目的首先是要能获得面试和得到进一步考察的机会。薪水和其他待遇可以在面试交流或签订协议及合同时再详谈。

3. 求职信语言要恰当

求职信的目的是推销自己，在信中要展示自己的能力和价值。语言的表达、措词的严谨、行文的规范是非常重要的。

一是求职信要实事求是，不要空话、套话连篇。空话、套话太多，招聘者会认为你要么太圆滑，要么没什么实际的本事。同时，也不要太自负，自以为什么都行。

二是求职信是一种目的性很强的文体，不是你来显示文学才华的地方。整个内容要朴实、沉稳。但沉稳不是平淡。在文中要充满热忱，语言要有感染力。

三是要注意文理通顺，不能有病句和错字、别字。写完后要通读几遍，或请几位同学帮忙检查。尽量不要使用“冒昧”、“打搅”之类的客套话，因为招聘人才本来就是招聘者的工作，不存在“打搅”之说。除非是你不知你的目标单位是否需要招聘新的员工，而希望加盟，故“冒昧”自荐，这倒显得你既有勇气，又不失礼节。

求职信一般都要求打印，但如果你的书法功底足够的话，不妨试试用手写求职信，这或许会起到意想不到的效果。其实，也有很多单位要求职者自己填写招聘者提供的求职登记表，目的就是看看求职者的书法。随着电脑的普及，很多单位和个人已经是办公自动化，忽略了书写能力的培养。中央电视台的一个栏目曾做过一个调查，在街头随机请行人写“尴尬”二字。调查结果实在是令人“尴尬”，甚至一位国学研究生也未能正确写出，只是大概的模样。

四是签名要用手写。前面谈到，称呼的位置要空出，其实，如果时间和条件允许的话，可以事先对你要求职的单位和岗位作些了解，并预先打印称呼和岗位。条件不允许（如参加大型现场招聘会），则把称呼和岗位空出，临时来填写，至少比“一份简历洒天下”要好。但名字最好用手写。

求职信样本

尊敬的××公司负责人：

你好！

我是××职业技术学院土木工程专业2007届应届毕业生。我从学院就业指导中心得知贵公司的招聘信息，我欲申请贵公司的施工员岗位。

在三年的大学学习中，我系统学习了土木工程专业的各种专业基础课和专业课，基本掌握了土木工程的基本理论和知识。同时，我参加了施工员和安全员的职业资格培训，并取得了施工员和安全员的职业资格证书，具备了一定的岗位职业能力。在校期间，由于我学习认真刻苦，曾两次获得学校二等奖学金。在学校能积极参加各种集体活动，协助组织了班级和学校的男子篮球比赛，获得好评。先后获得校“三好学生”和“优秀学生干部”称号。同时，利用暑假时间，主动联系××公司的××建筑工地实习一个半月，加强了对书本知识的理解。我性格大方，乐于与人沟通，具有较强的团队合作意识和精神。我喜欢篮球和围棋。

建筑业是我国的支柱产业之一。从我报考土木专业的那一天起，我就做好了吃苦的准备，愿在基层工作中得到锻炼。我期望加盟贵单位并为贵单位的发展作出自己的贡献。

非常感谢您能阅读我的求职信，希望能有面试的机会。

祝身体健康，工作愉快！

此致

敬礼！

求职人：×××（签名）

二〇〇七年X月X日

第四节 其他求职材料的准备

一 毕业生推荐表

（一）毕业生推荐表的作用

毕业生推荐表是学校毕业生就业指导中心统一印制，主要用于反映毕业生的基本情况，供毕业生联系用人单位使用，是用人单位录用毕业生的重要依据，但不作为缔约录用关系的证明。推荐表是以组织的形式向用人单位推荐毕业生，对用人单位来讲具有较高的权威性和可靠性，因此，很多用人单位非常看重毕业生推荐表，把它当作录用毕业生必备的书面材料之一。

（二）毕业生推荐表的填写及注意事项

毕业生推荐表其栏目一般有姓名、性别、民族、出生年月、政治面貌、

专业、学制、爱好及特长、在校情况、院系推荐意见、学校就业指导中心推荐意见等。毕业生推荐表会因学校的侧重点不同而设置的栏目也不同，也会因毕业生的毕业层次不同而不同，一式几份各个学校也有不同的要求。

毕业生必须按要求全面、准确、真实填写。通信地址、电话应尽量详细、全面，以使用人单位及时地和毕业生联系。如果表格上有的栏目没有相关内容填写，则在相应地方填“无”。推荐表一般与学校教务部门统一制定的学生成绩卡一并使用。由于有院系和学校就业部门的印章，所以，推荐表上的内容不能有修改、涂改的痕迹，否则，可能引起用人单位的误解和怀疑。若有特殊原因，经院系证明、就业指导中心审核同意后，方可修改。

(三)毕业生推荐表使用程序

毕业生在使用推荐表时，必须严格按照各自学校的《毕业生推荐表管理规定》执行。其基本程序是：

(1)毕业生到各院系领取或在学校的网站上下载；

(2)毕业生认真填写《毕业生就业推荐表》，做到内容准确真实；并将一张个人一寸免冠照照片贴于推荐表之“照片粘贴处”，交所在院系审核；

(3)院系对毕业生推荐表内容的真实性和填写的规范性进行检查把关，并填写推荐意见，加盖院系公章；

(4)毕业生各院系审核盖章后，由各院系统一送学校就业指导中心填写推荐意见并加盖学校就业指导中心公章。推荐表汇总上交后，其内容一般不予变动。确需变动的，经院系审查并出具证明，到就业指导中心办理。学校一般在11月底前为毕业生办理《毕业生推荐表》的盖章手续；

(5)毕业生因遗失等原因需要补办毕业生推荐表，应提交补办申请并经院系审核盖章后到校就业指导中心办理；

(6)毕业生可以将学校审查盖章的《毕业生推荐表》，与自己的求职信、个人简历、证明材料、证书复印件等一起装订成求职材料使用(注意材料的简洁性)，也可以单独使用学校推荐表；

(7)《毕业生推荐表》的原件请妥善保存。在求职时，建议使用毕业生推荐表复印件，待确定了就业单位签协议时再将原件交给就业单位。

附：毕业生推荐表样表

××××职业技术学院

毕业生推荐表 编号：

姓名		性别		出生年月		照片（二寸）
政治面貌		专业				
学历层次		学制		联系方式		
来源省市	省（市、自治区）市（县、区）区（镇、乡）					
爱好及特长：						
获得职业资格证书情况：						
在校期间受奖励或处分情况：						
在校期间参与社会活动情况：						
职业志愿意向：						
院系推荐意见： 签 章 年 月 日			学校就业指导中心推荐意见： 签 章 年 月 日			
学校通信地址：						
联系电话：			邮政编码			

注：本表需与学校教务部门提供的学生成绩卡一并使用。

二 其他相关证明材料

学生在校期间，会在某些方面取得一定的成绩，获得相应的表彰和奖励，参加一些岗前培训等，这些对于求职来讲，是有一定帮助的。当然，在求职时，不必把所有的证书都带上，关键是那些有助于竞争目标岗位的部分，比如与岗位对应的职业资格证书，这是很多用人单位非常看重的。现在，高职高专的毕业生越来越受到用人单位的欢迎，原因是他（她）们在校期间已经受到了相应的岗前培训，并取得了职业资格证，减少了毕业生到单位后需要单位再培训的过程。

常见的证明材料有：

（1）毕业证书、各种学历证书、各类结业证书（如业余党校结业证书）、职业资格证书（如施工员、造价员等）；

（2）“三好学生”、“优秀学生干部”、“优秀团员”、“优秀毕业生”等荣誉证书；

（3）英语等级证书、计算机等级证书、奖学金等级证书；

（4）社会实践、演讲比赛、技能比赛、征文比赛、文艺演出、体育活动、社团活动等各类活动的获奖证书；

（5）在正式出版物公开发表的作品、论文等。

面试尽管是目前单位招聘人才的一种常用方法，但它常常会受到面试官的个人观点、个人爱好等主观因素的影响。所有这些证明材料，毕业生自己都应充分重视，针对不同的单位和岗位，针对不同的招聘者，它们会产生相应的影响。即使是同一个用人单位招聘相同的岗位，也许不同的面试官，在把握大原则不变的前提下，你的同一个证明材料，起的作用也许会有很大的不同。

第五节　就业信息的收集和筛选

一 全面收集和分析就业信息

就业信息的收集和分析是毕业生求职前的一项非常重要的工作，就业信息的广泛性、真实性和针对性是很重要的。一是要通过尽可能多的渠道收集与自己的职业目标相近的就业信息，二是要避免名目繁多的招聘陷阱。很多虚假信息往往承诺优厚的待遇、良好的工作环境、理想的岗位等。

常见的就业信息发布渠道有：

1.各级政府部门成立的人才交流中心和就业指导服务机构

党和政府高度重视高校毕业生就业工作，县级以上政府的人事和劳动部门大多成立了毕业生就业指导和服务机构，其职责之一就是交流毕业生和用人单位的供求信息，为毕业生就业提供指导、咨询和服务。大型的人才交流和就业指导机构都设有委托招聘部门，很多用人单位对相关高等学校及其开设的专业不是太了解，往往会求助于劳动人事部门或各级人才交流中心，会委托他们进行招聘。来自他们的信息是比较可靠的。不过，一般都会对工作经验有所要求。这里要提醒的是，由于目前对职业介绍中介的管理还不是很规范，请大家要到一些大型的人才机构去，以免上当受骗。

2.学校就业主管部门

通过学校的就业主管部门获取就业信息，是毕业生获取信息的主要渠道。一是学校的就业主管部门在长期的工作中，与大量的用人单位建立了密切合作、相互信任的良好关系。二是会不断开拓新的就业市场，并对就业信息进行筛选和审核。毕业生由此获得信息的真实性、可靠性和针对性都较高。同时，这些信息主要是针对应届毕业生，用人单位的目的性很强，对工作经验要求不是太高，因而求职成功率会相对较高。

3.毕业实习

毕业实习是学校实习、实训中的一个重要环节，也是学生踏入社会前的最后

一次预演。用人单位除了承担学校的一个教学环节外，更可以通过学生的顶岗实习，发现和培养一些学生，双方通过双向选择，可以在毕业后直接留在用人单位就业。所以，毕业生一定要充分利用这一难得的学习机会，一方面要理论联系实践，把在课堂上学得的知识运用于实践，在实践中巩固理论知识。另一方面，也是对社会工作有一个初步的感性认识，为走向社会奠定一个良好的基础。

4.社会关系

利用家庭、亲戚、朋友、校友等社会关系为毕业生提供就业信息也不失为一个有效的途径，他们对就业单位和学生自身都比较了解，信息的准确性和可靠性都很高。尽管通过社会关系可以找到理想的工作，但是，能否被留用，留用后能否在单位立足，能否有所发展，还是取决于应聘者自身的能力。当然，现在国家已经出台相关规定，禁止国家工作人员利用职务之便为子女、亲属安排工作。

5.报刊、网络等媒体

报刊会经常刊登招聘信息，这是一种传统的方式，求职者可以通过阅读报刊招聘广告获取就业信息。一般来说，这一类信息的真实有效性较高，但竞争会很激烈，很可能成百上千的人竞争有限的几个甚至一个岗位。要注意的是，这类报刊应是当地有影响、权威性高、发行量大的报刊，不是无名小报。

网络求职是目前都积极鼓励和推广的。它不仅方便、快捷，而且很经济，大大节约了招聘和求职成本，受到越来越多的用人单位和求职者的欢迎。各高校和专业网站纷纷开通网络招聘，许多大型企业和高科技企业也会通过自己企业的网站招聘人才，将相关的简历储存在自己的人才库中，大大方便了用人单位和求职者。

网上招聘通常有两种方式：一种是求职者将自己的求职材料挂在网上，希望有公司能搜到你；另一种是用人单位将招聘信息挂在网上，希望有合适的求职者与公司联系，或将求职材料邮寄至单位或将求职材料发 E－mail 到指定邮箱。但网络求职注意辨别虚假信息以及个人隐私的保护，要注意该单位的通信地址是否详尽，联系方式是否有固定电话，只留手机号码的就要注意了。最好是利用学校的就业网站或当地就业主管部门的网站。

6.通过电话或直接联系用人单位

这也是一种求职方式，前提是你必须具备招聘单位所设岗位的条件，而且有足够的自信心。另一个问题是，你能否联系到决策者并有面对面的机会。不管对方有没有空缺，有没有登广告，直接找那些你感兴趣的企业，亲自上门看有没有机会。

电话面试时，对方如询问你的身份证号码，则要提高警惕，一定不能告诉对

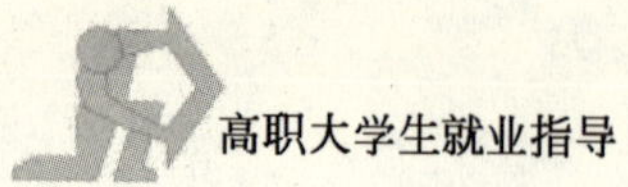

方，对方可能会骗取你的身份证号码；也不要轻信对方对单位的描述，你可以通过网络查询，向老师、同学、朋友咨询等多种方式核实单位的真实性和可靠性；了解传销知识，提高警惕，如果对方在电话里让你顺便带几个同学一起去某单位参加工作，更要注意，不要陷入传销陷阱。尽量不要只身一人去异地参加面试，特别是女生，可以约几个同学一起前往，临走前，务必把自己的去向告诉老师和同学，以防万一。

 注意防范的求职陷阱

试用陷阱：以新招人员替代试用期满人员

培训陷阱：以招聘为名为培训学校拉生源

实习陷阱：利用"实习"名义使用廉价劳动力

收费陷阱：招聘过程巧立名目收取各类费用

侵权陷阱：以考察为名，无偿占用设计成果

广告陷阱：招聘信息做广告，不是招人是卖货

名称陷阱：招聘名称诱人，实际工作气人

保险陷阱：录用先考保险代理执业证，进来全当保险代理

劳务陷阱：先说招聘"合同制"，录用后变"劳务工"

推销陷阱：招聘"销售人员"，实为推销、传销工作

举两个例子，以引起大家注意，避免上当受骗。

试用陷阱

试用期原本是在劳动合同的期限内，用人单位与劳动者为相互了解对方而约定的考察期，然而却成了很多用人单位降低人工成本、使用廉价劳动力的一个堂而皇之的借口。这类陷阱的表现形式通常有 4 种，既单方面延长试用期、只签订试用期合同、试用期"永远"不合格、试用期间不缴纳四金等。

收费陷阱

少数用人单位为了谋取钱财，采用招聘的途径，通过向求职者收取招聘费、培训费、押金或服装费等，从而获取不当得利。

第六章
求职择业的面试和笔试技巧

第一节　面试的含义和基本程序

一 面试的含义

面试可以被定义为由一个或多个人发起的，以收集信息和评价求职者是否具备被雇佣资格为目的的一个对话过程。(《人员素质测评》，王益明编著)

所谓面试又叫面试测评，是一种要求被试者用口头语言来回答主试提问，以便了解被试者心理素质和潜在能力的测评方法。(《人员测评与选拔》，萧鸣政主编)

面试是目前用人单位招聘员工的一种常用方法。它能通过面对面的交流来获取求职者提供的求职材料以外的更多的信息，诸如仪表举止、专业知识、实践经验、语言表达能力、综合分析能力、自我控制能力和应变能力等。但它受发起者或主试者主观因素的影响相对较大，因而，对求职者来讲，掌握一定的面试技巧是必要的。

面试的基本程序

(1)资格审查　招聘单位对求职者的求职材料进行审核，对不符合基本条件的进行第一轮筛选，对符合条件的求职者达成一个初步意向，确定面试名单。

(2)通知面试地点和时间　用人单位在确定了面试名单后，一般是通过学校的就业主管部门通知学生；或直接通知学生本人。

(3)求职者面试准备　接到面试通知的求职者做好面试准备，调整心理，携带好必需的求职材料。

(4)正式面试　这是求职者充分表现自己适合应聘岗位的能力和素质的机会。

(5)筛选和进一步审查　招聘者根据面试的结果,在综合分析和比较的基础上,确定最终的合适人选。

三 正式面试的几个环节

(1)自我介绍　这是面试中最基本的一个环节。通常所用时间为 2～3 分钟,需要求职者高度概括自己的基本情况,将自己适合应聘岗位的优势和素质表现出来,希望能给招聘者留下深刻印象,以便顺利进入下一环节。

(2)双方交流　招聘者与求职者逐步深入的交流,涉及的方面会更广,最终寻求的是求职者与岗位是否匹配。

(3)结束阶段　招聘者会对求职者提出的问题做一些解答,同时会通知何时会有面试结果或更进一步的考核程序。

第二节　面 试 技 巧

一 面试礼仪

孔子曰:“礼者,敬人也。”“人无礼,则无以立。”荀子曰:“人无礼则不生,事无礼则不成,国无礼则不宁。”礼仪是人际交往的基本准则,无论你在什么场合,与任何人交往,必要的礼节是必须的,所谓“礼多人不怪”,否则,会被人认为没有修养。礼仪涉及生活的方方面面,了解并很好地应用相关礼仪,有助于树立自己良好的形象,建立广泛的人际关系。有研究表明,仪表端庄、服饰整洁、举止文明的人,一般做事有规律、自我约束力和责任心较强。

求职面试礼仪只是我们在日常生活中礼仪的一个部分。只要我们平时注意学习和遵守日常生活礼仪,养成了良好的习惯,在求职时,再特别注意一些重点的方面,相信能给招聘者一个好印象,给自己带来更多的机会。

(一)着装礼仪

求职者要注意仪表,第一印象都是十分重要的。当你敲门以后,面试官第一眼看到的就是你的仪容打扮。干净、整洁的仪表不仅表示了你对面试官的尊重,还能够给面试官留下良好的“第一印象”。“一张图片能够抵得上千言万语”，看到的总能比听到的印象更深刻。你良好的“第一印象”也许比你的文凭、简历所起的作用更好，而第一印象的形成往往会在双方第一次见面时的短短几分钟。对于在校学生来说，基本形象要求就是干净整洁、举止大方、服饰得体。不一定要穿什么时装、名牌，最重要的是四个字：干净整洁。

1. 仪容

无论是准备面试还是在日常的生活，都要注意自己的仪容。美好的仪表能产生形象魅力，对后面的交往影响很大。原天津南开学校的创始人严范孙先生为学生制定的仪表格言：“面必净，发必理，衣必整，纽必结；头容正，肩容平，胸容宽，背容直；气象：勿傲，勿暴，勿怠；颜色：宜和，宜静，宜庄。”仍然值得我们今天借鉴。

求职者去应聘时要保持头发整洁，精心梳理，不要给人油光发亮、湿淋淋的感觉；发型简单、朴素、稳重大方，不要留鬓角，最好不要留中分头；头发也不能压着衬衣领子；胡须最好刮干净。头发要整齐干净，这样可以显得精明强干，女同学不要化浓妆。指甲要干净，男士不要留长指甲，女生不要用颜色夸张的指甲油，无色透明的即可。身上的怪味应清除。面试时，应试人和主试人的距离一般不会很远，如果你身上散发出汗臭味、腋臭味、烟味等怪味，主试人闻到了肯定会厌恶，这也要影响面试效果。

2. 服装

整洁、干净、美观的服装，既展示了自身的风度和气质，也是一种文明的体现。面试前，整理一下自己的服装是必要的，尽量避免出现脏、破、乱等现象。学生在学校期间，要养成良好的独立生活习惯，衣服、鞋袜要勤洗、勤换，特别是夏季锻炼后，应立即脱下洗净。如果服装出现了诸如脱线、拉链损坏、扣子脱落等，应及时补救。同时，穿着切忌袒胸露背、不系领扣、披挂衣服、挽袖或裤腿等。

据《武汉晚报》报道，在武汉国际会展中心举行的一次综合人才招聘会上，一位女大学生上身穿白色网球T恤，下身穿黑色网球短裙，脚穿一双白旅游鞋，在求职队伍中很打眼。但她每到一处应聘，招聘负责人很快将简历退还给她，半小时内，拒收简历的有六家。最终，她闷闷不乐地离开了会场。拒收其简历的某公司招聘负责人解释，该女生穿着“太休闲了”。我们不要求穿着光鲜，但应该得体。这名女生穿网球服应聘，太过随意，给人的感觉不好。

3. 鞋袜

鞋袜的搭配也是有讲究的。日常生活中，时常有人身穿西服、脚踏旅游鞋；脚踏黑色皮鞋却穿白色袜子等，这些都是不符合基本常识的。

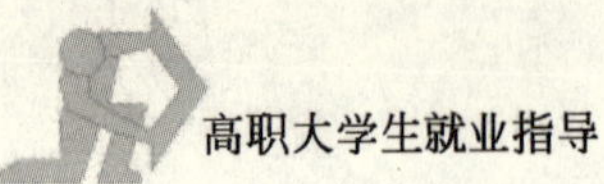

在面试前把鞋子擦干净并且上些鞋油，光亮的鞋子能够表现出你专业的做事风格以及良好的职业素养。确信鞋子是完好的，如果你鞋子的鞋底有个洞，会大煞风景。要注意鞋子的颜色，男士建议选择黑色或深棕色，女士鞋子的颜色不宜太花哨。

4.饰品

在当今社会，越来越多的人追求个性，饰品的款式越来越多，饰品的选用和佩戴也越来越具有个性化。至于对求职的学生来说，佩戴饰品产生的作用取决于招聘者的习惯。

5.公文包

公文包是用来装求职材料的，样式不能让人误会为推销员，大小一般以能平整地装入 A4 幅面材料为宜。公文包是用来装求职材料的，在面试前，你应把相关的材料整理清楚，包括证件的原件和复印件、有关证明材料的原件和复印件等，不要在主考官的面前再在包中翻找，一是耽误时间，二是给主考官留下的印象不佳，认为你做事没有条理。

适当得体的形象能增强人的自信心，求职时的适当着装能反映求职者良好的外在形象，但，只有外在形象是远远不够的。我们不能“金玉其外，败絮其中。”良好的形象除了外在的，我们更要注意内在素质的培养。一个人的素质包括文化修养、生活态度、能力才干、心理素质、健康素质等。所有这些都需要我们从一点一滴做起，在学习期间注意积累，从实践中锻炼。

(二)握手礼仪

握手在日常生活中，是一种经常使用的礼节方式，它是人与人交际的一个部分。常用在人们见面和告辞时，握手必须基于双方之自然意愿，不可强求。面试时要注意观察，看招聘者是否有握手的意向，不要贸然伸手，否则，会使场面很尴尬。

握手的力量、姿势与时间的长短往往能够表达出不同礼遇与态度，显露自己的个性，给人留下不同的印象，也可通过握手了解对方的个性，从而赢得交际的主动。

尽管对绝大多数人而言，握手只是两个人之间双手相握的一个简单动作，然而在握手礼的背后，对于握手的顺序、时间和力度、忌讳等方面的把握，同样有着很多的学问。

1.握手的顺序

主人、长辈、上司、女士主动伸出手，客人、晚辈、下属、男士再相迎握手。长辈与晚辈之间，长辈伸手后，晚辈才能伸手相握；上下级之间，上级伸手后，下级才能接握；主人与客人之间，主人宜主动伸手；男女之间，女方伸出手后，男方才能伸手相握。

2.握手的方法

握手时，距离受礼者约一步，上身稍向前倾，两足立正，伸出右手，四指并拢，拇指张开，向受礼者握手。掌心向下握住对方的手，显示着一个人强烈的支配欲，无声地告诉别人，他此时处于高人一等的地位，应尽量避免这种傲慢无礼的握手方式。相反，掌心向里同他人的握手方式显示出谦卑与毕恭毕敬，如果伸出双手去捧接，则更是谦恭备至了。平等而自然的握手姿态是两手的手掌都处于垂直状态，这是一种最普通也最稳妥的握手方式。

握手时应伸出右手，不能伸出左手与人相握，如果你是左撇子，握手时也一定要用右手。

戴着手套握手是失礼行为。男士在握手前先脱下手套，摘下帽子，女士可以例外。

握手者双目注视对方，微笑，问候，致意，不要看第三者或显得心不在焉。握手的时候，眼睛一定要注视对方的眼睛，传达出你的诚意和自信，千万不要一边握手一边眼睛却在东张西望，或者跟这个人握手还没完就目光移至下一个身上，这样别人从你眼神里体味到的只能是轻视或慌乱。那么是不是注视得时间越长越好呢？并非如此，握手只需几秒钟即可，双方手一松开，目光即可转移。

握手的力度要掌握好，握得太轻了，对方会觉得你在敷衍他；太重了，人家不但没感到你的热情，反而会觉得你是个老粗。女士如果主动握手，不要把手软绵绵地递过去，既要握手，就应大大方方地握。握手的时间以1～3秒为宜，不可一直握住别人的手不放。男士与女士握手，时间以1秒钟左右为原则。

在任何情况下拒绝对方主动要求握手的举动都是无礼的。但手上有水或不方便时，应谢绝握手，同时必须解释并致歉意。

需要提醒的一点是，男士和女士之间，绝不能男士先伸手，这样不但失礼，而且还有占人便宜的嫌疑。男士握女士的手应轻一些，不宜握满全手，只握其手指部位即可，时间也要控制好，不要握住不放。

3.握手的忌讳

用左手。握手时须用右手，慎用左手与对方相握，如果是右手不方便，需用左手代替右手时，应先说明原因并致歉意。

戴手套。不可戴着手套与人握手。握手前，应脱下手套。女士可以例外。

不专心。握手时应专心致志，面带微笑看着对方，不要左顾右盼、心不在焉。

否则，会使对方认为你不尊重他，还不如不握手。

坐着握手。握手双方应当站着而不能坐着握手。无论是谁，从礼节方面来讲，只要双方有握手的意向，均要从座位上起来。

顾此失彼。在握手时，如果有几个人，而你只同其中某一个人握手，对其他人视而不见，这是极端不礼貌的。同一场合与多人握手时，与每个人握手的时间应大致相等，若握手的时间明显过长或过短，也有失礼仪。

(三)交谈礼仪

面试的一个重要目的，就是通过面对面的交流，用人单位有目的地了解求职者适合招聘岗位所要求的综合素质。

对于求职者的交谈礼仪，说具体点，就是应答的礼仪。在求职面试过程中，求职者是处于被动的地位，你交谈的主要方面是回答主考官的问题。它不同于我们日常生活中的一般交流，我们注意的方面就只是其他交谈礼仪的一个部分。

1.谈吐文雅礼貌

一个人的谈吐在一定程度上能或多或少地体现出他内在的品德和修养、素质和能力，所谓"言为心声"。无论是在见面、自我介绍，还是在回答问题时，一定要注意礼节和规范，这样才能表现得有文明和礼貌。

进入面试场所应面带微笑，真诚而自然，可以主动与主考官打招呼并作自我介绍，问候"你好"或"大家好"，"你好，我是×××，是来参加面试的"。据不完全统计，大部分的应聘者在参加面试时，不主动说第一句话，或第一句话不得体。当主考官主动向你问候"你好"、"很高兴见到你"时，你要回答"你好"、"我也很高兴见到你"、"谢谢你能给我面试的机会"等。创造良好的开端，会给主考官留下良好的印象。在交谈过程中，一定要使用必要的谦词和敬语，比如称主考官可以使用其职务，或称"您"，或其他的尊称。

我们在日常生活中一定要注意文明礼貌用语，养成良好的用语习惯，尽可能少地使用一些口头禅，不能有一些粗鲁低俗的语言。否则，一旦形成习惯，即使被人听到，也会使人觉得你品格低下、粗俗无礼、没有修养。有些同学在平时的生活、学习中，与同学交谈时毫无顾忌，不太注意自己的言语文明，粗话、脏话连篇，甚至有个别同学以能说自己家乡的粗话为荣。

2.语言简洁精炼

在面试过程中，一定要听清楚主考官所提出的问题和要求。回答时，要紧扣面试主题，针对所提问题和要求尽可能地使用简洁精炼的语言，作出尽可能完美的回答，不要漫无边际、滔滔不绝。能不说的不说，能少说的就少说，尽量不要重复说过的话，关键是要简明扼要地把核心内容表达清楚。语言表达能力和综合思考能力往往是主考官和用人单位非常看重的。

曾经有一位同学在通过了一家很大的知名企业的笔试后，来参加该企业的面试。主考官有该企业的人力资源部的负责人和招聘岗位部门的负责人，笔者当时也参加了他的面试。主考官要求该同学用两分钟的时间介绍自己在学校期间的情况。不知是该同学太紧张还是没有心理准备，他语无伦次、不着边际地讲了五分多钟与所提问题无关的内容，结果被主考官很有礼貌地请了出去。

3.诚实坦率冷静

每一位参加面试的求职者在第一次参加面试时，总会有一些紧张，毕竟你面对的是能决定你命运的人。所以，在你接到面试通知时，可以做些心理调节，减轻压力，轻装上阵。在面试过程中，你也许会碰到一些比较尖锐、较难回答和一些你所没有遇到的问题，这些问题都是主考官预先设计好的，目的是要考察你的应变能力、思考能力和诚信度。

诚信是每一位公民应该具有的一种优良品德。只要主考官所问及的问题不涉及个人隐私，求职者都可以如实地、通过各种方式和技巧来体现自己能胜任应聘岗位的实力和能力。当涉及个人隐私时，可以委婉地拒绝，如“对不起，这个问题我能否可以不回答”或“对不起，这个问题能否改日再谈”等，不要默不吱声、一言不发或态度粗暴、转身走人。

无论是什么问题，我们都要冷静思索，讲自己已有的观点、想法及时表达出来，面对一些实在不能回答的问题，你要如实地说明，如“抱歉，这个问题我不会回答”。一定不要支支吾吾、不懂装懂，否则，容易给主考官留下不好的印象。

对于自己的专业知识和业务能力，作为在校生来讲，不要说得过于完美，要客观一些。在一次学校的现场招聘会结束后，某家大型公司招聘负责人对笔者说，有一个学生口气太大，称自己在工程测量方面绝对不会有问题，在实际工作中也绝对不会出错。招聘负责人笑着说，即使在我们公司工作了很长时间的老员工，也不敢这样说，他们也有出错的时候。所以，即使自己有一定的实力，也要注意表达的方式和技巧。否则，会被认为过于自负或狂妄自大。任何一家公司是绝对不会招聘这种类型的人员的。

(四)举止礼仪

在人际交往过程中，举手投足之间也能反映出一个人的精神面貌和素质修养。所谓“站有站相，坐有坐相”；“站如松，坐如钟，行如风。”都是对日常生活中仪态举止的要求。

1. 正确的站姿

求职者在面试过程中，很多时候是在站立等候。这时候的正确站姿是非常重要的，也许招聘者就在观察你，看你的一言一行。不要求你的站姿像军人一般，至少要体现出你的面貌。要避免一些不雅观的站姿，诸如弯腰驼背、勾肩搭背、双脚交叉，也不要身体靠墙而立。如果这样，给人的印象是懒惰、松散、没有精神等。

站姿的正确合适，对于男士来讲，则是英俊潇洒、精神焕发；对于女士来说，则是温文尔雅、典雅大方。

2. 正确的坐姿

面试时，在主考官没有请你就座之前，你不要急于坐下。主考官说过"请坐"之后，你再坐下，要坐在招聘者提供的座位上，不要随意移动座位。座位的位置和方位是招聘者预先摆好的，随意移动座位是不礼貌的。

正常的坐姿应是：上身正直而略向前倾，双脚自然着地，双手放在双腿上。一般来说，男士的双脚间的距离不要超过肩宽；女士双脚要并拢，尤其是在穿裙子时。不能跷二郎腿、不能不停地晃动。如果是靠背，在面试过程中，注意坐姿端正，面部表情要自然，目光要平视，不要东张西望，目光不要飘忽不定。在交谈过程中，礼貌的目光是平视对方鼻梁处，每次时间约在 10 秒左右，不宜直愣愣地盯着对方。

不要有太多的肢体动作和不必要的附加动作，以免让招聘者看出你的紧张情绪。其实，在面试开始前，自己可通过深呼吸或是心理暗示等方法来进行调节和缓解。当然，如果事前有了细致、充分的准备，相信会有一个好的心态。

3. 正确的走姿

一个人走路的情况可表现出他的精神状态和面貌，不同的走姿给人的感觉是不一样的，或欢快或忧郁，或轻灵或沉重。单位时间的步频能体现一个人在当时的精神和心理状态。

正确走姿的前提是动作协调。在行走时，上身要直，头部要正，目光平视前方。同时注意摆臂、步幅和步频。要避免一些不雅的姿势，诸如"内八字步"、"外八字步"、摇摇晃晃等。

在行走过程中，要注意主动让路，替别人拿东西或开门。当与主考官一起行走时，注意不要走在主考官的前面，最好保持平行或略为靠后。在办公场所，要注意脚步声，不可因为脚步声而影响他人工作。

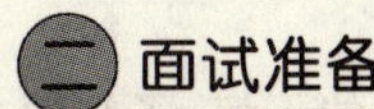

二 面试准备

面试具有较大的灵活性。由于每个单位的要求各异,面试的情形也大不相同,但是面试也有一些共同的方面,我们仍可以为面试做一些必要的准备,做到"有备无患"。

(一)认清自我准确定位

"高等职业教育的主要任务是培养高技能人才,既不是白领,也不是蓝领,而是应用型白领,应该叫'银领'。"(《培养数以千万计的高技能人才办让人民满意的高等职业教育》教育部部长周济 2004 年 2 月 28 日)。一直以来,党和各级政府鼓励高校毕业生面向基层就业,并出台了一系列优惠政策。我们高职高专毕业生应响应国家的号召,到基层去、到西部去、到国家最需要的地方去,在基层中锻炼成长,在基层中建功立业。

要注意分析每年与自己所学专业相符合的岗位的就业情况(当然,也有毕业后不从事与自己所学专业相关的行业的),也可以根据自己的职业生涯规划,在职业生涯的初期,有目的地进行各方面知识的积累和各种素质的培养,为职业生涯中期的发展创造条件。

现在,很多同学包括部分家长都希望能找一个好单位,找到一个体面的工作,但这个期望值应当与社会需求的现实状况结合起来。什么是好单位,按普通的理解,就是薪水高、待遇好、工作环境好、工作压力小等等。凡是别人有的,我都有。最好是什么事都不做,什么待遇都有。

企业在人才需求上已由理论型转向技术型、技能型,人才市场上甚至一度出现了高薪难觅专业技术人才的现象,技术性职业岗位仍处于不饱和状态。对于即将走出校门的同学,首先要确定自己想从事的职业和岗位,这样可以避免盲目求职;其次,在求职前,对于一些招聘岗位,结合自己的实际情况,分析自己是否具备应聘岗位的基本条件和特定的素质等,这样,就不会在面试时发生一些尴尬的局面。

认清了自我,摆正好了位置,调整好了心态,相信大家能准确定位,就能在面试中居于有利的位置。

(二)了解单位　有的放矢

在确定了你想从事的职业后,建议从多方面来了解和认识该行业的特点和情况。同时,要对相应岗位的工作性质、工作特点、工作环境、可能面临的状况等

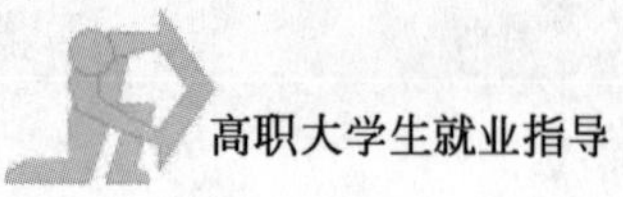

有个基本的认识。

在准备到某家公司面试前，可以先对该公司作一个全面的了解，了解的方面可以有公司全称、单位性质、经营范围、主要业绩、企业文化、公司和行业的发展前景等。对于所应聘的岗位，可以了解该岗位的岗位职责、在单位中的职能范围、主要的工作内容、所需要的专业知识等。若你能掌握尽可能多的一些资料和相关的行业术语，相信主考官一定会对你刮目相看，也会相信你想加入该公司的诚意，也许就会给你比别人更多的机会。当然，并不是要你在面试时把你所了解的情况都表述出来，否则会起副作用。

(三)准备充分　轻松面试

无论是接到面试通知还是参加现场招聘会，在面试前，都要对面试常见的问题有所准备，可以自己预先练习，或自己单独进行，或与同学一起相互练习。

当然，足够的自信心是必须的。经常有同学问“你们公司招几个”，这是对自己没有足够信心的一种表现。其实，并不在于公司招聘的人数多少，而是你有没有独一无二的实力。即使只有一个，只要你是最合适的，那个人就是你。或者，当你表现很优秀时，用人单位临时增加一个也不是没有可能。

当你在求职材料准备齐全，明确了应聘单位和岗位，进行了充分的心理调节，得体的服饰打扮，树立了自信心后，就可以轻松去面对面试了。

(1)语言表达能力的准备。面试是通过主试者与应试者的当面对话来进行的，因此应试者语言表达能力如何显得十分重要。面试中要求应试者说话要简洁、精练、谈吐流利、清楚、文雅幽默。要做到这一点，靠一时半时的准备是起不到多大作用的，必须要靠平时有意识地加强语言表达能力的训练，平时要多开口说话，练习与陌生人交谈，也可以看一些演讲与口才方面的书。从不敢讲话到敢于讲话，从不善言谈到说话自如，逐步训练自己的讲话能力。

(2)面试问题的准备。你去面试，主试者必然要询问一些有关的问题。有些问题看似简单，其实不易。一是因为你不清楚主试者会询问你些什么问题；二是在很短的时间内要回答清楚对方的提问，在没有准备的情况下也并非易事。坦率地讲，主试者要问你些什么问题是很难说清楚的，主试者可能会向你提出各种各样的问题。尽管如此，仍有一些问题在面试中会经常遇到。

请简要介绍一下你自己的情况？这个问题大多数面试者都会被问到。你不妨在面试之前准备一个自我介绍的腹稿，以免到时你手足无措，不知从何说起而隐入尴尬的境地。

谈谈你对我们单位的看法？主试人试图借此了解你对本单位的关注程度，

从而判断你是否诚心到本单位就职以及你对工作认真细致的态度等。

你为什么选读某专业？用人单位招聘人才，往往是有一定指向的。毫无疑问，用人单位招聘的一定是其急需专业人才。这个问题主要是考察你是否热爱本专业，因为这将可能影响到你将来的工作态度。

你有什么特长、爱好？这是个很直接的问题，你可以据实回答，但不可无中生有，亦不可过分谦虚。

你有什么优缺点？这是一个常常被问及而又有相当难度的问题，其难就难在一般人难以对自己有一个客观的评价。有的人只讲自己的优点，忌谈自己的缺点。其实哪有十全十美的人。主试人也许是在考察你回答问题的态度，而并不十分在乎你回答问题的内容。

你是否打算继续学习深造？有的单位希望你将来进一步深造，如上研究生、进修等；有的单位则希望今后能留得住你，但问你这个问题的多数是希望你能坚守工作岗位。

你还有什么疑问？这暗示着面试即将结束。你最好把握住这最后的机会，表明自己的态度，加深主试人对你的印象。

面试中常常被提到的问题还有很多，下列各种问题可供你做准备时参考。你大可不必对每一个问题都准备好答案，但在适当的时候，同学们可以组织一次模拟面试，对这些问题进行回答，对你参加面试会大有帮助。

你为什么想到我们单位来工作？

你的人际关系如何？

你有哪些业余爱好？

你对什么最感兴趣？

你的家庭情况如何？

你谈朋友了吗？你的朋友想到哪里工作？

你对待遇有何要求？

你对专业课程的学习情况如何？

这项工作压力大、困难多，你能受得了吗？

今后事业上有什么打算？

你准备再学习吗？

大学期间你最得意的事情是什么？你最失意的事情是什么？

为什么你专业课程成绩不理想？

你是因为什么事情受到处分的？

你喜欢你们的学校吗？

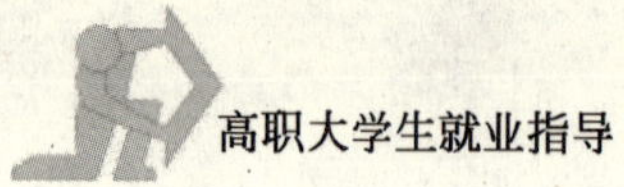

你爱读些什么书？

你身体状况如何？

你找工作首先考虑的因素是什么？

到单位后先得到基层锻炼，你愿意吗？

(3)礼仪常识的准备。人生在世离不开一定的礼仪形式。礼仪的具备情况，象征着人的文明程度。良好的仪表、得体的礼节、优雅的谈吐能给人以深刻的印象。要做到这一点，就得了解一些基本的礼仪常识。尽管看似一些简单的东西，却能反映出一个人的文明修养，在此不妨多费些笔墨。

关于握手。握手是一种传统的、流行的问候动作。应试者面试握手时，动作要大方，态度要自然，轻重要适度，目视对方，并说“你好”等问候语。但要注意，有的场面主试人并没有要与你握手的意思，尤其是女同志，此时你不要贸然伸手以免尴尬，可用点头致意或用客气语代替。

关于仪表。所谓仪表，简单地讲就是人的外表，包括人的容貌、姿态、举止、风度、衣着和修饰等。仪表不仅仅是个人所好的问题，而是在一定程度上体现了对人对社会的尊重，表现了一个人的精神状态和文明程度。仪表往往左右着主试者的第一印象，因此，面试前要注意自己的衣着打扮。衣帽整洁，仪表端庄地参加面试会给人热爱生活，朝气蓬勃的美感。相反，衣帽不整、不修边幅，邋遢窝囊地参加面试，则会给人不悦的感觉。值得一提的是，我们强调仪表，并不主张花过多的时间去修饰自己，更不提倡奇装异服。只要达到整洁、庄重、优美、富有生气，能反映出我们当代大学生的精神面貌即可。

关于坐姿。美的坐姿是一种文明行为。老人们教育年轻人“坐有坐相”，可见坐不是随随便便的。坐分端坐、斜坐、盘坐等，面试时入座动作要轻缓，落座后上身要正直，双手自然平放、双膝双脚并拢。坐姿要端正而不僵硬、自然而不随便。含胸驼背、耷拉肩膀或跷二郎腿，都不能给人以美感。

(4)保持良好的精神状态。除了做好上述准备之外，面试前要适当放松，调整自己的生活规律，保证充足的睡眠和休息，使自己以饱满的精神状态面对主考者，要调整好情绪，克服面试时的紧张、怯场心理，力争取得面试的最佳效果。

三 面试要注意的问题

面试发挥出色，可以在一定程度上弥补笔试或是其他条件如学历、经验等方面的不足。许多毕业生求职不理想，很多情况是在面试时表现得不理想。面试中该如何表现自己，首先要分析这个岗位需要有什么样的特质，然后又针对性的去表现。自然，以下提出的几个方面也值得大家注意。

1.要有时间观念

记住要在通知面试的时间提前十五分钟左右到达，一定不要迟到或到得太早。迟到会给主考官留下非常不好的印象，也显得对面试不重视，如果你不熟悉路程地点，就应预先打听好，设计好路线，预留一定的时间以防出现因天气、塞车等意外情况发生。太早到会打乱别人的计划，因为在约定时间前，用人单位的招聘负责人可能有其他工作安排。如果面试地点路途较远，可以多预留时间，即使提前到达，也可以先熟悉环境，做好面试前的准备。

2.回答要与简历一致

在面试中，凡问及的内容在简历中有体现的，无论什么内容，面试者在自我介绍时要与个人简历相一致。在前面已经谈到简历内容的真实性，如果简历的内容不真实，在面试过程中，难免会出现相矛盾的情况。只要是真实的，你在回答问题时，就不会出现紧张、心虚、不自然等异常的行为，否则，主考官就会对你留下不好的印象。

3.细节决定成败

当你接到面试通知的时候，不论你是否决定前往面试，都要认真记录下对方告知的地址和联系方式，让对方感到你重视这个面试通知，并且诚恳地向对方道谢。

在等待面试的过程中，不要乱碰面试单位的办公用品或是文件；进门或离开的时候记得随手关门；记得坐过的椅子要放回原位；喝完水后的一次性杯，要记得自己扔了。

对于接待你的任何工作人员，都要注意以礼相待，不要只对负责人热情有加，而忽视其他的工作人员。负责接待的人员不一定是职位不高、无关紧要的人物。或许，这些细节中也是面试的一个组成部分。

其实，之前我们所有提到或没有提到的礼仪、礼节，都是我们日常生活和工作中应自觉遵守，并不仅仅是在面试才要注意的。

面试完毕，记得对主考官诚恳地表达你的谢意，感谢他(她)给了一个让你表现自己的机会。

4.慎答薪金待遇

第一次面试不要提待遇和薪水，主要是推销自己，你的价值会在以后的工作中得到回报。好的雇主是不会轻易放走自己中意的员工的。

如果在面试中主考官提出这个问题，建议适当提出自己的待遇要求，对于求职者来说，这通常是一个难题，提得少了，怕吃亏；提得高了，怕错失机会。每一

份工作,都有一个范围内的相关行业待遇,在面试前,最好通过一些渠道了解清楚,对自己的价值作一个合理的估价,在自己的心中有一个大概的定位,而不至于因为“狮子开大口”吓怕用人单位。最适中的价钱是行业的中间价,当然,如果你足够自信,可适当提高。

5.结束面试

及时退场。在面试即将结束时主考官会有相应的提示或暗示,如:“谢谢你……”;“谢谢你对我们公司的信任,结果出来后我们会再通知你。”“你还有什么补充的”;“我们今天就谈到这里,名单出来后会联系你。”等。应聘者听到这些暗示语后,要主动起身,感谢主考官给你面试的机会和接待,可以说声“希望能再次见到你”、“谢谢你给我的机会,相信会很快再见到你”等。然后,整理好要带回的资料,离开座位,将坐椅放回原位(一定要记得),有礼貌地退出面试室,轻轻关好门。离开之前,不妨问一声“需要我叫下一位吗?”。

6.感谢信

如果情况允许(比如你有对方的电子邮箱),不妨写封信给对方,诚恳地表达你的谢意;如果你在面试中有一些表达不足的地方,也可作些说明或补充。此举不但表达你对该份工作的重视,更能体现你良好的个人修养。同时,也会给主考官留下更为深刻的印象,能争取更多的机会。说不定他的公司没录用,会推荐给其他的单位。

四 常见的面试问题

面试的形式多种多样,有一个面试官对一个应聘者,也有多对一,一对多,多对多;也有小组讨论,情景模拟游戏等其他更丰富的形式。无论面试的形式有多少,都是围绕考核应聘者的素质是否符合所招聘岗位的要求而设置的。

面试过程面试官对毕业生一般要了解的内容有:

1.了解毕业生的基本情况

“请你自我介绍一下”。这是用人单位十有八九会对每一位应聘者提的第一个问题,也是每位应聘者都应精心准备的内容。特别是在学校的应届毕业生现场招聘会上,由于安排的时间比较集中,很多时候主考官会利用这样的问题来了解应聘者的基本情况,边听介绍边快速浏览简历。这个问题主要是考察面试者的语言表达能力、逻辑思维能力等。建议面试者事先做好充分准备,以文字的形式写好背熟,打好腹稿。在表述过程中,最好包括自己与应聘岗位匹配的几个长处或优势,以期能吸引主考官的注意力,希望能有一个良好的开端。

表述方式上尽量采用口语化，注意内容简洁，条理清晰，层次分明，吐字准确，紧扣主题，不谈无关、无用的内容。不少求职者回答这一问题时，显得琐碎、啰嗦、没有条理。有的从上小学谈起，初中、高中、大学、表现情况等。

自我介绍不宜超过 2 分钟，最好把握在 1 分钟左右。

2. 了解毕业生的家庭背景

“谈谈你的家庭情况”。此类问题大部分的用人单位都会涉及，面试者应简单地介绍家人。回答时注意强调温馨和睦的家庭氛围，父母对自己教育方面的重视，各位家庭成员的良好状况，以及家庭成员对自己工作的支持和自己对家庭的责任感等。

用人单位有时会问及家庭成员，如父母的职业、兄弟姐妹等情况，目的是要了解你是否适合在某一分公司从事某个岗位。建议在面试之前先与家人商量好自己可以就业的地区或地域范围，避免在面试过程中，当问及能否到某一地区工作时你不能马上回答或要与家人商量后再答复，这样会给人造成不必要的误会，认为你没有主见而放弃你。

3. 根据简历和自我介绍深入提问

主要内容涉及学习成绩、职业资格、社会实践、实习实训、爱好特长等内容。有时会要求你介绍某一次实习实训情况及体会感受等。如果你是学生干部，也许会让你介绍你的工作内容、主要活动的组织情况，以便了解你的组织能力、协调能力和团队合作精神等基本素质。应聘者在回答时应该以事实为依据，前后一致，逻辑严密，表达清晰。所以，对自己简历的内容和曾从事的工作要有一个梳理、整理的过程。不要出现前后矛盾、虚假不实的内容。

简历可以参考和借鉴，但不能照抄照搬。在某家公司的面试中，招聘负责人看到了两份除了个人的基本信息不同外，其他内容完全一样的简历，连求职信也完全一样。你相信吗？但这是一个真真确确的事实。后在面试中了解到，他们是同专业同班级同寝室。谁是原创，谁在照抄？是时间紧迫？

4. 对公司和职位了解情况

“请问你知道公司吗?”，“你是怎么知道的?”，“你为什么选择我们公司?”。这些也是常常问到的问题。主考官问这方面的问题主要是希望了解应聘者希望工作的岗位、地点、应聘原因、对所应聘公司和岗位熟悉程度，了解面试者求职的动机、愿望以及对此项工作的态度。面试者最好不要说太多待遇好等，可以说“我十分看好贵公司所在的行业，我认为贵公司十分重视人才，而且这项工作很适合我，相信自己一定能做好。”前面谈到，在你决定到某家公司应聘时，应先对

应聘公司及应聘岗位通过各种渠道进行了解。这样,在回答类似的问题时,不至于临时瞎编,使人感觉你缺乏诚信和求职的目标性。所以,提前做好充分的准备是需要的。

5.职业发展与规划

"你希望在公司工作多长时间?""你能与公司签约几年?"一般来说,公司到不同层次的大学招聘应届毕业生是有其不同的培养目标的。他们希望为公司在不同的职位和岗位培养一些后备力量,比如高职高专层次的毕业生,很多公司是希望他们经过锻炼和培养,能成为中层管理的中坚力量,成为现场管理或技术方面的骨干。目前,大家都能接受的签约年限通常在2～3年。这样,无论是对公司还是求职者,都有一个相互熟悉和适应的时间。对求职者来讲,对自己三五年之后做什么应该有一个比较清晰的认识,有一个比较长远的职业规划,可以在工作中不断学习,积累经验。公司也希望有一个相对稳定的、熟悉公司业务的员工队伍。

"你希望到什么地区工作?"一些大型的公司会在全国各地或世界各地有其分公司或子公司。针对这样的提问,面试者可以尝试采用迂回战术来回答,如"作为刚刚踏入社会的我,应该多要求自己尽快熟悉公司、融入公司、尽早投入工作,而不应该对公司在工作条件和环境方面提出要求,只要能发挥我的专长就可以了。""我会服从公司安排,无论在什么地方,我都会尽职尽责,努力做好工作,不会让公司觉得你选错人。"刚毕业的大学生,应自觉树立在基层锻炼成长的观念和决心。

6.薪酬待遇

在面试中很可能会问到的问题。面试官通过这个问题想了解应聘者对薪酬、福利、待遇的期望值是否与公司可提供的标准相近;另一方面也想了解应聘者对自己的定位和对所应聘岗位的了解程度。最好根据当地市场行情来回答,如果自己足够优秀,可以比市场行情略高一些。

7.专业知识

用人单位主持面试的,一般是人力资源管理部门(HR)的工作人员、所招聘岗位的部门主管,有些公司最后还需要公司的总经理面试。除了可能有上面谈到的部分内容外,在面试中还会涉及一些与应聘岗位有关的专业知识的面试,并且一般有部门主管来提问,这部分内容就看应聘者的基本功了。面试前要准备一些与所应聘岗位有关的专业知识。

8.工作经验

"你是应届毕业生,缺乏经验,如何能胜任这项工作?"此题的回答应体现出面试者的诚恳、机智、果敢及敬业。如“作为应届毕业生，在工作经验方面的确会有所欠缺，因此在读书期间我一直利用各种机会在这个行业里做兼职。我也发现，实际工作远比书本知识丰富、复杂。但我有较强的责任心、适应能力和学习能力，而且比较勤奋，所以在兼职中均能圆满完成各项工作，从中获取的经验也令我受益匪浅。请贵公司放心，学校所学及兼职的工作经验使我一定能胜任这个职位。”

9. 业余爱好

“谈谈你的业余爱好”。一个人的爱好反映了他的性格，而某个人的职业发展规划也与他的职业气质、能力、兴趣、潜力、价值观、理念等因素相关联。求职者在确定自己的职业发展规划和应聘相应的职位时，首先就要正确认识自己的个性。性格若能与工作相匹配，工作中更能得心应手、轻松愉快、富有成就感。反之则会不适应、困难重重，给个人和组织的发展造成影响。

企业主要想通过此问题了解面试者的性格是否符合本单位的企业文化，是否具有团队合作精神，是否符合职位性质等，最终是寻求人职匹配。比如设计、预决算等岗位，需要的职员要求冷静、沉着、仔细；现场管理人员则要大方、果断、语言表达能力和人际交往能力较强。所以面试者不要说自己没有业余爱好，也不要说自己有那些庸俗的、没有特点的、令人感觉不好的爱好。如读书、电脑、听音乐等。爱好不宜说得太多，多了会令主考官怀疑应聘者“博而不精”、做事不专。最好能针对你所应聘的岗位，当然也不能编造爱好，否则很容易被识破，说不定主考官就是某个方面的爱好者。如果能有证明你某个特长的材料最好带上。爱好与特长也是人际交往中一条重要而又有效的纽带。

10. 缺点和不足

“金无足赤，人无完人。”任何人都有自己的缺点和不足，只是如何面对和修正自己的不足。

当考官问到你的缺点和不足时，面试者不能说自己没缺点，也不能把那些明显的优点说成缺点，但更不能挑严重影响所应聘工作的缺点，或者说令人不放心、不舒服的缺点。可以说出一些对于所应聘工作“无关紧要”的缺点，甚至是一些表面上看是缺点，从工作的角度看却是优点的缺点。

“你的成绩看起来好像不太理想？是因学生工作影响还是因为上网？”

一个建筑工程专业应届专科毕业生去应聘某公司的施工员。主考官是由人力资源部经理和项目部经理组成的。这个毕业生可能遇到的面试提问有：

(1)请用两分钟时间做个简单的自我介绍。

(2)①你最喜欢什么课程，为什么？

②你参加过哪些社会活动,你认为对你有什么帮助?

③介绍你参加的一次实习的情况,有什么体会?

(3)①你认为施工员的主要工作内容是什么?

②你对我们公司了解多少?

③你对某行业一个市场竞争状况如何看?

(4)你希望自己3~5年之后做什么?

(5)你的成绩单上有两门课程不及格?

(6)你希望的工资是多少?

(7)请问你有没有什么问题要问?

附:面试基本问题分类

1.个人基本情况

谈谈你的情况。再向我们介绍一下你自己好吗?最能概括你自己的三个词是什么?你身体状况如何?你的家庭情况怎样?你父母的职业是什么?你在业余时间主要干些什么?有何业余爱好?有什么特长?在你一生中,谁对你影响最大?为什么?你有哪些职业发展计划?为自己确定的是哪些职业目标?你认为你最适合干什么?你谈恋爱了吗?朋友是哪里的?你有什么优缺点?你的长处是什么?你的缺点有哪些?你认为自己最大的弱点是什么?准备如何克服?你自我感觉有哪些不足的地方?你认为自己有什么劣势?作为一名雇员,你认为你的长处或者优势在哪里?你参加过什么业余活动?你在读书期间做过如此多的兼职,有没有想过学生是以学习为本的?你在读书期间很少参加团体活动,也没有任何兼职经验,为什么?你参加过义务活动吗?你最近看过的电影或者小说是什么?你对自己未来的工作有何考虑?你认为自己过去工作中最值得做的一件事是什么?请谈一谈你过去的工作情况,包括工作性质、工作满意度;你为何希望到本单位工作;你在工作中追求什么?个人有什么打算?你想怎样实现你的理想和抱负?你的下一步计划是什么?你希望今后5年(2年、3年、10年)能达到什么目标?未来的五年,你想自己成为什么样子?或者你事业的目标?什么是你最大的成就?讲一两个成功的小故事。导致你成功的因素是什么?

2.求职动机

为什么选择来本公司应聘?(你为什么要进我们公司?为什么想到要为本公司工作?你为何想在这里工作?选择这份工作的动机?)你为什么来应聘这份工作?这个职位最吸引你的是什么?我们为什么要聘用你?为什么辞去前一份工作?你能否描述一下你离开以前所供职单位的原因?对于上一份工作,你喜欢或不喜欢之处在哪里？你为何待业这么长时间？你为何这么频繁地更换工作？你的应聘材料告诉我，你在一个公司已工作了很长时间，而在职位、工资上面无明显地晋升和提高，为什么？你是因为与上司有矛盾才转到我们这里来的吗？为什么你喜欢这种工作？你认为你适合干什么？我为什么要认为你是这个职位非常合适的候选人呢？你了解我们单位吗？你对我们公司有什么认识？你如何看待本单位？你是怎么知道我们招聘这个职位的呢？如果录用你，你要多长时间才能为我们公司作贡献？告诉我三件关于本公司的事情。你找工作首先考虑的因素是什么？你的理想是什么？到本单位上岗前，让你先到基层锻炼两年，你愿意吗？我们有很多分公司，想到哪个公司？你为什么要考虑去大城市？你为什么要考虑来我们这类小城市或偏远的地方？

3.专业知识

你在大学所学的是什么专业或受过哪种特殊培训？你对哪些课程感兴趣？哪些课学得最好？你喜欢你的学校吗？你是不是打算继续学习？你爱读什么样的书？你并非毕业于名牌院校嘛？你的专业怎么与申请的职位不对口？你的学历对我们来讲是否太低了？大学几年你做过最得意的事情是什么？业余时间你都干些什么？你参加过什么样的课外活动？为什么你选读此专业？你学过的科目与我们的工作有什么关系？你最喜欢或最不喜欢什么课程，为什么？你对自己的学习成绩是否满意？你的成绩似乎不太理想？如果让你重新考大学，你会报什么专业？你最不喜欢的大学课程是什么？为什么？你在大学期间最喜欢的老师是谁？你的大学同学中哪个印象最深？为什么？你对行业、企业本身、所应聘的职位以及与该企业前途的关系有何了解？你认为我们最大的问题是什么？你觉得我们胜过竞争对手的最大优势何在？你认为我们业内有何重要趋势？你如何看待你所应聘的岗位？现在想提高哪方面的技能或想在哪一个专业领域发展？曾经从事的与你的专业最不相关的工作是什么？

4.工作能力类

过去的工作经历如何？从过去的工作中学到什么？你过去的上级是个怎么样的人？你认为现在或以前的上司如何？就你的前一个工作岗位来说，如何改进或许可以做得更好？你为什么还没找到合适的职位呢？你为什么至今没有找到满意的工作？你为什么要离开原单位？这是你辞职的唯一原因吗？你现在能把过去做过的工作做得更好吗？你工作的目的是什么？你对自己目前的事业发展情景是否满意？我可以跟你的前任上司联系求证一下吗？对工作期望与目标如何？喜欢这份工作的哪一点？你的适应能力如何？你的现在老板如何充分发挥你的特长？在什么时候你不得不在高度压力和紧张下工作？你是怎么显示你

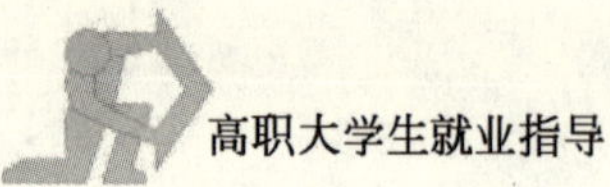

的主动精神和工作积极性的？你以往有没有理想的工作？你觉得你与其他求职者有何不同？目前或最近离开的工作中，你所做的最重要决策是什么？我为什么该聘请你呢？为什么我们应该首先选择你？你能为我们公司带来什么呢？你需要花多久，才能对本公司有所贡献？你能为我们做些什么，而别人又是做不来的？你如何证明自己是最优秀的？你认为做经理人最难之处是什么？你如何应对被人拒绝的局面？告诉我如果遇到问题或困难，你是如何克服的？你如何应对突如其来的变化？你能承受压力很大的工作吗？

5.人际交往

当你参加聚会时，你是喜欢独处、还是喜欢出风头？请谈一谈你最要好的朋友？你选择朋友时，一般考虑哪些因素？可否谈谈人际关系或者生活经验？你喜欢与什么样的人交往？你喜欢独立工作还是与别人合作？与他人一起工作或独立工作，你更喜欢哪一种？你喜欢什么样的领导？你是否能说出你过去的上司的几个弱点？你想有个什么样的上司？你是否喜欢你老板的职位？你想要你上司的那份工作吗？有没有你不喜欢的老板？如果你想招聘人，喜欢怎样的人？我作为一个主试人，你如何评价我？你如何接受指导？你的管理风格怎样？请举例说明。描述一下你目前工作中昨天发生的事或上个工作中的普通一天。你是否同别人有效交流了？强调团队精神吗？有没有亲自动手？你目前或最近离开的工作团队怎样？简单谈谈工作团队的人员构成。描述一下团队四分五裂时的情形。出现这种结局，你从中扮演什么角色？请解释合作精神。你性格过于内向，这恐怕与我们职业不太合适吧？请说明你的工作如何与你所属部门以及整个公司的总体目标关联？给我讲讲你弄巧成拙的一次经历。

6.工作态度

你如何看待你所应聘的岗位？你如何评价你过去所在的单位？谈谈在工作上接受挫败的经验。你遇到过的最大的困难是什么？如果为了某事你受到批评怎么办？描述一个你的工作或主意受到批评的情景。你想怎样取得成功？你通过何种途径晋升？你认为业界发展如何？你对加班有什么看法？你最引以为自豪的成就是什么？你以往最大的成就是什么？你到本公司来后的30天内，最大的挑战将是什么？你有多少时间可以用来出差？对枯燥单调的工作你也愿意干吗？你认为你自己是个天生的领导，还是天生的随从？有没有别的公司愿意聘用你？如果本公司与另一家公司同时要聘用你，你如何选择？你将在这家公司呆多久？你有什么理由觉得你比你的一些同事更好？假设你的预算很充裕，你将怎么来装备和装饰你的办公室？你希望何时得到晋升的机会？你愿意接受公司的调遣吗？你是否愿意去公司派你去的那个地方？家庭和事业你觉得哪个更重要？你对倒茶、扫地、复印资料等琐事怎么看？如果公司派你到外地出差，你的男(女)友不同意你去，你该怎么办？

7.其他

你能提供一些参考证明吗？你觉得学历和工作经验哪个更重要？有想过创业吗？你对(任何有争议的新闻话题)有何看法？给我讲一个故事。你希望的待遇如何？(工资多少？多高报酬？薪酬要求？薪水期望值？最低薪金要求？)除了工资，还要什么福利最吸引你？你有什么问题吗？现在你可以向我提关于公司的任何问题。你还要什么疑问？我的问题问完了，你有什么要问我吗？如果我告诉你，你今天下午在这个面试上的表现很糟糕，你会说什么？

五 面试中应当避免的方面

1.不当提问

例如面试过程中，主考官问求职者："请问你有什么问题要问我吗?"如果求职者马上问道："请问你们公司的规模有多大？你们公司每年的营业额是多少？你们未来5年的发展规划如何?"诸如此类的问题。当然，一些公司在招聘前会向求职者介绍公司的情况，如果没有介绍，应是求职者在来面试前就应通过相关渠道如公司网站、公司宣传册来了解的，而不宜在面试过程中询问。这是求职者没有把自己的位置摆正，提出的问题已经超出了求职者应当提问的范围，容易使主考官产生厌烦情绪。主考官甚至会想：哪有这么多的问题？你是来求职的呢还是来调查的呢？

2.不当反问

如果主考官问："关于工资，你的期望值是多少?"应聘者马上反问："你们打算出多少?"这样的反问就很不礼貌，好像是在谈判，很容易引起主考官的不快和反感。

3.问待遇

"你们的待遇怎么样?""你们管吃住吗？电话费、车费报不报销?"有些应聘者一开始就急着问这些，不但让对方反感，而且会让对方产生"工作还没干就先提条件，何况我还没说要你呢"这样不好的想法。关心报酬待遇，这也是很多求职者选择用人单位的一个方面，也是你的权利。这无可厚非，但关键要看准时机。一般在双方通过双向选择，达成初步聘用意向时，再委婉地提出来。你不提出，对方也会涉及到。

待遇的多少是以你的价值来定，在你还没有进入公司前或还没有能体现你

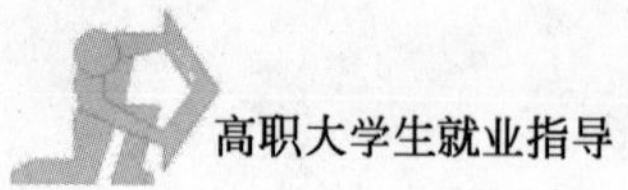

给公司带来的效益前，对方还不会给你开出很高的工资的。在行政事业单位，不同层次的毕业生，国家有相应的工资标准；在民营、合资、外资等企业，工资待遇是依据你的能力和给公司创造的效益来定的。一般来说，应届大专毕业生在见习或实习期间，不同的地区、不同的行业有不同的参考标准。在武汉地区，大专毕业生见习期的工资大约是在1000元左右。面试前，对于你的工资，他们已经有个初步的范围。

4.有熟人有关系

面试中急于表明自己的社会关系，不顾场合地说“我的某某亲戚在某某部门，好像是主管你们公司。”“我的某某关系和你们的某某领导关系很好。”“我认识你们单位的某某”、“我和某某是同学，关系很不错”等等。这些话主考官听了也会反感。如果你说的那个人是他的主管，主考官会觉得你在以势压人，如果是这样，把你招进去的话，说不定你对他在某些方面构成了威胁；如果主考官与你所说的那个人关系不怎么好，甚至有矛盾，那么你这样导致的结果很可能就是自我断送机会。总之，面试中尽量不要谈及与公司的社会关系。

5.套近乎

当前，大学生的就业形势依然严峻，想找到一份理想的单位和职位的心情是可以理解的，特别是你中意的公司和职位。但在面试中，不要与主考官攀校友、攀老乡、套近乎。甚至为了得到这份工作和职位，而阿谀奉承、唯唯诺诺，想请主考官帮忙。其实，越是如此，越容易让对方来寻找你的缺点，容易使主考官怀疑你的专业知识和能力方面的不足。

以下是哥斯达黎加行为研究院的专家加洛·格拉在哥斯达黎加《今日报》上的撰文，传授了面试者必须掌握的10个诀窍，也可以作为我们面试部分内容的一个小结。格拉的文章说，对面试者来说，最重要的是做好充分准备和保持积极心态，此外还要注意以下细节问题：

(1)第一印象很重要。和主考官握手一定要有力，以说明你的自信和热情；要两眼平视主考官，注意和考官们目光交流，而不要环顾四周；

(2)面试时要集中注意力。对主考官提出的任何问题都不要忽略；

(3)少说话。要避免滔滔不绝、夸夸其谈的陈述，回答问题时要具体明了；

(4)准时抵达面试地点。准时到达说明你重诺守信；

(5)不要在面试中表现出你非常迫切地希望得到这份工作，但也不要表现出你对这份工作毫无兴趣；

(6)着装要得体；

(7)要注意礼貌，多使用“请”“谢谢”“非常荣幸”之类的话语；

(8)不要有过多的小动作。面试中任何一个不经意的小动作，如不停地摸头发、玩圆珠笔、不停地舔嘴唇等，都会让主考官对你的印象大打折扣，因为这些行为反映了面试者的紧张情绪；

(9)让主考官更好地认识你。向主考官简明扼要地介绍你的才能以及你打算怎样在工作岗位上发挥作用；

(10)在面试之前一定要仔细了解用人单位的特点和工作范畴。

第三节　笔试技巧

笔试是用人单位对求职者的一种考核办法，目的是了解求职人员的文字组织和表达能力、综合分析能力、知识面以及对应聘职位所需专业知识的掌握情况。通常用于一些专业技术要求很强和对录用人员素质要求很高的大型企事业单位，如一些涉外部门、技术要求很高的专业公司及国家机关选聘公务员等。

对于我们高校毕业生来讲，已经经历了无数次的笔试考验，我们现在再谈笔试，在答题技巧方面应该无须说得太多。只需在某些方面再作些提醒和强调。

求职过程的笔试，不同于专业考试，卷面的整洁、字迹的端正是非常重要的。招聘单位往往先不看答题内容，而是从求职者的卷面来了解、联想求职者的思想、品质、工作态度等。卷面不整、字迹潦草的人，相对来讲也许是不可靠的；卷面整洁、字迹端正、一丝不苟的人，至少是态度认真、作风细致。随着电脑的普及，国人似乎不太重视书法的练习了，“字如其人”，有很多场合还是需要手写的。书法也是一个人、一个单位的门面。建议大家平时还是要抽出一定的时间来练练书法，一是能练成一手好字，可以增强自信心，二来也可修身养性。在实际工作中，的确有人因自己的书法太差而不敢出手。

笔试的分类

1. 专业考试

这种考试主要是检验应聘者是否能达到所要求的专业知识水平和相关的实际能力。对于高职高专的学生，主要的还是动手能力。一些专业性很强的公司在招聘职业院校的毕业生时，是希望招聘到的员工能尽快适应岗位要求，在尽可能短的时间进入角色。他们专业知识的笔试有时很简单，比如某家公司需要预算员或造价员，他就会提供一张或一套图纸，让求职者在规定的时间内较为准确地完成尽可能多的计算内容。

2.智力测试

主要测试应聘者的分析和观察问题能力、综合归纳能力、思维反应能力。

3.技能测试

主要测试应聘人员处理问题的速度和效果，检验对知识和智力运用的程度和能力。

二 笔试要注意的方面

1.了解笔试内容，做到心中有数

文化考试是为了检验毕业生的实际文化程度。参加考试以前，应针对考试内容适当做些准备，尽可能充分发挥自己的水平，争取考出好成绩，以获取面试的机会。要注意的是，这类考试与我们在学校期间的学业考试有较大的区别，题目类型以活题较多。

2.了解笔试重点，掌握笔试方法

用人单位的笔试重点是常用的基础知识。所以在笔试时，要注意以下几点：

(1)不要把复习重点放在难点、怪题上，要把基础知识掌握好，在实际运用上下工夫。

(2)有时题量较大，其用意一方面考察知识掌握程度，另一方面考察应试能力。所以考生在浏览卷面后，要迅速解答较容易的题目，余下的时间再认真推敲其他题目。

答题时要掌握好主次之分。要抓住重点题目下工夫，认真答写，充分显示自己的知识水平。

(3)遵守考场纪律，自信自觉诚信

提前熟悉考场，了解考场注意事项，携带必备的证件和文具。在规定的时间准时到达，不能迟到。必须严格遵守考场规定，绝对不允许作弊或搞小动作。这也反映了求职者的基本素质，用人单位是非常看重这一点的。

第七章 自主创业与自谋发展

第一节 创业意识

创业教育(enterprise education)是联合国教科文组织于1989年底在"面向21世纪教育国际研讨会"上提出来的。在这次会议所阐述的"21世纪的教育哲学"中提出了学习的"第三本护照",即创业能力的问题,要求把创业能力提高到目前与学术性和职业教育同等的地位。该组织还于1999年4月在汉城举行的第二届国际职业技术教育大会中,突出强调要加强创业教育,着重培养学生的创业能力。

关于创业教育的内涵,联合国教科文组织指出:"从广义上来说,创业教育是指培养具有开创性的个人"。对于大学而言,创业教育主要是指以开发创业基本素质为目标,通过课程体系、教学内容与方法改革、开展第二课堂以及开设创业课程、资金资助、提供咨询等方式,培养大学生的创业实践活动所必须具备的知识、能力以及创新意识、创业精神等教育。

在我国高等教育领域,创业教育的出现始于1998年清华大学第一次进行创业计划竞赛。2002年,为适应社会经济发展对高等教育人才的需要,提高人才培养质量,促进高等学校创业教育活动的开展,教育部确定中国人民大学、北京航空航天大学、上海交通大学等9所高等院校为创业教育试点学校。目前,各试点院校的创业教育活动各具特色,形成了自己的模式,取得了一定的成绩。

一 创业意识的养成

(一)创业意识的重要性

创业意识及其支配和产生的创业活动对于个人乃至民族的发展有着重大的意义。近年来,商品经济时代的飞速发展,使铁饭碗时代一去不复返,取而代之的是越演越激烈的失业危机和就业压力。此时,商海开始酝酿一股新的浪潮——创业热潮。创业一方面可以解决自身的就业问题,获得精神和物质上的满足,另一方面,创造了更多的就业机会,在一定程度上解决更多人的就业问题。这无疑是缓解就业压力的一个现实而非常有效的途径。众所周知,就业压力的缓解对于家庭和谐,社会稳定,民族经济发展强大至关重要,并构成稳固社会主义建设事业环境的一个必备因素。如今,创业热潮已成为澎湃于浩渺商海的一道风景。而广大有活力,有抱负,高素质的大学生亦在这股创业热潮中一显身手。要创业就得从培养创业意识入手,因为意识是行动的指南。创业意识集中体现了创业素质的社会性质,支配着创业者对创业活动的态度和行为,是创业素质的重要组成部分。为此,我们要强化大学生的创业意识,做好创业的精神准备,开拓进取,有所作为。

(二)大学生创业意识现状分析

我们认为正确认识和理解创业对于大学生创业意识的培养以及创业活动的开展至关重要。为此,我们在问卷中设计了一些问题重点了解大学生对创业的理解。我们发现当代大学生对创业的理解主要体现在以下几个方面:

1.理解创业概念,树立创业意识

社会经济的发展使成功的创业者和企业家成为人们,尤其是青年人仰慕的对象。这一客观因素在一定程度上影响了大学生对创业概念的理解及创业意识的树立。在问卷调查中,79%的大学生认为只要创立一份事业都可以叫做创业,64%的大学生有创业的想法,28%不确定有无创业想法。这表明,当今大学生能较为清晰地认识到创业的价值与意义,并对创业抱有较强的热情和愿望。

2.明确创业目的,实现自我价值

创业的目的取决于个人的价值观。积极向上的价值取向可以给予创业者强大的动力。在我们的问卷调查中,51%的大学生把实现自我价值作为创业的主要目的,26%的大学生选择“创业能自由掌握自己的时间,可做想做的事”,这与当代大学生的特点不无关系。当代大学生自主独立意识不断增强,张扬自我个性，实现自我价值的信念在大学生心目中愈加强烈，这也为大学生实施创业活动提供了必要的心理准备和精神动力。

3. 勇于承担风险，浓化创业意识

创业的过程就是开辟新的基业的过程。要创新就会有风险。正确的面对创业中的困难是实事求是的具体体现。本次问卷调查中，面对创业风险，55%的大学生认为创业风险是个学习的过程，并有34%的认为创业风险可用来磨炼自己。这表明，多数大学生能较客观理性地面对创业风险，这至少为大学生创业增加成功的几率。因为只有在创业之前清楚客观的认识创业的风险，才可以有的放矢地处理创业中遇到的困难。

(三)创业意识的树立

创业意识是指在创业实践活动中对创业者起动力作用的个性意识倾向，它包括创业的需要、动机、兴趣、理想、信念和世界观等要素。创业意识集中表现了创业素质中的社会性质，支配着创业者对创业活动的态度和行为，并规定着态度和行为的方向、力度，具有较强的选择性和能动性，是创业素质的重要组成部分，是人们从事创业活动的强大内驱动力。

创业意识的形成，不是一时的冲动或凭空想象出来的，它源自于人的一种强烈的内在需要，即创业需要。创业需要是创业活动的最初诱因和最初动力。当创业需要上升为创业动机时，就形成了心理动力。创业动机对创业行为产生促进、推动作用，有了创业动机标志着创业实践活动即将开始。而创业兴趣可以激发创业者的深厚情感和坚强意志，使创业意识得到进一步升华。一般在创业实践活动取得一定的成效时，便引起兴趣的进一步提高。创业理想是属于创业动机范畴，是对未来奋斗目标的向往和追求，是人生理想的组成部分。有了创业理想，就意味着创业意识已基本形成。创业者为了实现创业理想，在创业活动中经过艰苦磨炼，又逐渐建立起创业的信念。创业信念是创业者从事创业活动的精神支柱。创业世界观是创业意识的最高层次，是随着创业者创业活动的发展与成功而使创业者思想和心理境界不断升华而形成的，它使创业者的个性发展方向、社会义务感、社会责任感、社会使命感有机地溶合在一起，把创业目标视为奋斗目标。

(四)创业意识的培养

大凡有成就的人，无不经过艰苦创业。创业的过程也是锻炼的过程，是不断学习提高、不断发展的过程。通过创业，可以使自己的事业得到发展，实现自身

价值的最大化；可以激活人才资源和科技资源，使得许多新创意、新科技、新发明、新专利迅速转化为现实的产业和产品，实现对社会贡献的最大化。21 世纪的知识经济给社会带来了巨大变革，尤其是知识产业化、信息产业化的迅速发展，既给我们带来严峻的挑战，也给我们提供了发展的机遇。树立与培养毕业生的创业意识，指导毕业生走上自主创业之路不仅能帮助毕业生成长、成才，还可以拓宽毕业生就业渠道，增加社会就业岗位，实现就业渠道的多元化。

(1)树立远大理想坚定报国信念。坚持用科学的理论武装头脑，树立正确的人生观、价值观和世界观，坚定为实现中华民族的共同理想，为祖国的现代化建设奉献自己的智慧和力量的决心。

(2)不畏艰难，敢于拼搏。培养强烈的事业心和责任感，刻苦钻研，勤奋工作，努力学习，牢固掌握专业知识及技能；树立高标准、严要求，不怕困难，勇于创新、敢于创业，争创一流的思想，从而激发创业意识。

(3)培养脚踏实地的工作作风。在日常工作与学习中，要坚持解放思想与实事求是相统一，既要敢想敢干，又要求真务实；积极参与各种创业与创新活动，在活动中感受创业情境。

(4)积极投身社会实践，养成善于观察、勤于思考的良好习惯。在实践中锻炼自己，了解社会、了解自我，完善素质、提高能力；通过对事物的观察和思考，激发创业需要，树立创业理想，坚定创业信念。

(5)摒弃安逸思想，培植个人求发展的心理。创业活动过程会遇到很多困难，如果没有坚定的创业信念，仍抱着随遇而安的安逸思想是不可能成就一番事业的。在生活工作中要注意培植个人求发展的心理，积极进取，不安于现状，使创业需要发展为创业动机。

(6)发展健康个性与兴趣。健康的个性与兴趣可以激发创业者的创业热情，升华创业意识，是创业意识形成的重要因素。因此，要创造可发展健康个性和兴趣的自由空间，积极参加兴趣小组和社团的活动，有意识地培养兴趣、发展兴趣。

二 创业精神的确立

我国正处在一个伟大的变革的时代，特别是在加入世界贸易组织协会以后，随着社会主义经济市场化和经济全球化的进一步推进，人们的生产生活方式、社会关系、价值观念乃至文明形态都在发生着日益深刻的变化，社会对人才的需求已经逐渐变化。如何培养和塑造能够适应这种变化并在社会变化中有所作为的人才，是当代中国高等教育改革与发展面临的重要课题。高等学校要担负起全面推进素质教育，培养高素质的创新型人才的历史使命。

创业精神是一种理念，这种理念贯穿于高等学校的课堂教学和课外活动之中，培养学生的创新意识、创造精神和创业能力，使学生毕业后大胆走向社会、自主创业。开展大学生创业教育，包括课程设置、实践活动、教学体制改革、教育评价模式的改革等。但不外乎一方面是创业思想教育，另一方面是创业技能教育。创业思想教育是创业技能教育的基础，创业思想教育包括创业意识的培养、创业动机的确立和创业心理品质的养成，目的是为了让受教育者形成正确的创业思想。开展创业思想教育，关键一点就是创业意识的培养，使学生变被动接受就业指导为教会学生主动或自主创业。既要鼓励学生敢于在新兴的领域和行业去艰苦创业，也要支持学生敢于自主创业，学会自我发展，培养学生具有创业的胆量、勇气和开拓创新精神。

（一）大学生独立创业精神的内涵

人才的培养受社会的经济、政治、文化的制约，在计划经济体制下，形成的“国家下达统一招生计划、统一考试招收学生、国家包上学、国家包分配”的高等教育体制，大学生毕业时由国家下达统一的指令性分配计划，由各级人事部门和高校按计划把毕业生分配到各用人单位，全部毕业生都有工作单位，这使毕业生和用人单位都处于被动地位，而且养成了从学校到学生对国家管理机构的依附心理，随着我国社会主义市场化，逐步形成了“供需见面，双向选择”的就业模式，这种新的就业模式，使毕业生和用人单位从被动服从的地位，变为就业市场中两个平等、互选的主体，双方都有自主的选择权，这就要求大学生要有更高的素质来面对选择，更强的独立创业者精神来迎接挑战。现在大学生适应社会变革所要努力培养的具有独立创业精神，其基本内涵体现在以下几方面：

1.要有独立生存的自信心

有学者认为，从“学会学习”、“学会生存”到“学会关心”主题的转换，意味着当代教育的一种转型。

显然，这里所谓“生存”，不是指一个人自然生命的存在与延续，而是指具有主体意识的人独立开辟生活道路、并自主创造人生价值的能力。传统人格对国家、对社会、对家庭具有较强的人身依附性，“在家靠父母、出门靠朋友”，“工作靠国家、发展靠关系”等等就是这种依附心理的体现。而现代人格强调生命独立自主，有独立面对生活，迎接挑战的勇气和信心，其中包括在不同环境中从事不同职业、遇到各种情况时人际交往能力、应对和处理问题的能力。

2.要有不断创新的进取心

抱守古训、因循成法,在传统社会中往往受到称道,而在各种变革日新月异的现代社会,它已成为社会发展与进步的障碍。"创新是一个民族的灵魂",也是现代人的灵魂。美国之所以能在向知识经济社会迈进的过程中发挥"领头羊"的作用,与美国文化中敢冒险、寻求变革和鼓励创新的精神有关,这种精神使美国人有一种超常规探索和迎接挑战的思维定式和构架。

3.要有广泛关怀的责任心

具有独立创业精神的人,不应当是信奉个人主义的自私自利者;相反,他应当具有广泛的人文关怀,充分表现出个人对社会、对国家、对他人的道义责任和法律责任;自觉履行这种责任,在社会生活中自觉把握和促进人与自然、人与社会的和谐发展。即使是在市场经济时代,真正接受过高等教育和大学文化熏陶的人,也应当超越现实功利,树立崇高的人生目标,不仅知道"何以为生",掌握生存的知识和技能,而且更要理解"为何而生",认识生存的意义和价值,始终坚持真、善、美的价值原则。

(二)大学生创业精神的特点

具有独立创业精神的高素质人才在实际行动中体现为以下主要特征:

1.对环境的主动适应能力

"物竞天择,适者生存"。具有独立创业精神的现代人,必然具有较强的环境适应能力,在人与环境的互动过程中,个体能够以前瞻性的思维与眼光做出预测与判断,并及时调整自己的人生目标和行动方案,以保持与变化着的环境的协调统一,而不是消极被动地等待和忍耐。特别是在知识经济、市场经济时代,知识技术的不断更新,职业岗位的不断转换,人际关系的不断变化,使得人们几乎始终处在一个陌生的社会环境中,这就尤其需要具备良好的自我调适能力,做到"与时俱进",无往而不胜。

2.对文化的综合能力

现代社会生活在最大限度上体现了文化的多元并存、传统文化与现代文化、东方文化与西方文化、主流文化与边缘文化等多种文化并存,使得许多人产生了深深的文化困惑,难以选择和研究个体的文化态度和生活方向。这种"文化不适应综合症",会严重损害人的创造能力和生活信心。作为一个具有独立创业精神的现代人,必须有更加宽阔的文化视野和思维空间,在坚持正确的思想方向和科学的世界观、人生观、价值观的前提下,始终把实践主体(包括个体、集体、国家和民族)生存与发展的最关键问题,"以我为主",大胆批判和选择,在此基础上,进行文化的再整合和再创造。只有这样,才能在市场化、全球化过程中辨清方向,确定目标,独立前行,开创一片新天地。

3.为理想而奋斗的实践能力

中国思想史上一个重要命题是"知与行"的关系问题,近代著名教育家蔡元培明确提出"好学力行",这在今天仍具有很强的针对性。传统高等教育的主要弊病之一就是重知轻行,片面地认为学生在大学阶段的主要任务是系统掌握各学科的理论知识,因而学生缺少必要的动手操作能力的训练。

认识世界的真理性固然重要,但问题在于改造世界。没有实践,理论上的科学构想就难以转化成现实生产力;没有实践,人生理想和价值追求永远只能是精神的"空中花园",难以转化成现实的文化存在。因此,实践观念的有无,实践能力的强弱,对于一个现代人事业的成败至关重要。在人们不断强调"学习、学习、再学习"的同时,也有必要强调"实践、实践、再实践"。具有独立创业精神的人,尤其需要不断提高实践能力,在实践中充分展示主体的本质力量。

(三)大学生独立创业精神的培养途径

国际21世纪教育委员会在《教育财富蕴藏其中》的报告中认为:"教育应该促进每个人的全面发展,即身心、智力、敏感性、审美意识、个人责任感、精神价值等方面的发展,使青年学生通过大学教育能够形成独立自主、富有批判精神的思想意识,以及培养自己的判断能力,以便由他自己确定在人生的各种不同的情况下他认为该做的事。"要实现这一教育目标,在大学教育中必须做到以下几点:

1.坚持知识、能力、素质的辩证统一

要培养具有独立创业精神的新型人才,必须坚持知识、能力、素质的辩证统一。知识是能力和素质的载体,包括科学文化知识、专业基础与专业知识、相邻学科知识,目前高等学校对相邻学科知识重视不够,要区分不同科类,加强这方面的教学工作。

能力是在掌握了一定知识基础上经过培养和实践锻炼而形成的。丰富的知识可以促进能力的增强,强的能力可以促进知识的获取。能力主要包括获取知识的能力、运用知识的能力、创新能力,其中创新能力的培养是高等学校的薄弱环节。素质是指人在先天生理基础上,受后天环境教育影响,通过个体自身的认识和社会实践,养成的比较稳定的身心发展的基本品质,高的素质可以使知识和能力更好地发挥作用,促进知识和能力进一步扩展和增强。坚持知识、能力、素

质的辩证统一，注重素质教育，重视创新能力的培养，才能适应21世纪经济社会发展对人才的需要。

2.突出创新能力的培养

高等学校实施的素质教育的重点是培养创新人才和为经济社会服务。而对学生创新能力的培养是当前大多数高等学校的薄弱环节。因此，在深化教学改革中，必须突出对学生创新能力的培养。要尊重学生的个性发展，爱护和培养学生的好奇心、求知欲，帮助学生自主学习，独立思考，保护学生的探索精神、创新思维，营造崇尚真知，追求真理的氛围，为学生的禀赋和潜能的充分开发创造一种宽松的环境。要让学生感受、理解知识产生和发展的过程，培养学生的科学精神和创新思维。

3.努力提高学生的实践能力

理论与实践的脱节，造成学生的动手能力不强是当前高等教育工作中亟待解决的一个重要问题。在高等教育中，要充分认识到学生是主体，要转变长期以来形成的由教师单向传授知识，以考试分数作为衡量教育成果的唯一标准，以及过于呆板的教育制度。创立、创建学生能进行综合动手试验的外部环境，鼓励学生利用课余时间参加一定的社会实践活动，增强学生对社会的了解并进而加强对社会的适应能力。

21世纪是信息的时代，要重视和加强培养学生收集处理信息的能力、获取新知识的能力、分析问题和解决问题的能力。

4.加强学生心理素质的锻炼

依据大学生的心理特点，有针对性地讲授心理健康知识，开展辅导或咨询活动，帮助大学生树立心理健康意识，优化心理素质，增强心理调适能力和社会生活的适应能力，预防和缓解心理问题。帮助他们处理好环境适应、自我管理、学习成才、人际交往、交友恋爱、求职择业、人格发展和情绪调节等方面的困惑，提高健康水平，促进德智体美等全面发展。主要是宣传普及心理健康知识，使大学生认识自身，了解心理健康对成才的重要意义，树立心理健康意识；介绍增进心理健康的途径，使大学生学会自我心理调适，有效消除心理困惑，自觉培养坚韧不拔的意志品质和艰苦奋斗的精神，提高承受和应对挫折的能力。

总之，独立创业精神的培养既取决于客观条件的许可，更依赖于学生主观的努力，作为学校要营造有利于人才脱颖而出的氛围，积极培养学生的独立创业精神，为培养现代社会所需要的人才而努力。

三 创业道路的选择

(一)什么叫做创业

很多人,特别是一些刚离开学校没几年的年轻人,认识上有着很大的误区。中国有古话说“男人三十,成家立业”,“业”是什么?“业”就是一份稳定的事业。

从收入角度来说,可以让你和你的全家过上比较舒适的生活,能够赡养你的父母,能够抚养你的孩子,全家还能够出去旅游,去娱乐……

从名誉的角度来说,在社会阶层中(我们不要否认阶层的存在),你进入了至少中产阶层,全社会虽不仰慕,但至少尊重你。

可是很多毕业大学生认为,创业就是要拥有完全属于自己的企业,要拥有巨额的财富,要名车美女,出入各种上流场合。

这不是创业心态,这是暴富心态。

(二)关于暴富

在这个社会中,我们不排斥暴富,如果有暴富的机会而又无多大风险,我也一定挤破脑袋去抢。但是大家应记住一句话“商场没有惊喜”。绝大部分创业者还是相当吃苦耐劳的,他们承受创业的艰辛,疲惫,紧张,失落,沮丧……

但是应该认识到,创业应当辛苦,但不应当艰苦。如果经营自己的企业非常艰苦,甚至于如履薄冰,每日胆战心惊。就应当怀疑和反思,自己可能已经走错了。

(三)打工和创业

创业不代表一定要拥有完全属于自己的公司,其实这是一种江浙的“老板文化”,职业经理人的道路也是一种创业,我们称为企业内部创业。比如大企业中“事业部”的形态就是典型的企业内部创业的范例,依托企业的平台和资源,事业部独立核算。

总计下来就是:创业是我们离开学校踏上社会之后为自己打造一份事业基础的过程。

(四)分析自己适合走怎样的创业之路

1.性格分析

人力资源体系将领导类型分为 6 种。

有些人擅长战略规划而不善执行，有些人擅长执行但不擅长作秀(包括演讲，推销，包装等)，有些人性格果断，有些人性格细致考虑周到，有些人温和，有些人严厉。

这些都决定了你适合走什么样的道路。

具备任何一种性格的人都只适合成为职业经理人，而真正能够自己创立企业并且成功的人都是同时具备所有优秀性格的人。万里挑一!

2.资源分析

即便你属于那一万个里面才有一个的人，创业时机也是非常重要的。

创立一个成功的企业是需要全方面资源配合到位才可能的。包括但不仅包括资金，产品或技术，人力资源，法律，产业背景，管理能力，行业竞争，好的商业模式，客户资源。

具备以上所有资源的初创企业能够顺利度过第一阶段进入发展期的概率是70%。缺少任何一项资源，那么成功概率将迅速降低到10%以下。

这就是为什么大学生创业的成功者寥寥的原因。

(五)创业分析

创业代表你进入了一个领域，开始要自己带兵打仗了。

孙子兵法说:“夫未战而庙算胜者，得算多也;未战而庙算不胜者，得算少也。多算胜少算，而况于无算乎！吾以此观之，胜负见矣。”

也就是说，事业就必须方方面面考虑清楚，否则就是少算甚至于无算。

需要创业者可以依据以下方法给自己分析。

1.进入选择

(1)看你进入的产业，创业者进入的产业应当是已经处于上升期但还没完全达到大规模发展阶段。

处于下降期的产业说明进入企业已经太多，竞争激烈，几乎都是以规模效应来竞争的环境了(比如IT的网游，网络设备，PC电脑等)，一个新成立的公司如何去做规模竞争？而且新创企业必须考虑发展，产业已经处于下降，有何发展前途?

而正好到达巅峰的产业需要的是创业者立刻进入战场厮杀，但是初创企业需要磨合，需要练兵，等你准备完，市场已被成功者瓜分。

(2)应当选择自己具有优势的领域进入。

所谓优势，包括:

①你有现成客户，典型如很多外贸公司的销售人员出去自己创业，把自己积累的客户带去新公司。

②你拥有技术，比如学徒工满师后自己开店，比如你先天具备某一领域的专长。

③如果上面都没有，你的至亲好友中有着某方面特殊资源的人。

④如果什么都没有，你就不太适合独立创业。

2. 资源选择

选择好进入的行业之后，应当仔细分析去做该行业所需要具备的其他资源以及能力了。

第一就是资金，每个领域需要的资金投入都各自不同，但是如果你是白手起家，又无任何足以打动风险投资人的项目的话，那么就不能选择独立创业。

在资金测算上，依照以下计算：

开办注册费用，参考各地。

办公费用(房租，水电，物业，家具，办公用品，易耗品)按 12 个月计算。其中房租按 13 个月计算，因为押金。

人力成本(工资，福利，管理成本，电话费，招待费，差旅)按 12 个月计算。

采购成本(按周转率 2 倍计算)

这些都是基础的，是初创企业必须承担的费用，按 12 个月计算是因为初创企业一般来说一年内要做好没有业务收入的准备。也就是说资金至少要撑够一年，这样才有可能在企业状况不佳时，在 7、8 个月的时候考虑转变。

第二是人力资源：

合作者，你可能不具备所有资源，所以需要合作者来弥补。因此选择合作者的要素是资源上和你互补(而不是感情融洽)，其次才是考虑性格问题。

员工，初创公司在员工的选择上其实与合作者是很相似的。(初创员工绝大部分都会转为公司成功后的合作者)。选择员工一样是需要和你互补。比如你拥有技术而销售能力欠缺那么你应当以招聘适合的销售为主。

第三是投资人选择：有些朋友或许拥有比较好的技术或者项目，有些朋友公司已经到了一定阶段可以吸收风险投资了。但是这个时候往往大家沉不住气，似乎有钱就想快点拉进来。

其实这个世界上钱很多，但付钱都是有代价的，别人的目的是想从你身上赚到更多的钱，而你也应当选择对你最有利的投资人。

选择的原则是以互补为基础。投资人给你带来的不应当只是钱。投了钱进来，你出让了股权，这个代价比银行贷款要高很多很多。除了钱，投资人应当能够给你的企业带来更多的品牌提升，更多的业务，更好的管理……这样才是最合适你的投资人。

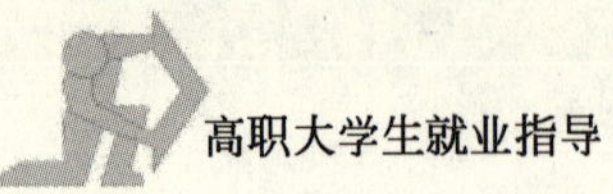

第一次融资的企业最适合寻找与你关联行业的行业投资人，比如你开印刷厂，如果让造纸厂投资你那是最漂亮的。

如果已经到了一定规模，甚至于IPO之前的企业，那么著名的境外机构投资人是你应当争取的对象，它将给你带来很强的知名度提升以及严谨的财务管理体系。

第二节 自主创业环境和条件分析

 创业心理障碍的消除

鼓励学生自主创业已经成为解决大学生就业问题的一个重要通道，然而，来自南开大学的一份学生调查显示，89%的大学生已对创业产生恐惧心理，并明确表示不会选择自主创业。

为什么在社会关注度日益提高的同时，大学生创业却有如此低迷的数据，大学生创业心理的"冰河时代"是如何产生的？大学生创业究竟难在哪儿？对此，受南开大学"百项工程"资助的商学院学生课题小组对南开大学、天津大学、天津师范大学、天津财经大学、天津理工大学、天津科技大学、天津外国语学院、天津商学院8所高校的全日制本科生进行了为期两个月的调查。共发放问卷1000份，回收有效问卷621份。

究竟有多少大学生毕业之后打算创业？调查发现，尽管社会对于大学生创业的关注度很高，但是毕业后打算就业和考研的学生还是占了绝大部分，约为总人数的78%，并且打算考研的比例略高于打算就业的人数比例，打算出国的学生占到被调查的总数的11%。因此，就业、考研、出国三项合计89%，而打算创业的只有不到11%，在四项选择中所占比例最小。

接下来，在回答"为什么不选择自主创业"这一问题时，上述89%的学生几乎全部选择"失败率高"这一选项。课题组认为，这个数据说明严峻的市场竞争、创业失败的例子已让大学生对创业怀有恐惧心理。在对不到11%(67个人)打算创业的学生进行创业动机调查中(多项选择)，创业动机是运用自己的知识，成就一番事业的所占比例超过了50%；居第二位的是自己当老板，赚更多的钱，占了38%；选择挑战自我的人占到了28%，居第三位；只有5个人(7.4%)的创业动机是为了解决就业。这些都说明了大学生毕业后创业存在着非常大的心理障碍。

(一)正视创业心理障碍

大学生干个体,说没有心理障碍,那是假的。对自己的心理障碍采取不承认主义,那是下策,也不能解决问题。

在大学生心理障碍中最首要的是"面子抹不下来"。"面子抹不下来",首先是因为自己大学毕业没找到工作,和那些已经找到工作的同学相比,觉得自己在同学面前"抬不起头"。他们的共同体会,就是心理不平衡。凭什么别人能够找到工作,凭什么自己就得白手起家干个体?想不通。虽然上学的时候,说到比尔·盖茨、张朝阳、杨致远这些IT精英,个个都是大学生心目中的创业英雄,个个都想干一番事业,但是,一旦事到临头,轮到自己去干个体,就觉得不服这口气。这个弯子转不过来。要转这个弯,别人一点帮不上忙,只能在旁边干着急。有个同学说:"跟市场赌气,就是跟自己过不去。"只有自己想通了,"条条大道通罗马",自己创业没有什么丢人,这才能有具体的行动计划。

"面子抹不下来",其次是因为自己白手起家创业,一点资金积累也没有,多多少少需要向父母伸手,觉得自己在父母面前"开不了口"。以那位办文印店的同学为例,自己是学中文的,结果工作没找到,自己看到一些文印店为参加招聘会的同学设计和复印求职材料、论文之类,很赚钱,于是就在高校附近租个门面办文印店,先立足。这已经很没面子了,但是租房要先交一年的租金,买一台复印机、一台电脑,一下子也要不少钱。尽管各地为了鼓励大学毕业生自主创业,都出台了一些简化审批手续、免征所得税等新措施,但是,必要的成本还是需要父母援助。感到挺对不起父母的。后来想通了,就当借吧,谁没有这个过程?

"面子抹不下来",同时是因为自己在大学里学习的专业,创业的初始阶段很可能一点不搭界,将来能不能专业对口也没有把握,觉得自己在社会上"窝囊透顶"。有些同学认为,现在就业压力越来越大,萌发"自己做老板"的念头也是无奈的选择。自己创业还会涉及很多意想不到的事情,除了要有生意头脑外,还要有资金、专业技术、创业背景、懂得市场运作等,不可避免会遇到很多挫折和失败的痛苦。

创业也是就业,是更高层次的就业。大学生干个体,这条路看来是大势所趋。既然如此,迟上路不如早上路。

(二)建立良好的创业品质

如今虽是创业的年代,但老板并非人人能当,更并非所有的创业者都能获得成功。就如同古时行走江湖的侠客不仅要有随身称意的兵刃,更需具备几手"必

杀技”。一般，创业，除需具备资金等外部条件外，同样更需要具备一定的心理素质和个性方面的特征，即所谓“创业品质”。

1.诚信——创业立足之本

人来到这个世界上，每一个人都不可能独自存在，而总是和各种各样的人，以及各种各样的组织和团队发生关系。你必须同与你发生关系的人、组织、团队建立一对一的“亲密朋友”系统，绝对诚信对方。否则，对方不信任你，你就会被对方抛弃。

有一位才华横溢、持有双博士学位的人，他曾在牛津大学修完了法律课程，又在哈佛大学修完了工商管理课程。而且，他还写得一手好文章，在多家报纸担任专栏作家，经常到一些大学里讲授写作知识，他的口才也相当棒，他的演讲颇具煽动性，能够把数千人的热情点燃。这样的人才，在就业方面有很大的选择余地。但是他却在为找工作的事发愁。

原来，他的名声太臭了，几乎没有企业愿意用他了。而他的名声之所以臭，是因为缺乏对企业的忠诚。

1993年，他修完了全部博士课程，先是在一家计算机公司担任常务总监，工作不到半年，他向竞争对手出卖了公司的市场开发机密。

拿到出卖机密的款项，他跳槽到一家制药企业担任策划总监。三个月不到，他听说另一家制药企业待遇更好，便以自己掌握有重要的新药开发资料为诱饵让那家企业聘用了他。新东家看中的是新药开发资料，而不是他这个不忠诚的双料博士，资料到手后，新东家辞退了他，并将他列入永不聘用“黑名单”中。

好在当时他的名声还没有臭很远，找工作并不难，他很快又进入了一家电气公司，新公司聘他做总裁。遗憾的是，这个“人才”更加不珍惜工作机会，他再一次出卖了老板，还把公司一批骨干人员带走，自己当老板去了，并开了又一家电气公司。自己开的公司没有存活下去，半年不到就关门了，他只得又去打工。

从1993年到1998年五年多时间里，除去自己当老板的那一小段时间，他一共到了21家单位，也先后背叛或出卖了21家单位。

他是一个很有能力的人，加之他总是担任高层主管，所以他的背叛或出卖沉重地打击了聘用他的21家企业。他因此非常引人注目，而且又是才华横溢的双料博士，他很快就臭名昭著了。

但是，到头来他才发现，最受打击的，还是他自己，因为他被贴上了“不忠诚”的标签，成了一个不受欢迎的人，被多个行业的企业列入黑名单，几乎每一个了解情况的老板都表示绝不聘用他。

才华横溢又怎样呢？缺了诚信，谁也看不上你的才华，双料博士找不到工作，这是多么悲哀的事情啊！

在这个任何人都越来越无法脱离组织和团队的社会里，一个人没有诚信就活不下去。一个丧失诚信的人，不仅丧失了机会，丧失了做人的尊严，更丧失了立足之本。即使是那些从你身上获取好处的人，也会鄙视你，远离你，抛弃你。

市场经济已进入诚信时代，作为一种特殊的资本形态，诚信日益成为企业的立足之本与发展源泉。

创业者品质决定着企业的市场声誉和发展空间。不守"诚信"，或可"赢一时之利"，但必然"失长久之利"。反之，则能以良好口碑带来滚滚财源，使创业渐入佳境。

2. 自信——创业的动力

日本八佰伴集团创始人和田一夫开始时仅经营一家小水果铺，还被一场大火烧得赤手空拳。但是，在"不摧毁旧的，就不能建设新的"信念支持下，他最终东山再起，成为名噪一时的创业家。

人的意志可以发挥无限力量，可以把梦想变为现实。对创业者来说，信心就是创业的动力。要对自己有信心，对未来有信心，要坚信成败并非命中注定而是全靠自己努力，更要坚信自己能战胜一切困难。

3. 勇气——视挫败为成功之基石

硅谷有着"创业大本营"的美誉，在这儿，每年都有数以万计的企业倒下，同时也有成千上万的创业者一夜暴富。美国知名创业教练约翰·奈斯汉说："造就硅谷成功神话的秘密，就是失败。失败的结果或许令人难堪，但却是取之不尽的活教材，在失败过程中所累积的努力与经验，都是缔造下一次成功的宝贵基础。"

成功需要经验积累，创业的过程就是在不断的失败中跌打滚爬。只有在失败中不断积累经验财富，不断前行，才有可能到达成功彼岸。美国 3M 公司有一句关于创业的"至理名言"：为了发现王子，你必须与无数只青蛙接吻。对于创业家来说，必须有勇气直面困境，敢于与困难"接吻"。

4. 领袖精神——创业的无形资本

一只狮子领着一群羊，胜过一只羊领着一群狮子。这一古老的西方谚语说明了创业者领袖精神的重要性。企业成功离不开团队力量，但更多层面上取决于领导者本人。创业者是企业的一面精神旗帜，其一言一行都将影响企业的荣辱兴衰。

企业文化被称作企业灵魂和精神支柱。而企业文化精髓就是创业者的领袖精神，这是凝聚员工的一笔"不可复制"的财富，更是初创企业生存和发展的关键。

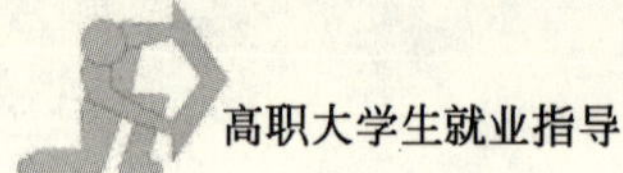

许多优秀的跨国企业中，这种领袖精神随处可见。摩托罗拉公司对高尔文“摩托罗拉大家庭”理念的继承，戴尔公司对戴尔“效率至上”原则的推崇，都证明了企业领袖精神的重要性。对创业者来说，注重塑造领袖精神，远比积累财富更重要，因为财富可在瞬间赢得或失去，但领袖精神永远是赢得未来的无形资本。

5.爱心——创业成功的催化剂

在竞争日趋激烈的今天，产品和企业的公众形象定位，对创业成功与否起着关键作用。富有爱心，则是构成诚实、良好商业氛围的重要因素。从某种角度看，爱心是创业成功的“催化剂”。

惠普创始人戴维·帕卡德提出：“一个企业对社会的责任远远重要于对股东的责任。”这位亿万富翁住在一栋简朴的房子里，却为许多大学和公益基金会捐了无数款项。

企业通过积极承担社会责任，热情支持公益事业，形成良好的社会口碑，反过来对企业的发展将产生强劲的支持作用。一位成功人士就曾感叹说，有时候花再多的钱做广告，不如多做一些对社会有益的事情，更能起到事半功倍的效果。

6.社交能力——借力打力觅捷径

以往人们总是强调自主创业，但如今这种观念正在改变，人际关系在创业中的作用逐渐加大，人脉圈日益成为创业信息、资金、经验的“蓄水池”，有时甚至在商业活动中能起到四两拨千斤的神奇功效。

目前“朋友经济”在招商中的作用日益显现。北京大学中国金融投资家俱乐部的成员就包括投资公司老板、证券商、银行家以及政府部门金融方面官员，他们手中掌控着1200亿元资本和无限商机。

在当今提倡合作双赢的时代，过去那种单枪匹马的创业方式已越来越不适应时代需求。扩大社交圈，通过朋友掌握更多信息、寻求更大发展，日益成为成功创业的捷径。

7.合作能力——趋时避害形成合力

携程计算机技术(上海)有限公司总裁季琦告诉青年创业者，“携程网”的成功，除了抓住当初互联网快速发展的契机，有一个良好的创业团队是关键。

“携程网”的团队成员来自美国Oracle公司、德意志银行和上海旅行社等，是技术、管理、金融运作、旅游的完美组合。大家在一起创业，分享各自的知识和经验，同时也避免了很多创业“雷区”。

8.创新精神——创业成功的维生素

金利来领带的创始人曾宪梓说：“做生意要靠创意而不是靠本钱！”在竞争激烈的市场中，缺乏创新的企业很难站稳脚跟，改革和创新永远是企业活力与竞争力的源泉。

万科集团在1988年发行了大陆第一份《招商通函》，目前该公司已成为全国房地产知名企业和中国最具发展潜力的上市公司；上海复兴高科积极推进与数十家国有企业合资合作，用民营企业机制同国有企业资产实行有效嫁接……这些企业的成功，都离不开创业家挑战成绩、自我加压、勇于创新的精神。

9.魄力——该出手时就出手

商海女杰菲奥里纳在面对戴尔、IBM等领先者时对惠普员工说：以前我们要做到95分才推出，现在我要求80分时就推出，然后慢慢改进；以前是瞄准、准备、开火，在网络时代里，瞄准了就要开火，没有时间准备。

在创业界，往往是风险与机会并存。创业者必须善于发现新生事物，并对新生事物有强烈的探求欲；必须敢于冒险，即使没有十足把握，也应果断地尝试。

10.敏锐眼光——识时务者终为俊杰

张明正拿到电脑硕士学位后，选择了被时人称为“旁门左道”的防病毒软件作为主攻方向。1999年4月，第一个通过电子邮件传播的“梅丽莎”病毒忽然爆发，正当众多IT企业无计可施时，张明正的“传奇故事”诞生了，他的“解药”被大量使用，他创立的趋势科技公司目前市价已逾100亿美元，张本人也先后两次被美国《商业周刊》推选为“亚洲之星”。

生意场上，眼光起了决定性作用。很多资金不多的小创业者，都是依靠准确抓住某个不起眼的信息而挖到“第一桶金”的。市场经济刚起步时，机会特别多，好像做什么都能赚钱，只要你有足够胆量和能力。但如今每个行业每个领域都有人做，激烈的市场竞争宣告“暴利时代”已经结束，取而代之的是“微利时代”。因此，创业机会必须靠创业者自己发掘。

阅读材料

六种创业心理品质

创业心理品质对创业实践起调节作用。研究表明，下列6种心理品质对创业实践影响较大。

1.独立思考、判断、选择、行动的心理品质

创业既为社会积累物质财富和精神财富，又是谋生和立业。创业者首先要走出依附于他人的生活圈子，走上独立的生活道路。因此，独立性是创业者最基本的个性品质。这种品质主要体现在：一是自主抉择，即在选择人生道路，选择

创业目标时，有自己的见解和主张；二是自主行为，即在行动上很少受他人影响和支配，能按自己主张将决策贯彻到底；三是行为独创，即能够开拓创新，不因循守旧，步人后尘。

当然，我们提倡创业者具有独立性的人格，但这种独立性并不等于孤独，也不是孤僻，因为，创业活动尽管是个体的实践活动，但其本质是社会性的活动，是人与人之间的交往、配合、协调中发生、发展并且取得成功的。因此，创业者具有独立性品质的同时还应具有善于交流、合作的心理品质。

2.善于交流、合作的心埋品质

在创业道路上，必须摒弃“同行是冤家”的狭隘观念，学会合作与交往。通过语言、文字等多种形式与周围的人们进行有效的交流与沟通，可以提高办事效率，增加成功的机会。在创业过程中，需要与客户和顾客打交道，与公众媒体打交道，与外界销售商打交道，与企业内部员工打交道，这些交往、沟通，可以排除障碍，化解矛盾，降低工作难度，增加信任度，有助于创业的发展。

3.敢于行动、敢冒风险、敢于拼搏、勇于承担行为后果的心理品质

在市场经济大潮中，机会与风险共存；只要从事创业活动，就必然会有某种风险伴随，且事业的范围和规模越大，取得成就越大，伴随的风险也越大，需要承受风险的心理负担也就越大。立志创业，必须敢闯敢干，有胆有识，才能变理想为现实。只要瞄准目标，判断有据，方法得当，就应敢于实践，敢冒风险。对瞄准的目标敢于起步，选定的事业敢冒风险的心理品质又称敢为性。敢为性的人对事业总是表现出一种积极的心理状态，不断地寻找新的起点并及时付诸行动，表现出自信、果断、大胆和一定的冒险精神；当机会出现的时候，往往能激起心理冲动。敢为不是盲目冲动、任意妄为，不能凭感觉冲动冒进，而是建立在对主客观条件科学分析的基础上的。成功的创业者总是事先对成功的可能性和失败的风险性进行分析比较，选择那些成功的可能性大而失败的可能性小的目标。创业者还要具备评估风险程度的能力，具有驾驭风险的有效方法和策略。

4.敢于克服盲目冲动和私利欲望的心理品质

在创业过程中，创业者要善于克制，防止冲动，克制是一种积极的有益的心理品质，它可使人积极有效地控制和调节自己的情绪，使自己的活动始终在正确的轨道上进行，不会因一时的冲动而引起缺乏理智的行为。

创业者在创业过程中要自觉接受法律的约束，合法创业、合法经营、依法行事；自觉接受社会公德和职业道德的约束，文明经商、诚实经营、互助互利。当个人利益与法律和社会公德相冲突时，要能克制个人欲望，约束自己的行为。

5.坚持不懈、不屈不挠、顽强努力的心理品质

创业者需要百折不挠，坚持不懈的毅力和意志。能够根据市场的需要和变化，确定正确而且令人奋进的目标，并带领员工战胜逆境实现目标。创业者必须有一棵永远持之以恒的进取心，三心二意，知难而退，或虎头蛇尾，见异思迁，终将一事无成。

创业者的恒心、毅力和坚韧不拔的意志，是十分可贵的个性品质。遇事沉着冷静，思虑周全，一旦做出行动决定，便咬住目标，坚持不懈。创业过程是一个长期坚持努力奋斗的过程，立竿见影，迅速见效的事是极少的。在方向目标确定后，创业者就要朝着既定的目标一步步走下去，纵有千难万险，迂回挫折，也不轻易改变初衷，半途而废。

6.善于进行自我调节、适应性强的心理品质

“水因地而制流，兵因敌而制胜。故兵无常势，水无常形；能因敌变化而取胜者，谓之神。”面对市场的变化多端，竞争激烈，创业者能否因客观变化而“动”，灵活地适应变化，成为创业成功的关键所在。因而，创业者必须以极强的信息意识和对市场走向的敏锐洞察力，瞅准行情，抓住机遇，不失时机地、灵活地进行调整。在外部环境和创业条件变化时，能以变应变。善于进行自我调节还应处理各种压力。能用积极态度看待来自工作和生活的压力，冷静分析、控制压力，找出原因，缓解压力，甚至消除压力。能够保持良好的心理，勇敢地面对压力，力争将不利变有利，将被动变主动，将压力变动力。具有较强的适应性，还应做到“胜不骄，败不馁”。

 创业环境分析

提起创业条件，人们首先想到了创业环境，想到了创业环境，又更多地想到的是外部环境对大学生创业的重要性，而忽略了内部环境对大学生创业活动作用的直接性。从本质上讲，内、外环境是相互联系，相互作用着的辩证统一关系。

（一）自主创业的外部条件分析

外部环境实际上就是人们创业的外部条件，创业的外部条件是一个由综合因素构成的整体。主要是指那些存在于创业组织之外的或周围的各种主客观条件，它包括经济环境、政治环境与法律环境、科技环境、文化环境、地理环境等。

经济环境是一个多元的、动态的系统，是创业环境中最根本的组成要素，是构成企业生存和发展外部条件中的社会经济状况及国家经济政策。为什么这么说呢？这是因为社会经济状况包括经济要素的性质、水平、结构、变动趋势等内

容;国家政策是国家履行经济管理职能、控制、调整、实施经济发展战略的指导方针,对企业经济发展的经济环境有着重要的影响。

政治环境是指影响或制约企业发展的各种政治要素及其运行所形成的环境系统。在这里要理解的是政治环境与政治要素有关但不相等。法律环境是指与企业相关的社会法律系统,它包括国家的法律规范,国家司法与执法机关,企业的法律意识等。改革开放是我国政治发展的主流,企业在国家宏观调控的前提下,自主经营,自负盈亏,产权清晰,是自主创业的市场主流。创业者不仅要关注国内的政治环境,还要关注国际政治环境的变化。

科技环境是指企业所处的社会环境中的科技要素,以及与该要素直接相关的各种社会现象的集合。在这里要理解的是科技环境与技术环境有关但不相等,前者是以科学技术领域,科技事业为主体,包括社会科技水平,科技力量,科技体制,科技政策和科技立法等;后者是以科学技术及相关现象作为环境加以考察。

社会文化环境是创业者普遍关心的创业环境因素,社会文化因素影响人们对经济活动的态度,影响人们的价值取向,生活方式,消费倾向,工作态度以及企业的管理方式。

地理环境主要包括自然环境和人文地理环境。企业所处的地理位置是先天具有的,比如你的地理位置是处于沿海还是陆地,是东南还是西北等,它是构成创业环境的重要方面,尤其是自主创业者不可忽视;资源环境也很重要,具有丰富的自然资源储量,是企业发展的重要物质基础和有利条件。

(二)自主创业的内部条件分析

分析创业史上创造奇迹的成功者,无一不具备鲜明的个性,其中最重要的是独立性、创造性、进攻性、坚韧性。如果你决定要创业,一定要认识到什么是真正的独立性,真正的独立性首先是思想上的独立性,承认权威专家的存在,但不盲目听从,信从他们的建议,但要用自己的头脑独立地思考。创业的独立性绝非是染一个怪头穿一件奇衣的“标新立异”,这恰恰是失去了个性,这叫跟从他人。创业成功也不是知己和知彼的简单相加。所以,每个想要创业的大学生,有必要从几个主要方面分析一下自身的创业条件。

对大学生自主创业的内部条件进行分析,就是对大学生自身的,与创业相关的优势与劣势进行客观的分析。大学生创业与下岗职工创业相比,其潜在优势十分明显,主要表现在以下几个方面:第一,精力充沛,充满激情。这是青年人年龄结构自身具有的先决条件,“先立业后成家”的理念是当代大学生的共性。同时,大学生的创业意识较强,对自己的创业素质和能力自信心较足,有着强烈的挑战自我，实现自我的激情，并逐步演绎成为创业过程中克服困难，百折不挠的创业精神和动力。第二，知识扎实，善于思索。经过几年的高校基础知识和专业知识的系统学习和训练，并掌握了善于利用IT进行网上信息搜索，加之自主学习能力的增强，已经具备了科学知识的储备，在一定的环境和条件下，这种知识在很大程度上会形成“内化为能力，外化为创造力”。这些都是自主创业的优势和基础。第三，领悟力强，兴趣浓厚。大学生创业与被迫去摆摊设点的人不一样，是因为大多数大学生的创业都源于一个好的创意，有一个占优势的悟性，大学生善于接受新知识，善于接受新鲜事物，善于去思考和创意。

大学生创业条件的劣势也不可忽视。

第一，创业资金不能完全到位。常言道：“巧妇难做无米之炊”，传统的创业资金来源于创业者自身的积累，现在靠这种方法筹集资金创办企业已不适应要求，更何况面对的是刚出校门就要创业的大学生，你来不及进行资金的积累，不能完全到位的资金恰恰是创业的瓶颈。

第二，自身知识结构与综合能力的制约。大学生从小学、中学到大学，所学知识总是在一定的范围内，其知识结构相对的单一，缺少对目标市场和竞争对手的情况的了解。同时，大学生有理想有抱负是肯定的，但独立人格没有完全形成，缺乏对社会和个人的责任感，甚至还有依赖父母的想法和行为。因此心理承受能力还较差，换句话说就是还经不起坎坷和挫折。

第三，社会及创业经验的不足。大学期间的交际圈子基本上限于同学和老师，社会关系基本上是空白。客观上讲，社会关系的健全与否对创业的成败存在一定程度的影响，而对绝大多数的创业者来说，在缺乏社会经验和职业经历的同时，尤其缺乏人际关系和商业网络。

结合创业的内部环境条件，分析你在这些外部环境中的适应度和接受度，然后根据内外环境综合分析的结果，决定你的创业机会是否成熟。

创业机会分析

创业机会是一个人能够开发具有利润潜力的新商业创业的情境。创业机会之所以存在，是由于人们拥有的信息不同。由于信息的不同，会影响其决策的准确性，并产生市场不足或多余；创业机会之所以存在，是由于外部环境变革，尤其是技术变革，体制与政治变革以及社会与人口变革；当你了解了创业的基本知识，掌握了创业者应具备的基本素质和特质，学习了创业者的创业经验，又找到了合伙人加入自己的创业队伍，打算从此开始创业旅程时，很多人会突然发现下

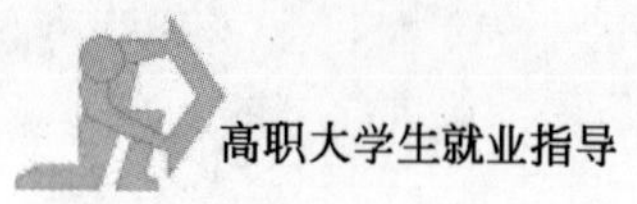

一步失去了目标，不知道该从何做起，找不到一个明确的创业项目了。

在企业创建之初，每个创业者都面临大量的问题，要做出大量的决策选择，只要创业者能分析其所处的形势，在面对的机会和问题中分清轻重缓急，做出关于未来的理性抉择，那么企业无论规模大小，对他个人来说都是成功的。要做到这一点，创业者需要反复向自己询问两个问题：创业的目标是什么？怎样实现这个目标？

（一）确立创业目标

创业者的个人目标与企业目标是密不可分的。创业者创建企业的目的是实现个人目标，所以创业者为企业确定目标之前，必须明确自己的个人目标，而且必须定期问自己这些目标是否发生了变化。许多创业者声称他们创建企业是为了实现独立和掌握自己的命运。如果真是这样的话，那目标就太模糊了。具体的目标应该是这样的：我想获得施展艺术才华的机会，想获得试验新技术的机会，想过上丰富多彩的生活，渴望创建一家体现个人的深层价值观的机构，等。

明确创业目标之后就是需要建立什么样的企业的问题了。对于自主创业者来说，"选项"即对项目的定位很关键，也就是我想做哪类的老板，反过来讲就是，哪类老板更适合"我"。"小型老板做生意，中型老板做企业，大型老板做环境，特大型老板做政治"。你首先要有明确的定位，你想往哪类发展（愿望），你能往哪类发展（内在条件），你可以往哪类发展（环境条件）。

一般来讲，小型老板主要指规模和投资都比较小的业主，其经营以产品运营为主，比较看重眼前利益，没有长远规划和目标，什么挣钱做什么，目标定位不明显；中型老板是真正的做企业，其经营以产品运营为主，不是什么挣钱做什么，不盲目进入陌生领域，而是首先看是否符合企业战略发展的要求，对企业的发展和经营有一定的前瞻性。自主创业者都以小，中型为主。

一般说来，创业者的目标决定了企业的持续性和规模。对于那些生活型的创业者，他们只想赚取足够的现金来维持某种生活，所以企业规模不需要很大。而寻求获得资本收益的创业者却必须建立足够大的企业架构，保证企业的长期持续经营，使自己建立的企业能经受住技术换代，雇员和客户的更迭之后仍能不断更新，以此获利。

创建一家可持续发展的企业，也就是主要资产并不仅仅是创建者的技能、关系和努力的企业，通常必须冒风险，下长期赌注，需要不断投资，获得可持续优势。而经营小型或生活方式型企业的创业者，面临的风险和压力就不同了，由于公司缺乏长远发展目标，对员工的吸引力也相对较弱，创业者本人要不断地工作、工作再工作！创业者必须在目标和风险之间权衡取舍，要明白自己愿意冒什么风险，不愿意冒什么风险。如果创业者发现企业(即使非常成功)不能满足自己的需求，或者发现实现个人目标需要冒更大的风险做出更多的牺牲，那就需要重新确定目标。

(二)战略实施

在众多的创业者中，由于缺乏长期战略考虑而导致创业失败的占一定比例。而成功的创业者之所以成功，都是在很短的时间内就能实现从战术导向向战略导向的转变。对新建的年轻公司来说，最基本的问题是制定行之有效的战略，而不是解决招聘问题，设计控制体系，确立上下级关系或者明确创建者的角色。如果企业的战略基础扎实，即使领导关系不明，领导方法不得力，也照样能幸存，而复杂的控制体系和组织结构却无法弥补战略失误。

对一个创业者来说，应该定期对其战略进行以下三种检测：

一是战略是否明确。如果公司战略不能为企业提供明确的发展方向，就不能通过另外两种测试。即使是单枪匹马的创业者，也能从目标明确的战略中获益。

二是该战略能否带来足够的利润和增长。一旦创业者制定了明确的战略，你就必须确定这些战略是否能使企业盈利，并使企业扩展到一个理想的规模。如果企业无法盈利，且发展不令人满意，这时创业者必须采取根本性措施。必须去寻找新行业，或者在本领域内扩大规模或经营范围。

三是战略是否有持续性。创业者必须面对这样一个问题：其战略能否长期满足企业的需要。持续性的问题对那些一直在追赶新技术和法规变化或者其他变革浪潮的创业者尤其重要。弄潮的创业者在开始时会兴旺发达，可是一旦达到高潮，随着市场不平衡状态的消失，许多一度辉煌却从未发展特有能力或未能确立竞争地位的企业会随之消失。弄潮的前提就是能够预见市场饱和度以及下一轮浪潮，并且必须懂得放弃仿效，学会采用新的，更持久的企业模式。

为了保证战略的实施，要明白以下几个障碍：

第一，缺少优秀雇员是成功实施某项战略的首要障碍。在启动阶段，许多企业无法吸引一流的员工，而希望将不合格的员工转变成优秀员工的创业者最终几乎总是失望。

第二，新创业的企业需要的不仅仅是内部资源，创业者还必须考虑客户和资本来源。企业启动时所拥有的客户，是能最快被企业所吸引的，但并非是其最终需要的。作为一个创业者，要经常寻找更雄厚的资金来源，以建立持久性的企

业。企业实施战略的能力取决于其“硬”基础结构(组织结构和体系)和“软”基础结构(文化和规范)。如果业绩不佳,过多的规章制度和管理控制会使员工窒息。而如果企业增长很快,并获得市场份额,管理机制和控制手段的不足会受到影响。不断发展的企业文化,对企业战略实施成败会产生深刻影响,文化能填补公司规章制度所没有涉及的空缺,能反映出雇员个人和组织单位竞争与合作的程度,以及员工对待客户的态度。如果创业者没有停下来考虑企业文化问题,其企业文化肯定是随意形成,而非设计出来的。这种随意形成的企业文化可能并不符合企业创建者的目标和战略。然而,如果创业者想将自己创办的企业变成可以独立生存的实体,那么,随着企业经营的扩张,创业者的角色必须改变。应当从亲自做业务工作发展到教给别人如何做,不断尝试新的工作和责任。持久的成功要求创业者不断向自己提问题:我的目标是什么,我所选择的道路是否能保证实现该目标。

第三节　自主创业的实施步骤

一　掌握有关政策

当我们完成学业即将步入社会的时候,就意味着从依附家庭走向独立人生,从学业校园走向职业万花园,每个学子便开始了毕生高远理想的策划与追求:是找岗位就业,还是自主创业,是“骑驴找马”,还是“以创业的心态去就业”是以“纯粹的经济利益”为目的去创业,还是以“崇高的社会责任感”为使命去创岗位,这的确是人生的一大选择。选择一项事业就意味着选择一种生活,选择一种生活等同选择一种人生。因为人的才能和精力都受时间的限制,如果错过了机会,知识就会贬值,精力就会衰退。机会之所以称之为机会,就在于它是一种限制,取消了一部分参与者的“资格”。如果大家都明白了如何绕过这个限制,那么,机会就平等了。鼓励、倡导和支持大学生创业,并不是说所有的人都适合创业,在自主创业的选择上,必须因人而异,因时而异。即便是你具备了创业的条件和素质,也应在理智的支持下进行,只有当理智融入勇敢之后,才会使选择更为科学。所以,每个立志创业者都应该考虑到自己所付出的时间成本,一次机遇的丧失,可能会导致几个月,几年,甚至是一生年华的白白流失。

创业是一种多样化生存价值的体现,它既属于个人选择的范畴,又符合社会及时代现状,作为一名当代大学生,应正确认识自身和社会需求的关系。确立正确的人生信念,主动将个人价值的实现与国家和民族的命运联系起来,将个人建功立业的志向与建设小康社会，实现为人民服务的理想联系起来，自觉地主动地到基层，到艰苦的地方，到祖国最需要的地方和行业去创业，把个人的聪明才智融入振兴中华民族伟大事业中。

(一)了解政策，用活政策

十六大报告指出："要形成与社会主义初级阶段基本经济制度相适应的思想观念和创业机制，营造鼓励人们干事业，支持人们干成事业的社会氛围，放手让一切劳动、知识、技术、管理和资本的活力竞相迸发，让一切创造社会财富的源泉充分涌流，以造福于人民"。这标志着一个伟大的创业时代已经来临。为了鼓励大学生自主创业，党和国家相继出台了注册、贷款、税收等多方面的优惠政策，仅以2005年为例，《中共中央办公厅，国务院办公厅印发的通知》(中办发18号)中就明确指出："鼓励高校毕业生到基层自主创业和灵活就业。各级党委和政府要为高校毕业生自主创业和灵活就业提供良好的政策环境。各级政府要对到基层创业有贷款需求的高校毕业生提供小额贷款担保或贴息补贴。政府设立的中小企业担保基金，可适当放宽条件，为高校毕业生创办中小企业等自主创业提供贷款信用担保。在条件许可下，省，市，县要通过财政和社会两条渠道建立'高校毕业生创业资金'，支持高校毕业生自主创业。对自主创业和从事个体经营的，除国家限制的行业外，自工商行政管理部门登记注册之日起3年内免交登记类，管理类和证照类的各项行政事业性收费。工商注册资本(金)，可实行分期缴付方式，三年内缴清。对于从事自由职业，短期职业，个体经营等方式灵活就业的，各级政府要提供必要的人事代理和劳动保障事务代理服务。"在两办《意见》的指引下，各地政府相继出台了相应的优惠政策，主要体现在以下几个方面：

(1)注册登记优惠。一是程序简化；二是费用减免。

(2)金融贷款优惠。一是优先贷款支持，适当发放信用贷款；二是简化贷款手续；三是利率优惠。

(3)税率减免优惠。

(4)员工待遇优惠。一是员工聘请和培训享受减免费优惠；二是人事档案管理的优惠；三是社会保险有单独渠道。

由于各地经济发展及其他因素的差异性，所制定的优惠政策也会有所不同。但是，无论政策多么优惠多么具体，作为一个创业者来说，绝不要完全依靠政策的优惠，更不能依赖政策，否则，你的创业目的就失去了意义，你的创业计划就会成为泡影。

(二)学习政策,依法创业

在开始创业前,需要了解我国的基本法律环境,要了解我国制定法律法规的环境,这是创业要做的第一件事。在我国,目前许多领域还有一些计划经济的痕迹,所以,政府对经济的管制,行政检查还比较多,许多经营项目需经审批,税外费用也时有发生。随着政府经济管理水平和企业自律能力的提高,上述问题将逐步得到解决。

我国是成文法国家,执法和司法均以法律,法规,规章以及规范性文件为依据。

首先,创建企业从事经营活动,必须到工商行政管理部门办理登记手续,领取营业执照。如果从事特定行业的经营活动,还须事先取得相关主管部门的批准文件。这就涉及了要了解《企业登记管理条例》,《公司登记管理条例》,《公司法》,《合伙企业法》,《个人独资企业法》等工商管理法规,规章和有关地方规定,还要了解企业组织形式的立法依据及组织形式,如股份有限公司,有限责任公司,合伙企业,个人独资企业等。不管你想要办哪类企业,都要涉及聘用员工,这就又要求你必须了解劳动法,社会保险,环境保护法,职业病防治法等。只有了解了什么是劳动合同,试用期,实习期,工伤,职业病,养老金,住房公积金,医疗保险,失业保险等诸多规定,才能做到懂法创业守法经营,用法律保护企业的健康成长。

其次,企业设立后,并不是万事大吉,还必须要了解有哪些税种,你所创的企业需要缴纳哪些税,比如营业税,增值税,所得税等,然后进行税务登记。

最后一点也是创业者最容易忽视的一点,那就是知识产权问题,你的企业既不能侵犯别人的知识产权,又要及时建立自己的知识产权保护体系,这就需要提前了解著作权,商标,域名,商号,专利,技术秘密等相关的知识和自我保护方法。

以上只是简单列举了创业常用的法律法规及政策的使用范围,在企业实际运作中还会遇到大量法律,政策等问题。当然,每一个创业者只需要对这些问题有一些基本的了解就可以了,专业问题一般由工作人员或律师去处理。

附:湖北省高校毕业生自主创业相关优惠政策

(1)对高校毕业生灵活就业及自主创业,政府有相关扶持政策。目前,对高校毕业生从事个体经营的,除国家限制行业外,3 年内免交登记类、管理类和证照类的各项行政事业性收费。半年内未就业的,可申请失业登记,享受失业人员相关政策,包括小额贷款和财政贴息等。

(2)目前扶持政策主要针对应届毕业生,持有毕业证的大学生就可享受。取得结业证和肄业证的学生，原则上不能说是毕业生，一般不能享受这些优惠政策。在享受相关政策时，毕业生需要出示毕业证、身份证、学校的就业报到证等。

(3)从事个体经营的高校毕业生免交的收费项目有七大项。免交工商部门收取的个体工商户注册登记费、个体工商户管理费、集贸市场管理费、经济合同鉴证费、经济合同示范文本工本费；免交税务部门收取的税务登记证工本费；免交卫生部门收取的行政执法卫生监测费、卫生质量检验费等、预防性体检费、卫生许可证工本费；免交民政部门收取的民办非企业单位登记费；免交劳动保障部门收取的劳动合同鉴证费、职业资格证书工本费等其他类收费；免交国务院以及财政部、国家发展改革委员会批准设立的涉及个体经营的其他登记类、证照类和管理类收费项目；免交各省、自治区、直辖市人民政府及其财政、价格主管部门按照管理权限批准设立的涉及个体经营的登记类、证照类和管理类收费项目。

(4)对毕业 6 个月后未找到工作的大学生，经失业登记后，就业服务机构将为其提供免费的职业介绍、职业指导等就业服务。毕业两年内从事个体经营的高校毕业生，都可以自工商部门登记注册之日起 3 年内，免交有关登记类、证照类和管理类收费。

(5)高校毕业生从事技术转让、技术开发业务及与之相关的技术咨询、技术服务业务取得的收入，经科技部门认定，报主管税务机关备查，可免征营业税。另外，如高校毕业生新办第三产业企业，符合减免税条件的，报经主管税务机关批准，可在一定期限内减征或者免征企业所得税。具体情况可致电 12366 查询。

 明确创业构思，合理选择经营项目

(一)创业构思

创业需要新的创意，但新的创意并不等同于创业。创业需要技术，资金，人才，市场经验，管理等各种因素，如果仅凭着创新点子贸然去创业，是行不通的。以 IT 创业为例，不少人认为就是几个年轻人，一个创意，一个专利技术，一笔风险投资，占一片市场，弄到股市上，然后一夜暴富。其实，IT 创业过程非常复杂，从创意构想，到筹集资金，设计研发，市场推广等，需要经历无数环节，其中任何一个环节出现问题，都可能导致创业失败。怎样才能避免或减少失败，这就涉及到了技巧问题，也就是说，必须系统地学习创业构思，在构思过程中，也就领会了创业所需要的技巧。

1. 目标技巧

要想创新就要选择一个具体的目标，需要强调的是“具体”二字，有了具体的

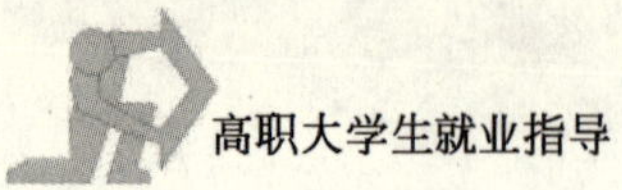

目标便可以围绕这个目标进行新的创意了。一般的说，一个完整的创新过程可分为三个阶段:一是“问题”，即发现了现实生活中需要解决的某个问题;二是“构想”，即在头脑中构想解决问题的方法;三是“实施”，即把头脑中构想的解决方案付诸实践，从而使问题得到圆满的解决，其中最主要的也是最困难的，就是头脑中构想，即“创新阶段”。在真正悟出这三个阶段的同时，创新技巧就已经出现了，当走到第三个阶段时，创新技巧的真经就显而易见了。

2.“创”字技巧

创新与创业都立足于一个“创”字，“创”是共同点是前提。“创”的目的是出新立业，“业”是“创”出来的。成功的创造者无一不是勇于创新者。创新能力在创业中具有重要的意义，创新永远伴随着创业的全过程。可以说，创业过程的核心就是创新，任何一个优秀的创业者一定是一个出色的创新人才，创新是对固有观念的一次颠覆性革命，它要打破常人奉为金科玉律的人生准则，它要挑战你内心固守的最后一片领地，让你体验到反逻辑带来的心灵震撼。

3.灵感技巧

30 年前，美国人弗雷德·史密斯凭着一个想法——隔夜传递，被风险投资家看中，创办了“联邦快递”。如今，“联邦快递”已是全球最大的快递运输公司，在全球 211 个国家开展业务。当许多人还在为没资金，没技术而大伤脑筋时，有那么一群梦想家，凭着敏锐的市场嗅觉和新奇的商业创意，从普通创业者摇身变成了日进斗金的创业家:第一家网络书店，第一个搜索引擎网站 Yahoo，第一个拍卖网站 e－bay……这些都是灵感的作用，大胆而科学地应用灵感创业，这不是冲动而是技巧。这就是说一个一闪即逝的灵感，也能成为梦开始的地方。

要强调的是，有了新的创意有了灵感还远远不够，还要注意几点:

第一，科学与执着。前苏联著名科学家齐奥尔科夫斯基(1857 — 1935)出生于俄国一个贫寒的森林守护人之家，从小就怀有做“宇宙公民”在星际航行的梦想。23 岁时，他一边在一所中学教物理和几何，一边自学，用很多时间和精力写了关于气体运动理论的论文，做了各种各样的仪器和模型。由于他的坚强意志和勤奋努力，很快就完成了全金属飞艇和星际火箭等设计工作。当时人们骂他是空想家，疯子，但他却认为，没有疯子的空想是飞不上天的。有一次他家遭到火灾，他苦心积累起来的图书，仪器，模型和手稿全部化为灰烬。但是，这些失败和挫折不仅没有导致他悲观，泄气，相反，使他更加努力争取时间，重整旗鼓。1895 年，齐奥尔科夫斯基提出了征服星际空间的具体设想。他发表了人造卫星的图样，提出以人造卫星为星际航行的中途“基地”，以及从这个“基地”再向月球和其他星球发射火箭的主张。几年以后，他出版了《可驾驶的金属飞船》，这是他最初提出的火箭飞行理论。经过了无数个日日夜夜和数万次计算，他懂得要想摆脱地球引力，火箭速度必须达到112公里/秒，才能进入茫茫的星际空间，但是他当时所设计的火箭速度却未能超过25公里/秒。1929年齐奥尔科夫斯基终于首次提出了用多级火箭取得高速，使火箭飞离地球的理论。后来他又提出了建立星际站的设想，对人类航天事业做出了奠基性的贡献。他制造了一只不锈钢的飞船模型，接着又制造了一批喷射推动机。同时还发表了450篇论文，把航天科学传播到全世界。

第二，严谨分析。创业者应对创意进行冷静而细致的分析，了解清楚自己的创意是否独具匠心，有没有强大的市场需求，是否具有可操作性，在推行过程中有无防止“克隆”的保护措施……在此基础上确定最有发展前途和风险相对较小的创业方案。

(二)选择经营项目

如果你具备了百折不挠的创业激情和实现自己人生价值的欲望后，选项目就是最大的工作了。尤其你是初始创业，选择可行的项目是最重要的。项目一般根据功能可划分为：贸易型、生产型和服务形等。如何选择到适合自己发展和容易成功的项目呢？根据是什么？由什么来决定你要选择创业项目的类别？这是因你的“性格、专长、实力、环境”而异的，是初始创业者选择容易成功项目的“四大法宝”。

因性格而异。“性格决定命运”这话没错，你的性格决定着你的未来。你的性格是急躁型的，并且一时半会修正不了的话，适合做贸易型的项目。千万不能选择生产型的项目，因为生产的项目需要很长时间的市场适应期，需要具有坚强的耐力，需要在市场上炼狱，需要一个市场对你品牌的认知过程。为了确保项目的生存和可持续发展，需要不断地扩大你的规模，你可能等不了那么长得令人难以忍受的折磨，一旦你撑不住的时候，你的设备、半成品就一文不值了(贸易型的项目就好多了，顶多卖不了退货罢了)，你必然陷入累累纠纷的泥潭之中了；也不能选择娱乐服务型的项目，因为现在的客户是越来越挑剔了，有时候刁钻的客人会让你暴跳如雷，那你的客户将越来越少，最终的结果必然是关门大吉。以上两类项目适合温柔耐力型的性格。当然，你如果有合伙人，你们的性格能够互补也是可以选择自己性格不允许的项目的。反之，千万不要冒险。

因专长而异。你的专业、特长、才智、阅历是你选择项目的主要根据。你的专业和特长，是你选择新项目的根本，原则是“做熟不做生”，这有利于你一开始就进入娴熟的工作状态，使你的初始创业成功率高出很多；当然，你如果具备较

高的才智和较丰富的阅历，确认自己能力非凡，哪怕没有什么学历，也可以选择很好的适应你的初创项目，也不一定要选择自己熟悉的东西，事在人为，因为你会在短期内就会熟悉那个行业的，这样的成功案例也很多。我不主张一个人抛弃自己的专业特长来选项，要知道具备专业特长且不失才智和阅历的人比比皆是，他们在业内才是真正容易的成功者。

因实力而异。俗话说"让实力说话"，实力就是指你的资源能力。主要含有：资金规模、后续融资渠道等，它是决定你初创企业规模和后续发展能力的重要支柱，是企业经营的主线。原则是"量入为出"。一个生产型企业一般投资都比较大，如果有10万元的创业计划资金，那么你最好后面还有两倍于这个资金数量的储备(包括可融资储备)。否则，你在经营几个月后，必然处于资金紧张、周转不灵的尴尬境地，被动局面也就可想而知了。你的预算一定不能可丁可卯，要做到绰绰有余，防患于未然。否则，就有很多苦恼，如果融资效果不佳，也可能有中途夭折的危险。无论是生产型还是贸易型的项目，都存在在途产品，都要压很多不能直接变现的东西。譬如，原材料占压、库存、半成品、下游经销商占压等。所以，你的预算要多打少算。

因环境而异。这是决定你的项目成功与否的外在因素，就是所谓的"地利"，主要包括政策优惠与否、场所的好坏、人际关系的优劣等等，是你成功创业重要的外在条件。优惠的税收政策，使你减少了创业成本。适合的场所，使你如鱼得水，满足生产所需，或人气大增，人们希望到专业的一条街上去买东西，那是因为选择余地大。优良的人脉关系，使你的创业左右逢源。

很多朋友只问出一句话，要求别人给出创业答案，真是太难为别人了，也未免太幼稚了，这样的人怎么能来创业呢？简直就是浪费别人的眼球，要把自己的情况简单介绍，别人才可能有的放矢，好好珍惜别人的劳动成果吧！总之，选择一个适合你自主初始创业且容易成功的好项目比生个孩子还要难，慎重为先吧！

三 筹措资金，注册登记

(一)筹措资金

创业，遇到的最大问题恐怕就是一个资金问题了。谁都知道，创业必须要有足够的资金，没有足够的资金是无法创业的。可是，当你拿出全部积蓄还不够、向亲友借钱亲友没有多余的钱，向银行贷款又没有抵押物品的时候，你怎么办

呢？办法总比困难多，天无绝人之路，只要开动脑筋，善于学习，广开思路，你就会找到许多巧妙而非常有效的筹资方法，实现自己创业的梦想。

1.靠良好的信用说服别人

良好的信用和经营信誉是创业者的无价之宝，凭着它，可以有效地说服别人为你的创业提供各种方便条件。1924年，唐拉德·希尔顿打算建造第一座挂“希尔顿”牌子的饭店。他买了一处地皮，但动工不久却遇上了资金困难，于是他想到了自己的信用。在这之前，希尔顿在经营中非常注重信用，他的信用已被人们广为传颂。希尔顿先请地皮卖主的法律顾问在主人面前宣传自己讲信用、善经营的情况，然后上门约见了地皮卖主劳德米克。希尔顿详细叙述了自己建造一座豪华饭店的前景，引起了对方的共鸣。希尔顿看到对方已经认同了自己的信用，于是提出自己在财力上的困难，想改买地皮为租地皮，租期99年，分期付款。劳德米克认为这也是一个好办法，自己既可保留土地的所有权，又可在希尔顿不能按期付款时收回土地，同时也收回饭店。劳德米克相信了希尔顿的信用和能力，于是他答应了下来，希尔顿旅馆因此建立起来，希尔顿旅馆也因此举世闻名。

2.加盟大公司的连锁经营

俗话说，背靠大树好乘凉。有许多大公司为了扩大市场份额，正纷纷选择连锁经营的方式来扩充自己，为了有效而快速地扩大连锁经营的覆盖面，他们广泛吸收个体业主加盟经营。为此，他们常常会推出一系列优惠待遇给加盟者，这些优惠待遇或是免收费用，或是赠送设备等，虽然不是直接的资金扶持，但对缺乏资金的创业者来说，等于获得了一笔难得的资金。家住鼓楼区的吴先生下岗后闲着没事，一直想开一个小店赚钱养家。经过一段时间的观察，他发现鼓楼区菜场边有一家卤味店生意非常红火，便打算开卤味店。但是，要开一家自做自卖的卤味店不仅投资大，还要顾及采购、加工、销售等方方面面，况且自己又不懂卤味熟食的制作技术。于是他通过朋友的介绍，以加盟的方式在中山中路北桥农贸市场内开了一家“不老神鸡”的连锁店。因为加盟连锁经营，实行的是货物配给制度，吴先生为此不仅省下了添置制作卤味的五万多元设备费用，又省下了数千元的成本周转资金，公司考虑到他是下岗人员，还免去了他近万元的加盟费用，实际上，吴先生等于获得了6万多元的资金扶持，他自己只花了大约18000元左右就开起了一家别人要投资7、8万元才能开起来的卤味店。

3.接手亏损企业变现

在经营活动中，经常会出现一些亏损企业，这些亏损企业你可以接手过来，然后作为抵押物向银行贷款变现而获得创业资金。当然，这种筹资方法风险比

较大，获得创业资金的代价是要承担一大笔债务。但是，创业本来就是风险和机遇并存的，如果你有足够的胆识和能力，那么，这种融资的办法将能帮助你在更短的时间内更快地走向成功。宋凯做了几年的外贸皮鞋生意，积累了一定的业务渠道，便打算自己办一家鞋厂。他仔细算了算，办个中等规模的鞋厂需要100万元的设备和周转资金，外加一处不小于200平方米的厂房。宋凯通过朋友在近郊某镇物色了一家负债累累、濒临倒闭的板箱厂，以“零转让”的形式接手了这家工厂，也就是该镇以资债相抵的办法，将工厂所有的动产不动产以及工厂的债务全部一齐转让给宋凯。厂房的问题解决了，但是100万元的资金从哪里来呢？宋凯到银行去贷款，负责信贷的人要他提供担保，可是上哪儿去找担保人呢？正在宋凯焦急万分时，他的一位朋友一语提醒了他：板箱厂的资产就是抵押物。就这样，宋凯不花一分钱，就解决了资金和厂房的问题。当然，他因此也背上了较重的债务，这就要靠他通过今后的努力来慢慢地偿还了。

4.寻找风险投资

如今有很多大公司、大集团甚至个人手中都掌握了大量的闲置资金，他们也十分希望能找到一个可靠的投资对象。因此，假如你有好的项目，不妨找找风险投资。如何寻找风险投资呢？当然，可以通过亲朋好友的介绍，也可以委托专门的风险投资公司代理，还可以适当做点寻资广告或者上网发布寻资信息。张庆华是某粮油食品商店的职工，近年来商店连年亏损，上级公司决定将该商店拍卖。张庆华认为商店地理位置十分理想，之所以亏损主要是因为经营管理不当，只要对商店的品种结构做一番调整，再加强商店的内部管理，就完全可以盈利。但是，要将商店拍到手，起码得有60万元以上的资金，凭自己的实力显然无法企及。于是，张庆华想到了昔日的同学仇英。仇英如今已是某集团公司的董事，向他借几十万元应该不成问题。仇英了解了张庆华的来意后说，动用集团的资金必须经过董事会的讨论，而外借资金一般是很难通过董事会的。假如以合资的方式参与合作竞拍倒是可以的。一个月后，张庆华在该集团100万元风险投资的支持下，一举拍得了粮油食品商店，实现了自己当老板的愿望。

5.先做贸易，积累资金

没有资金创业，可以先替别人搞营销，待积累了一定的资金和经验后再去创业。柳传志是一个创业的传奇式人物，他领导联想由11个人20万元资金的小公司，用14年时间成长为中国最大的计算机公司。联想一开始没有资金，也只能替人家卖机器。1988年，柳传志和几个热血汉子来到香港，手里只攥了30万港元，因此，他们到香港也只能和在国内一样先从做贸易开始，通过贸易积累资金，了解海外市场。接着，联想选择了板卡业务，然后打回国内，为联想PC的成功奠定了基础。柳传志开始时就一心要形成产业，做贸易只是权宜之计，但是，通过做贸易，不仅使柳传志积累了创业资金，而且还学会了做生意、搞营销，终于成就了“霸业”。

6.“滚雪球”

“滚雪球”就是用很少的钱贷到更多的钱的一种筹资方法。1986 年，陈金义向亲朋借了一万元办蜂蜜加工厂时资金远远不够，他靠自己的两条腿跑市场，找蜂源，终于积累到 3 万元。然后，他用这 3 万元作抵押，从银行贷到 6 万元。再将这笔款到另外一家银行作抵押，贷到了 12 万元。就用这种滚雪球的方式，陈金义凑够了资金，办起了蜂蜜口服液加工厂，最终成了 50 名中国富豪之一。

7.争取免费创业场所

创业离不开理想的场所，而创业之初的很大一笔投资就是用来支付房租的。因此，只要你能转换一下脑筋，想办法获得一处免费的创业场所，那就相当于得到了一笔可观的创业资金。农大园艺系毕业的小钱在一家专业不对口的公司里干得并不开心，所以他很想辞职开一家自己的花店。开花店最大的投资就是店面房租，大约需要 2 万多元，但是，工作还不到 1 年的小钱哪来这 2 万多元呢？2000 年 10 月份，他在报纸上看到南京一家花鸟市场的招商广告，广告上承诺第一批进场设摊者均可享受免收半年租金的优惠。这真是天大的喜讯！小钱毫不犹豫地申请了一个摊位，像模像样地办起了一家观赏植物批零兼营店。由于他的不少同学在花卉生产单位工作，所以资源充足，质量上乘，生意红火。

8.争取创业贷款

一般人总认为，要向银行贷款必须自己提供担保或者抵押，其实情况并非都是如此。现在有的银行为了拓展信贷业务，充分考虑了创业者寻找担保的实际困难，纷纷主动寻找担保方，为有意创业的人提供免担保贷款。黄志大学毕业后回到上海，一直没有找到称心的工作，他看到自己居住的小区内有一家小型超市生意非常红火，黄志心想：不如自己开个超市自己给自己干。但是一打听，办个小超市投资起码得 6、7 万元，只好作罢。2000 年 8 月份，上海浦东发展银行与联华便利签约，推出面向创业者的“投资 7 万元，做个小老板”的特许免担保贷款业务，由于联华便利是合作方为创业者提供了集体担保，浦发银行可向通过资格审查的申请者提供 7 万元的创业贷款。黄志获悉后立即递交了申请。两个月后，他顺利地从浦发银行领到了贷款，在控江路上如愿以偿地开起了自己的小超市。

9.争取政策性扶持资金

作为调节产业导向的有效手段，各地政府部门每年都会拿出一些扶持资金，

例如近年来杭州市提出建设“天堂硅谷”，把发展高科技作为重点工程来抓，与之相配套的措施是杭州市及各区县均建立了“孵化基地”，为有发展前途的高科技人才提供免费的创业园地，并拨出数目相当可观的扶持资金。假如你是高科技人才，不妨争取这样的政策性扶持，一旦成功，资金问题就会迎刃而解。李教授任教于无锡某工业大学计算机系，但他并不甘于仅搞教学，他十分希望办个软件公司，发挥自己另一方面的才能。怎奈工资微薄，没有资金搞创业。1997 年，他得知杭州市将创办高科技企业孵化基地，对通过资格审查的企业将提供免 3 年租金的办公场所，并给予一定的创业扶持资金。这无疑是一个难得的创业机会，李教授立即带领几个成绩优秀的学生创办了一家软件公司，不仅成功地进驻了位于杭州文三路黄金地段的百多平方米的办公场所，而且还得到了10 万元的扶持资金，正好用来作为创业资金。

(二)注册登记

新创企业登记注册，是国家建立现代企业制度，建立企业的正常市场进入制度，确认企业的法人资格或营业资格，行使国家管理经济职能的一项行政监督管理制度。它在企业进行登记申请，由工商行政机构进行审核批准后进行。

它是对企业法人资格依法确认的具体反映，是企业合法经营的依据，它具有法律效力，企业在核定的登记注册事项的范围内，从事生产经营，依法享有民事权利，承担民事义务，受到法律保护。它分为企业法人登记注册事项与企业营业登记注册事项。

企业法人登记注册事项主要有：名称、住所、经营场所、法定代表人、经济性质、经营范围、经营方式、注册资金、从业人数、经营期限、分支机构等。

企业营业登记注册的事项则主要有：名称、地址、负责人、经营范围、经营方式、经济性质、隶属关系、资金数额等。

创业者企业注册登记需要准备的基本材料有：

1. 申请设立有限责任公司(2～50 个股东)需要准备的基本材料

(1)股东身份证明复印件(营业执照、身份证)，外地自然人须办暂住证。

(2)无业证明：待业、下岗、退休等证明须复印件，辞职证明须打印件原件。(外地自然人由原籍企业、居委会、村委会、人才市场等机构开具)

(3)法人代表照片 4 张。(1 寸、2 寸、彩色、黑白均可)

(4)办公场所租(借)房协议 1 份(须原件)及出租(借)方产权证明(复印件)。

(5)验资凭证：现金、货物。

(6)法人股东需提交上月资产负债表及损益表、股东会决议(同意出资)。

(7)拟定企业名称:(行政区域+字号+行业特征+组织形式)。

(8)拟核准经营范围及前置审批项目批文(有关行业须政府部门审批)。

(9)财务人员身份证及会计上岗证原件(税务局)。

2.申请设立股份合作制企业(8个以上股东)需要准备的基本材料

(1)股东身份证明复印件(营业执照、身份证),外地自然人须办暂住证。

(2)无业证明:待业、下岗、退休等证明须复印件,辞职证明须打印件原件。(外地自然人由原籍企业、居委会、村委会、人才市场等机构开具)

(3)法人代表照片2张(1寸、2寸、彩色、黑白均可)。

(4)办公场所租(借)房协议1份(原件)及出租(借)方产权证明(复印件)。

(5)验资凭证:现金、货物(最低注册资本3万元)。

(6)拟定企业名称:(行政区域+字号+行业特征+组织形式)除有限公司外,中心、研究所、工厂、销售部等组织形式均可使用。

(7)拟核准经营范围及前置审批项目批文(有关行业须政府部门审批)。

(8)提供财务人员身份证及会计上岗证原件(税务局)。

3.申请设立个人独资企业需要准备的基本材料

(1)本人身份证复印件(外地人须办暂住证)。

(2)无业证明:待业、下岗、退休等证明须复印件、辞职证明须打印件原件。(外地自然人由原籍企业、居委会、村委会、人才市场等机构开具)

(3)本人照片2张(1寸、2寸、彩色、黑白均可)。

(4)租房协议(须到租房所在区房产局签订正式协议,按租金7%缴房产税和营业税)及出租方产权证明复印件。

(5)验资凭证(无须验资,注册资本自报不要超过15万元)。

(6)拟定企业名称:(行政区域+字号+行业特征+组织形式)除有限公司外,中心、研究所、工厂、销售部等组织形式均可使用。

(7)拟核准经营范围及前置审批项目批文(有关行业须政府部门审批)。

(8)提供财务人员身份证及会计上岗证原件(税务局)。

第八章 高职大学生就业权益与法律保障

高职大学毕业生进入职场，将面临与学校截然不同的环境。由于目前存在着就业难的客观现实，某些用人单位动则摆出一副居高临下的架势，或随意处置双方的法律关系，或不合理地加大工作指标、压低劳动报酬，甚至不给劳动者缴纳“四金”。因此，学习与掌握相关法律法规，依法维护自身权益，成为每一位大学毕业生今后畅行职场的必备知识。

第一节　毕业生就业权益及其保护

一　毕业生就业权益的主要内容

毕业生作为毕业生就业的一个重要主体，在就业过程中享有多方面的权益，根据目前就业规范的有关规定，毕业生主要享有以下几方面的权益。

(一)获取信息权

就业信息是毕业生择业成功的前提和关键，只有在充分占有信息的基础上，才能结合自身情况选择适合自身发展的用人单位。毕业生获取信息权，应包括三方面含义：

(1)信息公开，即所有用人信息向全体毕业生公开，任何单位和个人不得隐瞒、截留需求信息。

(2)信息及时，也就是毕业生获取的信息必须是及时、有效，而不能将过时无利用价值的信息传递给毕业生。

(3)信息全面，毕业生有权获得准确、全面的就业信息，以便对用人单位有全面的了解，从而作出符合自身要求的选择，而不是盲目的。

(二)接受就业指导权

学生有权从学校接受就业指导，学校应成立专门机构，安排专门人员对毕业生进行就业指导，包括向毕业生宣传国家关于毕业生就业的有关方针、政策；对毕业生进行择业技巧的指导；引导毕业生根据国家、社会需要，结合个人实际情况进行择业。使毕业生通过接受就业指导，准确定位，合理择业。当然，随着毕业生就业真正市场化，毕业生也将由从学校接受就业指导而转为主动到市场接受就业指导，这种市场指导可以是有偿的。

(三)被推荐权

高等职业院校在就业工作中的一个重要职责就是向用人单位推荐毕业生。历年工作经验证明，学校的推荐往往在较大程度上影响到用人单位对毕业生的取舍。毕业生享有被推荐权包含这样几方面内容。

(1)如实推荐，即高校在对毕业生进行推荐时，应实事求是，根据毕业生本人的实际情况向用人单位进行介绍、推荐。不能故意贬低或随意捧高对毕业生在校表现的评价。

(2)公正推荐，学校对毕业生进行推荐应做到公平、公正，应给每一位毕业生以就业推荐的机会，不能厚此薄彼。公正推荐是学校的基本责任，也是毕业生享有的最基本的权益。

(3)择优推荐，学校根据毕业生的在校表现，在公正、公开的基础上，还应择优推荐，用人单位在录用毕业生时也应坚持择优标准。真正体现优生优分，学以致用、人尽其才。这样才能调动广大毕业生和在校生学习的积极性。毕业生在就业过程中只能凭自身综合素质的提高来取胜。

(四)选择权

根据国家有关规定，毕业生在国家就业方针、政策指导下自主择业。毕业生只要符合国家的就业方针、政策，可以自主地选择用人单位，学校、其他单位和个人均不得干涉。任何将个人意志强加给毕业生，强令毕业生到某单位的行为是侵犯毕业生选择权行为。毕业生可结合自身情况自主与用人单位协商，要求学校予以推荐，直至签订就业协议。

(五)公平待遇权

用人单位录用毕业生的过程中，也应公平、公正，一视同仁。但在当前，毕业生的公平受录用权受到很大的冲击，也最为毕业生所担忧。由于各项配套措施滞后，完全开放公平的就业市场尚未真正形成，用人单位录用毕业生还不同程度存在不公平、不公正的现象，如女生就业难仍然是困扰女毕业生就业的一大问题。公平受录用权是毕业生最为迫切需要得到维护的权益。

(六)违约及求偿权

毕业生、用人单位、学校三方签订协议后，任何一方不得擅自毁约。如用人单位无故要求解约，毕业生有权要求对方严格履行就业协议，否则用人单位应对毕业生承担违约责任，支付违约金，毕业生有权利要求用人单位进行补偿。

二 高职大学生求职过程中的权益保护

从高校毕业生求职择业程序来看，一般有以下主要环节组成：了解有关就业政策，收集处理就业信息，做好个人求职资料准备和心理准备，参加“供需见面，双向选择”活动，签订就业协议书、毕业离校报到等。在上述环节中，毕业生与用人单位见面“双选”、签订就业协议、就业报到等阶段客观上对毕业生合法权益保护来说相对比较重要。

虽然毕业生享有上述权益，但在就业过程中的一些环节中往往会出现一些侵害毕业生权益的行为，毕业生可通过以下途径对自身权益实施保护。

1.毕业生就业主管部门的保护

毕业生就业主管部门可通过制定相应的规范来确定毕业生的权益，并对侵犯毕业生权益的行为以抵制或处理。例如：《上海市高校毕业生就业信息登记制度具体实施办法》规定：对不履行就业信息公开登记手续，侵犯毕业生获取信息权的，市高校毕业生就业办公室不予审批非上海生源高校毕业生进沪就业；不予审批就业计划和打印就业派遣报到证；同时对这种情况给予通报批评，严重者将取消其录用毕业生的资格。

2.高校的保护

高校对毕业生权益的保护最为直接。高校可通过制定各项措施来规范毕业生就业指导和就业推荐，对于用人单位在录用毕业生过程中的不公平、不公正行为，学校有权予以抵制以维护毕业生公平受录用权。对于用人单位与毕业生签订不符合有关规定的就业协议，学校有权不予同意，未经学校同意的就业协议不发生法律效力，不能作为编制就业计划的依据。

3.毕业生自我保护

毕业生权益保护的一个重要方面就是毕业生自我保护，毕业生自我保护体现在三方面：

(1)毕业生应了解目前国家关于毕业生就业的有关方针、政策和规范以及它们之间的关系，熟悉毕业生在就业过程中的权利和义务，这是毕业生权益自我保护的前提。如果在就业过程中因为所谓的公司规定或部门规定与国家政策法规有抵触，侵犯了自己的权益，则可以依据法规办事，维护自己的合法权益。

(2)毕业生应自觉遵循有关就业规范，接受其制约，保证自己的就业行为不违反就业规范，不侵犯其他毕业生的合法权益。毕业生如有下列情形之一，由学校报地方主管毕业生调配部门批准，不再负责其就业。在其向学校缴纳全部培养费和奖助学金后，由学校将其户粮关系和档案转至家庭所在地，按社会待业人员处理：①不顾国家需要，坚持个人无理要求，经多方教育仍拒不改正；②自派遣之日起，无正当理由超过三个月不去就业单位报到的；③报到后拒不服从安排或无理要求被用人单位退回的；④其他违反毕业生就业规定的。

(3)在用人单位接收毕业生的过程当中，毕业生也应对自身权益进行自我保护。如：按照国家规定毕业生在报到后应享受正常的福利待遇如养老金、公积金等；对某些工作岗位的特殊体质要求，用人单位应在与毕业生双向选择时就明确，否则不得以单位体检不合格为由比如仅仅是肝功能表面抗原阳性等将学生退回学校；另外正常的人才流动也应根据国家和当地的有关人才流动规定，不应受到限制；报到后毕业生发生疾病不能坚持正常工作的，则按单位在职人员有关规定处理，不能退回学校，毕业生应对自己的权利有正确认识。

(4)毕业生应学会运用法律手段维护自身的合法权益。针对侵犯自身就业权益的行为，毕业生有权向用人单位上级主管部门和学校进行申诉并听取他们的处理意见，同时也可提交给当地的劳动争议仲裁机构进行调解和仲裁，也可以直接向人民法院提起诉讼。

第二节　高职大学生就业的法律保障

为切实保障毕业生就业工作的顺利进行，保障毕业生就业活动的有序开展，近年来我国政府和有关部门制定了一系列的就业政策和法规。主要可以分为以下几类：一是教育部及有关部委关于毕业生就业的规范，如《普通高等学校毕业生就业暂行规定》；二是各地方就业主管部门根据本地方实际情况出台的有关毕业生就业的规范性文件，用于规范指导本地方的毕业生就业；三是高等学校结合学校实际，根据国家的就业方针、政策和规定以及主管部门工作意见制定的本校毕业生就业工作实施办法、细则。与毕业生就业相关的法律、法规主要有《中华

人民共和国高等教育法》、《中华人民共和国合同法》、《中华人民共和国劳动法》、《国家公务员暂行条例》等。

一 就业协议的法律性质

（一）就业协议的概念及特征

就业协议，乃明确毕业生、用人单位和学校在毕业生就业工作中权利和义务的书面表现形式。就业协议是由学校作为推荐人，毕业生与用人单位签订的一份意向性协议，它明确了毕业生、用人单位和学校在毕业生就业工作中的权利和义务。这个协议是强制性的，用人单位在接收应届毕业生时都要签订此协议。就业协议的法律特征主要为：

（1）主体：就业协议适用于应届毕业生与用人单位、学校三方之间，学校是就业协议的签订方之一，就业协议对用人单位的性质没有规定，适用任何单位。

（2）内容：就业协议的内容主要是毕业生如实介绍自身情况，并表示愿意到用人单位就业，用人单位表示同意接收该毕生生，学校同意推荐该毕业生，列入就业方案并纳入就业情况统计。其中的权利和义务是就业协议三方主体在安排就业过程中享有的权利和义务，它不涉及毕业生在具体工作中所享有的权利义务。

（3）合同类型：就业协议是毕业生与用人单位签订的一份意向性协议，就业协议适用于《合同法》。就业协议书一经毕业生、用人单位、学校签署即具有法律效力，对毕业生及用人单位有约束力。

该协议一般由教育部或各省、市、自治区就业主管部门统一制表。

（二）就业协议的主要内容

（1）毕业生应按国家法规就业，向用人单位如实介绍自己的情况，了解用人单位的使用意图，表明自己的就业意见，在规定的时间内到用人单位报到，若遇到特殊情况不能按时报到，需征得用人单位同意。

（2）用人单位要如实介绍本单位的情况，明确对毕业生的要求及使用意图，做好各项接收工作。

（3）学校要如实向用人单位介绍毕业生的情况，做好推荐工作，用人单位同意录用后，经学校审核列入建议就业计划，报主管部门批准，学校负责办理派遣手续。

(4)各方应严格履行协议，任何一方若违反协议，应承担违约责任。

(5)其他补充协议。

(三)就业协议的订立

1. 订立的原则：是指三方在订立就业协议时必须遵循的基本准则。

(1)主体合法原则：签订就业协议的当事人必须具备合法的主体资格。对毕业生而言，就是必须要取得毕业资格，如果学生在派遣时未取得毕业资格，用人单位可以不予接收而无须承担法律责任。对用人单位而言，用人单位必须具有从事各项经营或管理活动的能力，单位应有录用毕业生计划和录用自主权，否则毕业生可解除协议而无须承担违约责任。对高校而言，高校根据用人单位的要求如实介绍毕业生的在校表现，也应如实将所掌握的用人单位的信息发布给毕业生。高校是毕业生就业协议的一个重要组成部分。

(2)平等协商原则：就业协议的三方在签订就业协议时的法律地位是平等的，一方不得将自己的意志强加给另一方。学校也不得采用行政手段要求毕业生到指定单位就业(不包括有特殊情况的毕业生)，用人单位亦不应在签订就业协议时要求毕业生交纳过高数额的风险金、保证金。三方当事人的权利义务应是一致的。除协议书规定内容外，三方如有其他约定事项可在协议"备注"内容中加以补充确定。

2. 订立的步骤

就业协议的订立一般要经过两个步骤，即要约和承诺。

(1)要约：毕业生持学校统一印制的就业推荐表或复印件参加各地供需洽谈会(人才市场)，进行双向选择，或向各用人单位寄发书面材料，应视为要约邀请，用人单位收到毕业生材料，对毕业生进行考察后，表示同意接收并将回执寄到高校毕业生就业工作部门或毕业生本人，应为要约。

(2)承诺：毕业生收到用人单位回执或通过其他方式得到用人单位答复后，从中作出选择并到学校毕业生就业工作部门领取就业协议书，与用人单位签订协议，即为承诺。

由于毕业生就业工作比较繁琐，比较具体，有时很难明确分为要约和承诺两个步骤。比如：有的毕业生参加公务员考试，达到面试线后，到用人单位参加面试、体检，用人单位也对毕业生进政审、阅档，表示同意接收，在这种情况下，毕业生应与该用人单位签订就业协议，而不应再选择其他单位。又如，用人单位到学校挑选毕业生，毕业生自己主动报名，经学校积极推荐，用人单位也表示同意接收，但要回到单位后再正式发函签协议，在这种情况下，毕业生也应安心等待与

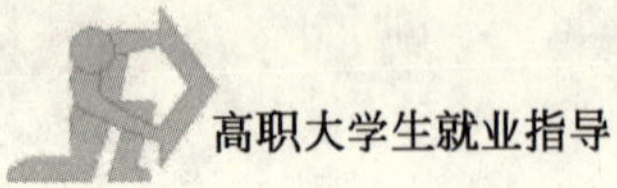

用人单位签约,而不能出尔反尔,以未正式签协议为由,置学校信誉于不顾,在这过程中与其他单位签约,这样也浪费了其他毕业生的就业机会。

3. 签订就业协议的程序

一是毕业生和用人单位达成协议并在就在协议书上签名盖章,用人单位应在协议书上注明可以接收毕业生档案的名称和地址。二是用人单位上级主管部门批准盖章。三是用人单位必须在与毕业生签订协议书起的十个工作日内将协议书送学校毕业生就业的工作部门。四是学校同意盖章,并及时将协议书反馈用人单位。

(四)无效协议

无效协议是指欠缺就业协议的有效要件或违反就业协议订立的原则从而不发生法律效力,无效协议自订立之日起无效。

(1)就业协议未经学校同意视为无效。如有的协议经学校审查认为对毕业生显失公平,或违反公平竞争、公平录用的原则,学校可不予认可。

(2)采取欺骗等违法手段签订的就业协议无效,如用人单位未如实介绍本单位情况,根本无录用计划而与毕业生签订就业协议。无效协议产生的法律责任应由责任方承担。

(五)就业协议的解除

就业协议的解除分为单方解除和三方解除。

(1)单方解除,包括单方擅自解除和单方依法或依协议解除。单方擅自解除协议。属违约行为,解约方应对另两方承担违约责任。单方依法或依协议解除,是指一方解除就业协议有法律上或协议上的依据,如学生未取得毕业资格,用人单位有权单方解除就业协议,毕业生录取研究生后,可解除就业协议,或依协议规定,毕业生未通过用人单位所在地组织的公务员考试,用人单位有权解除协议,此类单方解除,解除方无须对另两方承担法律责任。

(2)三方解除是指毕业生、用人单位、学校三方经协商一致,解除原订立的协议,使协议不发生法律效力。此类解除因是三方当事人真实意思表示一致的体现,三方均不承担法律责任,三方解除应在就业计划上报主管部门之前进行,如就业派遣计划下达后三方解除,还须经主管部门批准办理调整改派。

(六)就业协议的违约责任及影响

就业协议书一经毕业生、用人单位、学校签署即具有法律效力,对毕业生及用人单位有约束力，任何一方不得擅自解除，否则负违约责任，违约方应向权利受损方支付协议条款所规定的违约金。从实际情况来看，就业违约多为毕业生违约。毕业生违约，除本人应承担违约责任，支付违约金外。往往还会造成其他不良的影响，主要表现在：

(1)就用人单位而言，用人单位往往为录用毕业生做了大量的工作，有的甚至对毕业生将要从事的具体工作也有所安排。同时毕业生就业工作时间相对比较集中，一旦毕业生因某种原因违约，势必使用人单位的录用工作付之东流，用人单位若另起炉灶，选择其他毕业生，在时间上也不允许。从而给用人单位工作造成被动。

(2)就学校而言，用人单位往往将毕业生违约行为认为是学校的行为，从而影响学校和用人单位的长期合作关系。用人单位由于毕业生存在违约现象，而对学校的推荐工作表示怀疑。从历年上情况看，一旦毕业生违约，该用人单位在几年之内不愿到学校来挑选毕业生。面对激烈的就业竞争，用人单位需求就是毕业生择业成功的前提，如此下去，必定影响今后学校的毕业生就业工作。同时影响学校就业计划方案的制定和上报，并影响学校的正常派遣工作。

(3)就其他毕业生而言，用人单位到校挑选毕业生，一旦与某毕业生签订就业协议，就不可能再录用其他毕业生。若日后该毕业生违约，有些当初希望到该用人单位工作的其他毕业生由于录用时间等原因，也无法补缺，造成就业信息的浪费，影响其他毕业生就业。因此，毕业生在就业过程应慎重选择，认真履约。

 劳动合同的法律性质

(一)劳动合同的概念

劳动合同是毕业生与用人单位双方签订的确立劳动关系、明确权利义务的协议。

(二)劳动合同的必备条款

《中华人民共和国劳动法》(1994 年 7 月 5 日第八届全国人民代表大会常务委员会第八次会议通过 1994 年 7 月 5 日中华人民共和国主席令第 28 号公布 1995 年 1 月 1 日起施行)第十九条规定，劳动合同应当以书面形式订立，并应具备七个方面的条款。劳动合同除包括此七个方面的必备条款外，当事人还可以协商约定其他内容，即我们上期文章中提到的约定条款。法定条款与约定条款

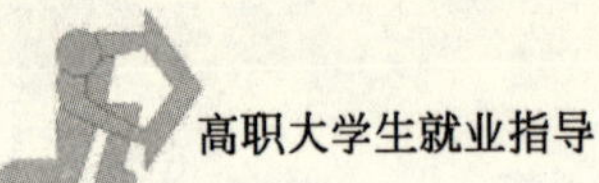

不同,某些条款受到法律法规的严格限制,甚至对条款的内容都做了具体的规定。这些法律规定从劳资间强弱失衡的现实出发,最大限度地保护了劳动者的权益。具体而言这七个方面的内容如下:

(1)劳动合同的期限。即劳动合同从哪一天开始到哪一天结束。目前就期限来说,我国的劳动合同可以分为有固定期限和无固定期限以及以完成一定的工作为期限。在白领当中,固定期限劳动合同比较普遍。固定期限的劳动合同,应明确劳动合同的开始期限和终止期限。但是,已经在同一用人单位连续工作十年以上的白领,同样可以要求与用人单位签订无固定期限的劳动合同,无固定期限劳动合同,应明确劳动合同的开始期限及终止条件。

(2)工作内容。即所从事的工作和工作岗位。应当尽量明确地书写工作和岗位,做到定岗定位。因为岗位的设定直接关系到劳动者是否能够胜任工作、是否负有保密责任以及以后续订合同时是否可以约定试用期等一系列问题。

(3)劳动保护和劳动条件。很多人在阅读劳动合同时往往不太注意这部分,实际上一般来说这部分恰是劳动合同的最大板块,其内容几乎涵盖了半部《劳动法》,第四章工作时间和休息休假、第六章劳动安全卫生、第七章女职工和未成年工特殊保护、第八章职业培训、第九章社会保险和福利等规定都具体反映在这一部分。

(4)劳动报酬。应写明劳动报酬的具体数额或计算方法及支付日期,并明确该劳动报酬是税前还是税后一般就可以了,其他不是很重要。

(5)劳动纪律。劳动法中没有过多的规定,劳动合同一般也只做原则性规定,主要反映在企业内部规章制度中,劳动者对此也应做详细了解,因为这涉及日后解除劳动合同的理由是否成立等。

(6)劳动合同终止的条件。应当严格按照法律法规的有关规定订立,对不符合劳动法律法规的规定,不发生终止劳动合同的效力。有的用人单位将劳动法律法规规定的解除条件约定为劳动合同终止的条件,从而规避应承担的解约的补偿责任,这种约定是违法的,即使约定了也是无效条款。

(7)违反劳动合同的责任。根据《上海市劳动合同条例》的规定,劳动合同中对劳动者违约金的约定只能包含违反服务期约定的和违反保守商业秘密约定的两类。其他约定均属无效约定。

以上七个条款是劳动合同生效的法定要件,但是劳动合同的无效不等同于劳动关系的无效。即使劳动合同在形式上存在缺陷,但是只要有劳动关系存在,劳动者的合法权益仍然受保护。

就业协议与劳动合同的异同

在毕业生刚从学校毕业，进入工作岗位时，常常将就业协议与另一个概念混淆，那就是劳动合同。劳动合同是毕业生与用人单位双方签订的确立劳动关系、明确权利义务的协议。就业协议与劳动合同具有相似的外表，两者都是一种契约，并且都具有调整毕业生与用人单位的作用。但是，进一步的了解之下，两者是完全不同的两个契约。就业协议和劳动合同是两个不同的概念，适用于不同的法律，具有不同法律效力。两者在各自领域都发挥重要的作用。

(一)就业协议与劳动合同的关系

就业协议与劳动合同是用人单位录用毕业生时所订立的书面协议，但两者分处两个相互联系的不同阶段，表现在：

(1)毕业生就业协议是毕业生在校时，由学校参与见证的，与用人单位协商签订的，是编制毕业生就业计划方案和毕业生派遣的依据，劳动合同是毕业生与用人单位明确劳动关系中权利义务关系的协议，学校不是劳动合同的主体，也不是劳动合同的见证方，劳动合同是上岗毕业生从事何种岗位、享受何种待遇等权利和义务的依据。

(2)毕业生就业协议的内容主要是毕业生如实介绍自身情况，并表示愿意到用人单位就业、用人单位表示愿意接收毕业生，学校同意推荐毕业生并列入就业计划进行派遣。劳动合同的内容涉及劳动报酬、劳动保护、工作内容、劳动纪律方方面面，更为具体，劳动权利义务更为明确。

(3)一般来说就业协议签订在前，劳动合同订立在后，如果毕业生与用人单位就工资待遇、住房等有事先约定，亦可在就业协议备注条款中予以注明，日后订立劳动合同对此内容应予认可。

(4)就业协议是毕业生和用人单位关于将来就业意向的初步约定，对于双方的基本条件以及即将签订劳动合同的部分基本内容大体认可，并经用人单位的上级主管部门和高校就业部门同意和见证，一经毕业生、用人单位、高校、用人单位主管部门签字盖章，即具有一定的法律效应，是编制毕业生就业计划和将来可能发生违约情况时的判断依据。

(二)就业协议与劳动合同的不同

就业协议与劳动合同两者的区别主要有以下四方面：

一是主体不同。就业协议适用于应届毕业生与用人单位、学校三方之间，学校是就业协议的签订方之一，就业协议对用人单位的性质没有规定，适用任何单位；而劳动合同只适用于劳动者（含应届毕业生）与用人单位（不含公务员单位和比照实行公务员制度的社会团体以及军队系统）之间，与学校无关。

二是内容不同。就业协议的内容主要是毕业生如实介绍自身情况，并表示愿意到用人单位就业，用人单位表示同意接收该毕业生，学校同意推荐该毕业生，列入就业方案并纳入就业情况统计，它不涉及毕业生在具体工作中所享有的权利义务。而劳动合同涉及劳动报酬、劳动保护、工作内容、劳动纪律等，劳动权利义务关系更为明确。

三是签订时间不同。一般而言，就业协议签订在先，劳动合同往往在毕业生到用人单位报到后才签订。因为二者签订时序不同，容易导致内容条款上的不一致，从而引发纠纷。

四是法律适用不同。就业协议适用于《合同法》，劳动合同适用于《劳动法》。

第三节　求职与就业过程中应注意的若干问题

毕业生在求职择业及上岗成为新职业者的过程中，依法享有不容侵犯的就业权益。但是在现实中，毕业生的就业权益经常受到有意或无意的侵犯，既损害了毕业生的利益，挫伤了毕业生服务社会的积极性，也影响了毕业生的职业发展前程。因此，大学生在求职与见习的过程中，应该时刻注意对自身合法权益的维护，以便能够顺利择业，愉悦上岗，并在将来的事业上有所建树。毕业生的就业权益保护主要分两个阶段，一个是求职择业过程中（即首次就业）的权益保护，另一个是就业上岗后（即劳动关系）的权益保护。不同阶段的权益保护有着不同的侧重内容：前者主要集中在就业协议的签订、试用期的纠纷方面，后者主要集中在劳动合同的履行方面。

一　求职过程中应注意的问题

由于社会比较复杂，求职者在求职过程中，一定要有安全防范意识。

(1)拒交各种名义的费用。任何招聘单位，以任何名义向求职者收取抵押金、服装费、产品押金、风险金、报名费、培训费等行为，都属非法行为。招聘单位培训本单位的职工，也不准收取培训费。求职者遇到此类情况，要坚持拒交，并向招聘单位所在地区举报，以确保自己的合法权益不受侵害。

(2)不轻信许诺到外地上岗。对外地企业或某某外地分公司、分厂、办事处的高薪招聘，不论其待遇多么好，求职者千万要保持清醒的头脑和高度的警惕，不要轻信他的口头许诺，一是不去，二是到劳动保障部门咨询，并办理相关的手续，否则会吃大亏，被骗工骗钱甚至被人贩子骗卖，悔之晚矣。

(3)掌握劳动法规和相关政策。求职者在求职前或求职过程中，应主动学习一些劳动法规和相关政策，提高自己的求职素质和独立思考的能力。

(4)多种途径了解公司背景。在求职者正式进入单位之前，想方设法加强对企业的了解以免误入骗子设下的陷阱。比如：注意招聘单位的营业执照等相关证件；正规单位招聘一般会将招聘地点设在单位的办公室、会议室，一些以租用房间作为应聘地点的单位，要警惕。

(5)谨慎签订劳动合同。与用人企业签合同时，求职者要"三看"：一看企业是否经过工商部门登记以及企业注册的有效期限，否则所签合同无效；二看合同字句是否准确、清楚、完整，不能用缩写、替代或含糊的文字表达；三看劳动合同是否有一些必备内容，包括劳动合同期限、工作内容、劳动保护和劳动条件、劳动报酬、社会保险和福利、劳动纪律、劳动合同终止的条件、违反劳动合同的责任等。必须签书面合同，试用期内也要签合同。

(6)发觉被骗，及时报案。求职者一旦发觉上当受骗，要及时向招聘单位所在地的人事局、劳动局监察大队或公安局派出所报案，寻求法律保护。但由于劳务诈骗往往涉及公安、工商、劳动、人事等部门，求职者应该根据情况选择最有效的投诉部门，若被投诉对象为合法机构，求职者可以找劳动部门；若求职受骗情况特别严重、诈骗金额大，可以到公安部门进行报案。

(7)慎用网络招聘，现时期网络招聘正在以它强大的信息功能、方便快速的投递方式、变被动为主动的求职方式，在人才招聘领域占据了越来越重要的位置。网上求职的陷阱能否规避，成为非常关心的一个话题。对此，中华英才网上海公司总经理汤圣平表示，网络求职陷阱仅仅依靠目前的技术还无法将其规避，更多的只能依靠求职业者自身的警惕及网络招聘企业的自律。网络招聘存在求职者的资料泄露带来麻烦，不少求职者会突然接到一些自己从来没投过简历的保险公司或传销公司的电话，还有些人发现，自己用来求职的照片被放在了不法网站。

二 就业过程中应注意的问题

(一)如何签订劳动合同？

我国的劳动法规定，劳动合同应该是以书面形式订立，但是目前仍然有许多

的用人单位逃避约束，以各种各样的借口不与劳动者订立书面劳动合同，对此，有关专家对劳动者提出两条建议，与其任人宰割，不如趁早远离这样的单位，已经形成事实劳动关系的，劳动者依法向劳动保障行政部门举报。

(1)签约单位的合法性在签订劳动合同时，应仔细察看企业是否经过工商部门登记以及企业注册的有效期限。否则，所签订的劳动合同是一份无效合同。

(2)劳动合同应依法订立。只有主体合法、内容合法、形式合法、程序合法的劳动合同才能产生法律效力。不合法的劳动合同，属于无效合同，不受法律承认和保护。

(3)合同双方地位的平等性。在劳动合同订立的过程中，劳动者与企业之间的法律地位是平等的。只有做到地位平等，才能使所订立的劳动合同具有公正性。

(4)合同的订立必须采取书面形式。劳动合同都有一定的期限，而且劳动关系非常复杂，涉及诸多内容。采取书面形式使权利义务明确具体，有利于合同的履行。一旦发生争议，也有据可查，便于争议的解决。

(5)合同的具体性。劳动合同字句要准确、清楚、完整、明白易懂，不能用缩写、替代或含糊的文字表达，否则就可能在劳动执行过程中产生误解或曲解，从而带来不必要的争议，给用人单位和劳动者双方造成损失，也为合同争议的处理带来困难。

另外还有特殊的法定必备条款，这是法律要求某种或者某几种劳动合同必备的条款，有的劳动合同由于自身的特殊性，立法之中特别要求除了规定一般的法定必备条款之外，还必须规定一定的特有条款，例如，根据我国《中外合资经营企业劳动管理现定》和《私营企业劳动管理暂行规定》的规定，中外合资企业劳动合同和私营企业劳动合同中应包括工时和休假条款 。

根据劳动部《关于贯彻执行＜劳动合同法＞若干问题的意见》第四条规定，用人单位在与劳动者签订劳动合同时，不得以任何形式向劳动者收取定金，保证金或抵押金。违反规定的，应由公安部门和劳动行政部门责令用人单位立即退还劳动者本人。另需指出的是，社会保险在我国属法定保险，因而未被列八合同必备条款。

(二)试用期如何约定？

试用期，顾名思义就是劳动关系的试验阶段，但绝非是用人单位对劳动者的单方试用。试用期是用人单位和劳动者为了相互了解、相互约定的考察期。在这段期间内，用人单位考察员工的工作能力，员工也考察用人单位的情况，是双方互相试用的过程。

试用期作为劳动关系的特殊阶段，也是劳动纠纷的高发区。《劳动法》第二十一条规定：“劳动合同可以约定试用期。试用期最长不得超过六个月”。具体来说就是，劳动合同期限不满六个月的，不设试用期；劳动合同期限在六个月到一年的，试用期最长不超过一个月；劳动合同期限在一至三年的，试用期最长不得超过三个月；劳动合同期限在三年以上的，试用期最长不得超过六个月。

有理由退工。依照《劳动法》第二十五条规定，在试用期内，用人单位必须有证据证明劳动者不符合录用条件时，方可单方解除劳动合同。也就是说，用人单位承担的是完全的举证责任。

无理由走。依照《劳动法》第三十二条规定，劳动者在试用期内只要“通知”单位就可以解除劳动合同，无须提供任何理由。

试用期合同无效。根据《劳动部关于贯彻执行中华人民共和国劳动法若干问题的意见》的规定：“劳动者被用人单位录用后，双方可以在劳动合同中约定试用期，试用期应包括在劳动合同期限内。这就是说，试用期不是劳动合同中的法定条款，可以约定也可以不约定。而如果约定试用期，则只能在劳动合同中约定，劳动合同是试用期存在的前提条件。不允许只签订试用期合同，而不签订劳动合同”。这样签订试用期合同是无效的，但“试用期”合同的无效，并不导致劳动法对劳动者的保护失效。

(三)最低工资及劳动时间如何规定？

劳动和社会保障部发布的《最低工资规定》指出，在正常情况下，用人单位应支付给劳动者的工资，除去劳动者延长工作时间的所得工资，在夜班、高温、井下、有毒等特殊条件下享受的津贴，以及法律、法规和国家规定的劳动者享受的福利待遇(包括个人缴纳的养老、医疗、失业保险费和住房公积金；伙食补贴、上下班交通费补贴、住房补贴等法律法规和国家规定的劳动者福利待遇等)外，不得低于当地最低工资标准。对于违反规定的，劳动保障部门将责令用人单位按所欠工资的1～5倍支付劳动者赔偿金。最低工资标准一般考虑城镇居民生活费用支出，职工个人缴纳社会保险费、住房公积金、职工平均工资、失业率，经济发展水平等因素。

《劳动法》还规定：“劳动者每日工作时间不得超过8小时，平均每周工作时间不超过44小时”。如果用人单位因生产经营需要，经与工会和劳动者协商后可以延长工作时间，一般每日不超过1小时，“因特殊原因需要延长工作时间的，在保障劳动者身体健康的条件下延长工作时间每日不超过3小时，但是每月不

超过 36 小时”。也就是说，对企业违反法律、法规强迫劳动者延长工作时间的，劳动者有权拒绝。

另外，如果劳动者同意延长工作时间，用人单位必须依法向其支付不低于工资 150％的劳动报酬，休息日支付不低于工资 200％的劳动报酬，法定休假日则须支付不低于工资 300％的劳动报酬。对拒不支付劳动者延长工作时间工资报酬的用人单位，劳动行政部门可责令其支付劳动者工资报酬，经济补偿，并支付赔偿金。

（四）签约时应注意哪些问题？

目前，高校使用的就业协议书是由教育部高校学生司统一制定的，由学校、毕业生、用人单位三方共同签署后生效。它具有一定的广泛性和权威性，是学校制定就业方案、用人单位申请用人指标的主要依据，对签约的三方都有约束力。有些用人单位从自身工作考虑也制定了条款不一的就业协议或就业合同，有的是由学校、毕业生和用人单位共同签署，有的则只有用人单位和毕业生双方，没有学校意见栏。由于现在就业形势严峻，许多毕业生在签订教育部协议书的同时还要被迫签订条件苛刻的合同，而它们之间有时是相互矛盾的。因此，有必要提醒毕业生注意以下问题。

(1)签约是非常严肃的事情，也是一个法律行为，因此签约前的了解洽谈十分重要。毕业生应详细了解用人单位的情况，一般包括单位的规模、效益、管理制度等；单位的隶属也很重要。国家机关、事业单位、国有企业一般都有人事接收权；民营企业、外资企业则需要经过人事局或人才交流中心的审批才能招收职工，协议书上应签署他们的意见才能有效。毕业生还应对不同地方人事主管部门的特殊规定有所了解，除协议书外，如北京市非本地生源进京还应经过市人事局大学生处的审批，上海市、广东省、福建省等也有类似的规定。

(2)签约的一般程序为：毕业生持用人单位的接收函到院系领取教育部就业协议书，先由毕业生、院系在协议书上签署意见后交用人单位，由用人单位签署意见后再交给学校，学校签字后协议书生效。

(3)一般到用人单位报到后毕业生和用人单位要签订劳动合同书，因此在签约前了解合同书的内容是十分必要的，尤其重要的是合同书的工作年限和待遇。毕业生应向招聘人员索要样本或复印件，以免报到后发生纠纷，遭受很大损失。

(4)为避免到用人单位报到后发生纠纷，签约前达成的收入、住房和保险等福利待遇最好在协议书中写明。如果报考了研究生或准备出国，应事先向用人单位讲明，并写在协议书中。有些毕业生向用人单位隐瞒这些情况，这是不可取的，也会带来许多麻烦。

最后，也是非常重要的，遇到问题而犹豫不决时，应及时向学校主管就业的老师询问，征求他们和父母的意见，经过深思熟虑后方可签约。

(五)毕业生报到时用人单位拒绝接收怎么办？

国家规定："经过协商落实和国家毕业生分配主管部门审批的毕业生分配计划必须认真执行，未经高校和用人单位双方复议并报地方主管部门批准，学校不得随意改派毕业生，用人单位不得接收和退回毕业生"。当遇到用人单位拒绝接收时，毕业生应主动向用人单位说明情况，不要与对方争吵，更不要贸然返校，应及时与学校取得联系，由学校分清责任，按有关规定妥善处理。

若属因学校工作失误造成计划不落实，误派毕业生的，应由学校负责提出调整意见报批。由于用人单位发生重大变化(如撤并、破产、倒闭等)，无接收能力的，应及时与学校协商，合理调整。若是用人单位对毕业生提出难以达到的不符合政策规定的过高要求，则不能作为退人理由。属于毕业生本人身体有病而提出退回的，若是学生在校期间就有传染病史，精神病史，用人单位不知道，持毕业生报到时才被发现的，应允许提出退回；若是报到后才患病的，应按在职人员病假的有关规定处理。

(六)发生劳动争议如何处理？

(1)协商解决。劳动争议发生后，当事人就争议事项进行商量，使双方消除矛盾，找出解决争议的方法。不愿协商或者协商不成的，当事人可以并有权申请调解或仲裁。

(2)企业调解。劳动争议发生后，当事人可以向本单位劳动争议调解委员会申请调解，企业调解达成协议的，制作调解书，双方当事人应自觉履行(此协议不具有法律约束力)；如果从当事人申请之日起三十日内未达成协议，则视为调解不成。当事人可以在规定的期限 60～90 天内，向劳动争议仲裁委员会申请仲裁。另外，当事人不愿调解或调解达成协议后反悔的，也可直接向仲裁委员会申请仲裁。

(3)劳动仲裁。劳动争议一般由所在行政区域内的劳动争议仲裁委员会受理，当发生争议的单位与职工不在同一劳动争议仲裁委员会管辖地区时，由职工当事人工资关系所在地的劳动争议仲裁委员会处理。如果当事人任何一方对裁决不服，则应在收到裁决书 15 日内向当地人民法院起诉，期满不起诉的，裁决书即发生法律效力，当事人对发生法律效力的调解书和裁决书应当依照规定的期

限履行。

(4)法院判决。当事人任何一方不服裁决向人民法院起诉的,法院将按照民事诉讼法的有关程序进行。首先对双方当事人进行民事调解,如果双方当事人就劳动争议达成协议,法院将制定民事调解书,调解书一经送达当事人立即生效,与判决书具有同等法律效力。如果调解不成,法院应当在规定的时间内做出书面判决。原被告任何一方对判决不服的,可在法定期限(自收到判决书起15日)内向上级人民法院提起上诉。

(七)遗失《报到证》怎样申请补发?

《报到证》是毕业生就业中十分重要的衔接手续:学校凭上报审批的毕业生就业计划和《报到证》派遣毕业生,毕业生须持《报到证》在规定的时间内到用人单位报到,用人单位凭《报到证》办理接收毕业生的手续。

毕业生派遣后《报到证》遗失的,应当由本人提出申请,毕业生所在学院毕业生就业工作领导小组负责人签署意见后,到学校毕业生就业指导办公室办理补发手续。户粮关系遗失的,按照上述规定和户粮关系补办的有关规定到学校户粮管理部门办理。由于遗失证件而引起的后果由毕业生本人承担。

(八)毕业生的户口关系如何转移?

毕业生户口关系的转移,由学校户口管理部门到辖区公安机关按规定办理,公安机关按《报到证》上标明的就业单位地址迁移户口。毕业生不得自行指定迁移地址。领到户口迁移证后,毕业生应仔细核对并妥善保管,不要折皱污损,更不能丢失,有错漏不能自行涂改,否则作废。到工作单位报到后,持户口迁移证和报到证及工作单位证明到辖区公安部门办理户口迁移手续。

对毕业离校时未落实工作单位的高校毕业生,本人要求户口和人事档案保留在学校的,按规定保留两年。在此期间,档案管理机构对保管其档案免收服务费用;本人要求将户口转回入学前户籍所在地的,公安机关应当按照户籍管理规定为其办理落户手续。档案可转入户口所在地人事档案管理服务机构。

第九章
适应社会 走向成功

每年的7月，高校毕业生在完成学业、寻找工作以后，就会陆陆续续走向工作岗位，变身为职场新人。他们将面对另一种生活规则，走入人生的又一转折点。作为职场新人，在开始一段时间里，面临的第一个问题就是角色转换问题。从面向课堂到面向社会，从单纯求学到涉身职场，从简单的同学关系到复杂的同事关系，毕业生们将如何更加完美地实现这样一次转换是工作顺利的关键。

就业是学生生涯的一次告别，却可能是一个全新学习过程的开始——学习走进社会，学习融入社会，学会在社会的洪流中摆渡自我。调查表明，很多大学毕业生刚刚走进工作岗位时，一时难以适应，他们不知道该做什么，不知道该怎么做，似乎学校里的各种知识、技能都派不上用场。心理学家认为，在职场角色转化中出现的问题，对刚就业的学生来说，可被认为是一种应激源，处理不好很容易造成心理问题。因此考虑以什么样的方式，应对职业角色转换，是很有必要的，而应对方式与自身的成长环境、经历、教育状况息息相关。

尽快实行角色转换，走好职场第一步，主动积极地适应环境，是大学毕业生追求健康和谐发展，走向成功的重要一步。

第一节 角色认知与角色转换

角色一词本是戏剧术语，原指演员在戏剧舞台上按照剧本的规定所扮演的某一特定人物。美国人类学家把“角色”这个概念引入了社会学和社会心理学的研究，认为：“角色，这是地位的动力方面，个体在社会中占有与他人地位相联系的地位，当个体根据他在社会中所处的地位而实现自己的权利和义务时，他就扮演相应的角色。”我们通常认为——角色是个人在社会关系中处于特定社会地位

并符合社会要求的一套个人行为模式。个人在社会结构、社会关系和人际关系中占有一定的地位，围绕这一地位，社会各方面对其存在的各种期望，个人努力按照这些期望行事便成为一个角色。

通常，一个人会经常变换自己的角色。比如说下班回家，要从职业角色变换成家庭角色，这种经常性的角色转换，必然会生产角色冲突。当一个学生转变为员工的时候，我们就不能以学生时代的思想行为去做一个员工，但很多大学生在心理上、行为上的不适应，不协调状态，导致冲突。那么在学生到员工的角色转换过程中，尽快完成角色认知，逐步适应角色过程，最终实现角色转换就显得十分重要。

一 大学生就业后社会角色转换

社会角色，指个人在特定的社会环境中相应的社会身份和社会地位，并按照一定的社会期望，运用一定权力来履行相应社会职责的行为。大学生毕业后顺利、平稳地由学生角色向员工角色的转换，是人生关键的一步，它与以后职业转换不同，起到了承上启下的作用。社会角色是由一定的社会地位决定的，符合一定社会期望的行为模式。它是人的多种社会属性或社会关系的反映，具体地说，角色是构成社会群体或社会组织的基础，社会角色内涵由以下几个方面组成：

(1)社会角色是社会地位的外在表现。由于人的社会关系的复杂性和多样性，导致了社会角色的复杂性和多样性，人们的社会角色体现了不同的社会地位，例如对某个人来说，他既是领导又是丈夫，既是父亲和又是儿子。

(2)社会角色是行为规范和期待。所有的社会角色都有一定的权利和义务，某种角色赋予权利义务的同时也是一种行为约束规范的强加，社会之所以要对特定地位的人做出行为模式的规定，就是希望他按照行为模式行事，这就是社会角色期望。

(3)社会角色是社会群体的构成基础。正如一部戏由多个角色构成一样，一个社会群体由不同的社会角色构成，每个人都扮演着规定的角色，整个社会才会和谐发展。

二 正确认识角色转换

大学生与员工是两台戏剧中不同的角色，实现角色转换需要了解他们的区别。

1. 社会责任不同

大学生主要责任是学习，努力吸取知识，掌握一定的专业技能，具备一定的综合素质。整个角色扮演是一个吸收、储备、锻炼能力的过程;而员工角色的责任是以特定的身份去履行具体的岗位职责,运用所学专业知识解决工作中具体的问题,创造社会效益和经济效益。如果说学生角色的责任大同小异的话,那么社会角色的责任就千差万别,医生、教师、工程师、警察不同的角色有着截然不同的区别。

2.社会规范不同

学生角色规范是从教书育人的角度出发制定的,是学生成长的行为规范,处处体现了以学生为主体,以教育为手段;而社会赋予员工角色的规范更细致,更严格,以创造效益为主,一旦违背要承担责任,赔偿损失,甚至接受处罚。有些大学毕业生上岗工作马虎,一旦犯错还希望像学生时代一样,得到教师的帮助,得到学校的教育和宽恕,结果却后悔不迭——职场是不会让一个经常犯错误而又不承担责任的人长期存在的。

3.社会权利不同

学生的权利是依法接受教育,员工的权利是自己掌握的,通过具体的工作为社会付出劳动,并为自己的权利行为承担责任。

三 大学生角色转换过程中的问题

大学生在角色转换的过程中,由于对角色把握不准,认识模糊,容易造成角色紧张,角色冲突,角色不清,最终导致失败。角色转换中出现的问题归纳起来看有以下几个方面:

(1)对学生角色的依恋。对过去角色的怀旧是大多数人的心理,特别是毕业生更为强烈。十几年学生角色,一朝更改,需要有一个过程,但部分学生长期沉溺于对大学时代的回忆,只与大学同学交往,仍然是从学生角度考虑职场的问题,处理工作时,往往容易造成与工作环境脱节,成为职场另类,影响职业发展。

(2)自我评价过高,不切实际。有些大学生自认为来自高等学府,接受的是系统教育,满腹经纶,学富五车,一开口就是这主义那原理,瞧不起周围同事,不愿意干基层工作,希望能成为公司扛鼎之人,结果给人感觉就是夸夸其谈,眼高手低。要知道大学教育只是给你打开了知识的大门,很多东西需要在实践中体会、琢磨。“纸上得来终觉浅,觉知此事要躬行”就是这个道理。

(3)目标游离,定位不准。有些大学生在角色转换中不能踏实定位,浮躁不安。一会想干这,一会想干那,一会想考研,一会想出国,一会想从技术上发展,一会又想走行政道路,目标游离,给人感觉是缺乏敬业精神,朝三暮四,结果一事

无成。

四 大学生如何做好角色转换

角色转换是一个艰苦的过程，甚至会有阵痛，如蚕破茧而出、蛇蜕皮，处理得好，能轻松地完成，处理不好，可能带来永久的伤痛，大学生实现角色转换要从以下几个方面入手：

(1)安心本职工作，甘于吃苦。常言说“堂堂正正做人，踏踏实实做事。”成功属于踏实肯干的人。作为新手，要想尽快适应工作就得付出比别人更多的努力，这样才能充分了解工作环境，找到工作规律，从而对工作有一个比较合理的认识和把握。

(2)放下架子，虚心学习。要甘当“小学生”，一切从头做起，才能与你周围的人打成一片，才能学会为人处世，并在业务上有所长进，成为真正有用的人才。俗话说“少林和尚进寺，头三年挑水砍柴，再三年砍柴挑水。”只有吃得苦中苦，方能做个人上人。

(3)善于观察，勤于思考。机会总是青睐有准备的人。职场新人，要眼观六路，耳听八方，勤于思考。对工作要多问几个为什么，只有这样才能不断发现问题，并解决问题。时间长了，就提高了业务水平，使职业能力得到加强。做起事来轻车熟路，得心应手。

(4)积极工作，乐于奉献。积极工作，乐于奉献体现的是一种工作志向。态度是成功的基础，特别是当我们不能改变工作的时候，我们可以改变态度。以高度的主人翁责任感和使命感，积极工作，乐于奉献，一定会博得所有人的好感，成为职场中心人物。

总之，对于初涉职场的大学生们，他们结束的是习惯多年的校园生活，面对的是竞争与合作并存的职场制度。在这一特殊的转换期，学子们应该充分认识到角色转换的重要性，掌握角色转换的技巧，尽快地完成由学校人向职业人的转变。

第二节　尽快适应社会

从学校进入社会，面临的是一个崭新的世界。新的环境，新的人员，新的方式，新的生活。和相对封闭的大学校园相比，发生了很大变化。大学毕业生能否迅速进入新的角色，适应新的环境，很大程度上取决于他们心理素质如何。心理素质好的同学，随着环境变化，能进行自我调整，在新的环境中重建人际关系，开拓新的生活空间，产生新的归属感和稳定感，并能排除干扰，很快让工作生活进入良性循环。反之，如果大学毕业生不能适应新环境，产生适应障碍，则会影响心理健康，使环境适应更加困难。

一 适应的心理过程

心理学家沃尔曼对适应做出如下定义："一种与环境融洽和谐的关系，包括满足一个人的绝大多数需要，并且拥有符合生理和社会方面的绝大多数要求的能力；满足需要并符合要求所必需的行为变化，以便个人能与环境建立一种融洽和谐的关系。"通俗地说就是一个人需要与满足相联系的过程，是一个人通过不断的身心调整，与现实生活环境中维持一种良好的、有效的生存状态的过程。例如，在动物进化的过程中，当环境发生变化时，有些物种能随环境变化而逐步变化，最后完全适应自然而得以生存。如变色龙能随周围环境、颜色变化而改变皮肤颜色，所谓"物竞天择，适者生存"。

从心理学角度来看，适应包括以下几方面的内容：一种需要存在；阻止需要的阻挠存在；个人提供克服阻挠的反应行为；反应导致紧张减轻。

1. 需要的存在

人在世界上生存，有着各种各样的需要。人的各种需要如果得到满足，就会产生心理平衡，反之则感到紧张，失望、恐惧、不安、产生情绪波动。适应过程首先是一种需要的存在，为了需要满足而去适应。

2. 阻挠

阻挠是指个体在利用其现有的习惯机制满足需要时所遇到的阻挠。例如很多大学毕业生习惯了学校保姆式的环境，什么事情都是等学校通知，等老师安排。进入企业后都是自己处理问题，那么原来依赖的习惯机制不能解决问题，于是就出现了阻挠。阻挠一般分三种情况：一是环境阻挠。例如：大学新生常见的不适应，从熟悉的乡村到完全陌生的城市；二是个人缺憾，影响个体理想的实现；三是需要的冲突，当多种需要出现，发生冲突时，就会产生阻挠。

3. 反应

当人们面对一种陌生的情况，用习惯方式或定势思维解决问题失败时，就会主动寻找一种新的能够解决的方式，这就是反应。俗话说"此处不留人，自有留人处"，"东方不亮西方亮"，人适应环境的效果很大程度上取决于他不断变更自己的反应。

4.适应

当一个反应能够减轻个体的内驱力所引起的紧张,原来活动就要结束,这就是适应。人们总是不断地通过调整反应模式来达到适应的效果,例如:有的毕业生就业后在新环境中摸爬滚打一段时间就会知道如何按职场规则办事,显得驾轻就熟,游刃有余了。这就说明他已适应了新的工作环境。

二 职业适应的影响因素

大学生职业适应是个人心理发展水平的综合表现。一般说来,大学生职业适应得过程越好,越能尽快适应职业需要,为个人潜能的发挥,职业理想的实现打下良好的基础。如果职业适的过程较长的话,就会影响职业发展,具体影响职业适应的因素有以下几个方面:

1.职业定位

职业定位反应一个人的职业期望。如果职业定位不准确,就会产生与实际情况不符的期望值,而期望值过高过低都会影响职业适应。期望值过高,面对新岗位、新工作,往往就会表现出眼高手低,对现实不满,自视清高,结果就是工作积极性不够,不容易得到认可,影响自己事业的发展;期望值过低,又会造成妄自菲薄,止步不前,畏首畏尾,或者得过且过,结果成为职场过客,可有可无。

2.价值定位

当代大学生都注重追求自我价值,这是现代社会以人为本的价值观在大学生身上的体现,只要不过于极端利己主义,都是可以的。关键是毕业生就业时应正确把握价值定位,把自我价值与社会价值结合起来,这样才能找到成功的契机。一个只追求自我价值而不顾社会价值的人是不能得到社会的认可的。同样一个价值定位偏差的人也是不容易成功的。

对一个学生来说,成绩好,思想好,各种活动积极参加,均衡发展,就是很有价值的。而在职场中,一个优秀的员工评价标准是什么呢?是实践动手能力强,效率高,能创造效益。这是无法等同于在校成绩好的评价标准的。这样的价值评价就导致了毕业生职业适应的难度。我们经常可以看到在校学习、品德各方面表现优秀的人在职场都表现平平。相反有些在校一般的学生,在职场却是如鱼得水,如日中天,深得领导器重,职工好评。所以说价值定位是很重要的方面。它需要大学生对自己职场角色有清楚的认识。员工不是学生,不能用评判学生的标准来定位职业角色。

3.人际关系

人际关系是职业生涯中一个非常重要的课题。良好的人际关系是舒心工作、安心工作的重要条件。当代社会是一个需要合作和团队精神的社会。如果大学生就职后能很快进入角色，掌握职场人际关系的规则，很快的融入团队，建立良好的职场人际关系，就能很快适应职场要求。反之，如果不能与同事、与上级和谐相处，要么天马行空，独来独往，要么愤世嫉俗，这看不顺眼，那瞧不起，就会对职业适应极不利。

现实生活中，有的学生上班几年了 ，还像个新人，连办公室同事的电话都不清楚，更别说与同事打成一片了。结果大家要么敬而远之，要么井水不犯河水，工作气氛总显得紧张、僵硬，长此下去就会形成压抑的工作环境，造成心理问题，影响事业发展。

如何建立和谐的人际关系呢?

社会主义的精神文明建设，为我们建立良好的人际关系奠定了基础。改革开放和社会主义市场经济体制的建立，工作效率的提高，信息传递的加快，观念的更新，这些因素促使人们的交往进一步扩大，为大学毕业生建立良好的人际关系提供了有利条件，但是，更重要的还是要靠每个人的努力。大学毕业生到新的工作岗位后，人际关系横向的主要是与同事之间的关系，纵向的主要是与领导的上下级关系。怎样处理好与同事及上级之间的人际关系呢？以下几个方面可以参考。

(1)真诚待人。有一首歌中唱道："千里难寻是朋友，朋友多了路好走；用心相处，心诚则灵。让我们永远是朋友。"做人要诚实、正直，与人坦诚相见，忠实守信，就一定能赢得别人的友谊与信任。也许一个人很有才华，也自以为很聪明，如果凭借自己的小聪明去欺骗别人、愚弄别人，最终被欺骗、被愚弄的则是他自己。因此可以说世界上最聪明的人是最诚实的人。有这样一句名言："你永远愚弄少数人，或者偶尔愚弄所有的人，但是绝不能永远愚弄所有的人。"真诚待人的人一生光明磊落、心地无私、襟怀坦荡，可以很洒脱的生活。而虚伪的人则负担相当沉重，担心什么事情会败露，整天惴惴不安。

(2)善解人意、热情助人。在人际交往中，有很多时候别人的需要或者面临的困难并不一定向你明确表达，这时就需要我们留心去发现，所谓"于细微处见精神"即是这个道理。特别是当别人开口求助于你时，只要不违反原则、不违法纪，就一定要尽最大能力予以帮助。心目中装着别人，设身处地为他人着想，将心比心善于体谅他人，与别人分担忧愁，共享欢乐，就会使人感到人间的温暖，有助于加深彼此间的感情。"投之以甘露，报之以琼瑶"，人际交往中的奉献与索取是相互的。

(3)适度谦虚、寻求帮助。谦虚是人的一种美德，是一种虚怀若谷的气度。

刚刚步入社会的年轻人社会经验少，想要在生活的道路上少走弯路，就必须向别人请教、多学多问。不要做万事不求人的人。万事不求人的人往往给人以拒人于千里之外的印象。必要时求助他人，不但有利于做好自己要做的事，而且能给他人造成"自己有用"的价值感。这种价值感的满足反过来还会促使他在你需要的时候热情伸出援助之手。但要注意，不能事事求人，那样会给他人造成你"没有能力"的印象。

(4)保持自我。在交往中要保持独立的人格，要有主见，不能人云亦云或违心的随声附和，否则你将成为"无主见的老好人"，甚至在不知不觉中丧失了原则。

(5)善于交谈。交谈是人们交流思想感情增进了解和友谊的桥梁。要使交谈的气氛宽松、和谐、愉快，就必须学习交谈的艺术。交谈的两个方面是听和讲，第一重要的是要善于听。事实证明，越是善于听的人，人际关系越理想。在对方讲的时候注意听，是无形中给对方以鼓励和褒奖，从而得到对方的感激和尊重。除非你想赶走别人，否则请不要在别人讲的时候漫不经心地东张西望或随意打断他。有些时候对方只是找个倾诉的对象，所以不需你说什么，听就更重要。为了表示你在注意听，还要不时地点头或简短的插一句。其次是要善于讲。要善于寻找能激发对方谈兴的话题，不论你同别人谈得多么兴高采烈，也不要冷落了在场的其他人，尤其是性格内向、不善言谈而沉默的人。注意谈话的分寸，不能伤害他人——不论是在场的人还是不在场的人。

(6)恰当的使用人体语言。"执手相看泪眼，竟无语凝噎"，身体语言在人际交往中的作用是极为重要的，有时会起到有声语言难以起到的作用。一个眼神、一个手势，都能立即缩短彼此之间的距离。在学校里彼此亲近的同学之间经常拍拍肩，擂一拳或手臂互相横在肩上，这些动作在同事之间是极少出现的，尤其与上级交往当中更要注意不要拍拍打打，那样不但不会取得良好交往效果，反而会引起他人极度的反感。

人际交往的艺术技巧可以学习获得，但更要在实践中不断总结，以形成自己行之有效的一套方法。应该指出，以上几个方面对于建立良好的人际关系固然是必不可少的，但是最根本的还是要树立正确的世界观、道德观和价值观，培养良好的道德品质。

在此基础上，大学毕业生还应该树立独立意识、主人翁意识和团结协作意识，不断学习，把握时机，适时的调整自己的奋斗方向。只有这样，才能尽快地适应社会，做生活的强者。

4. 个性心理

个性心理是职场适应的催化剂，好的个性能促进你更快地融入新的环境，消极的个性会妨碍职业适应。例如，个性开朗、活泼、自信心强的人能很快的适应新的工作环境，遭遇挫折也能很快寻找帮助，得到解脱；相反，性格内向、孤僻、自卑的人就不易融入群体，缺少人际支持，遇到挫折时，自我调节能力就会很差，职业适应的能力就相对较差。

 尽快适应社会，迈好职场第一步

大学毕业生进入职场的第一步是最为关键的。俗话说得好，良好的开始是成功的一半。如果不能有一个良好的开端，对今后的职业发展是会带来很大的负面影响的。大学毕业生在角色转换时，上有领导的引导，同时建立起良好的同事关系，争取他们最大的帮助，才能在最短的时间内适应新环境，从而来融入崭新的工作岗位，迈好职业第一步，为将来职业发展打下坚实的基础。

1. 熟悉工作环境

刚进入新的工作单位，应该及时去熟悉组织环境、工作环境、人际环境和企业文化等。要对工作单位的历史，概况，特点有全面的了解。

2. 树立良好的第一印象

第一印象就是指认识主体时第一次获得有关认识物体的不完全信息，通过直觉判断作用的想象评估。它有两个主要的特征：一是第一印象的建立基础是不完全的信息；二是它是一种主观判断，因此有很大程度的主观意识在里面。

对于刚刚进入职场的大学生来说，第一印象的产生就是上班的前一个月的整体印象。它一般指领导、同事、客户等初识或几次简单的接触后，通过专业水平、工作情况等以及个人打扮，言谈举止等不完全的信息，进行的主观臆断。

现实生活中，第一印象是十分重要的，因它会对后续判断产生深远的影响。具体地说有三个方面的影响。第一，它可以产生后摄效应。当第一印象形成后，人们会把它作为后续判断的心理准备。例如，有的毕业生初次到机关上班，不了解着装规则，穿着过于个性化，就会给领导一种太不严肃，对工作不负责任的第一印象的影子。其次是前摄效应。即好了不可能坏，坏了不可能好。如果毕业生在岗位培训时表现优秀，那么正式分配岗位时，就会得以重用。其次是晕轮效应，即一好百好。如果用人单位形成第一印象后，就会在其基础上造成泛化，认

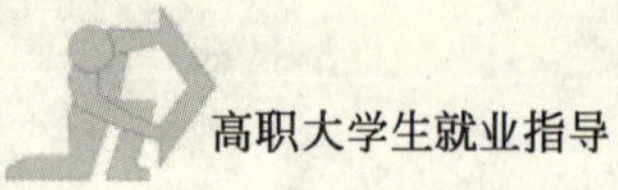

为大学生都是这样，或某某大学的学生都是这样。有的单位在招人点名要招某某大学的就是晕轮效应造成的泛化的表现。

那么大学生如何建良好的第一印象呢？具体地说应从以下方面入手：

(1)衣着整洁，仪表大方

俗语说“人靠衣装，马靠鞍装，佛靠金装”。衣着服装是个人性格、素质、修养的综合表现。一个内向的人衣着偏向中性，色彩暗淡。一个外向的人衣着显得活泼，色彩鲜艳，一个前卫的人衣着就会十分张扬。大学生着装应该与自己的职业要求一致，比如在行政机关工作，一定要着正装，男生不留胡须，女生不抹浓妆；得体的衣着，优雅的仪态不仅可以使毕业生在人际交往中留下良好的印象，还可以潜移默化地影响自己的自信心。

(2)言谈举止得体

毕业生作为新人，与人相处要谦虚礼让，不卑不亢。做事要高调，做人要低调，还要虚心向同事学习。

(3)遵章守纪，讲究信誉

遵守时间，讲求信用，与人交往不失约，不失信。初到工作单位，提前上班、稍后下班，严格遵守单位的规章制度。工作要紧张、有序、高效。这些有助于树立良好的第一印象。相反，没有时间观念、不遵守工作纪律、不守时、不守信，这些都不利于你赢得别人的信赖和尊敬。

(4)工作积极主动

新上岗的大学生，工作积极性一般都很强。但工作主动性稍差，往往是领导让干什么就干什么，不会主动地去干一些工作。这样给人的印象就是很积极但能力一般。往往领导和同事从感性上比较喜欢，但面临正挑重担，扛大梁时又得不到重用。

(5)从小事做起

古人云“一屋不扫，何以扫天下”。现在大学生往往眼高手低，大事没机会干，小事不愿意干。看不上琐碎的日常事务性工作，影响自己的形象。正确的做法是——从小事做起，主动打扫办公 室卫生、打开水、复印、打字等一些跑腿性工作。就是类看似不起眼的日常小事 ，却往往给人留下的印象最深。试想一下，工作接触一般都是程序化的，只有这类小事才最能沟通情感。有人说打扫办公室是大学生上岗的第一课，是很有道理的。有很多成功人士都是从办公室秘书开始的。

(6)尽快熟悉工作，明确岗位职责

新到工作岗位，主要问题是缺乏经验。因此，在熟悉工作的过程中，遇到难题应及时向同事或领导谦虚地请教，这样既可以达到学习的目的，也显示了对老员工的尊重。争取出色地完成第一件任务。

3.建立良好的人际关系

人际关系是在相互交往的基础上，经过认识调整，感情体验，行为交往等手段而形成的人与人之间的关系。俗话说成功三要素是“天时、地利、人和”。其中“人和”就是指人际关系。现代社会是开放的社会，竞争的社会，社会需要良好的人际交流来保 证事业的成功。美国著名教育家耐基说过“一个人事业成功，百分之三十是由于他的专业技术，另外百分之七十要靠人际关系，处事技巧。”三国时期刘备，文比不过诸葛亮、庞统，武敌不过关羽、张飞，但他却能网罗天下英雄豪杰，惟其马首是瞻，最后成就一代霸业，什么原因呢？善于搞好人际关系。现在很多单位要求员工“先学会做人，后学会做事”也是这个道理。随着社会的进步和工作分工的日益精细，任何个人都是渺小的，只有将不同能力的人组合起来，团结起来才能成就大事。新进入一个组织，一切都是陌生的，但人是社会的人，常常要与工作环境周围的人交往、合作。要注意利用交往技巧来获得良好的人际关系，尽快地适应交往对象，并融入群体之中，这对打开工作局面十分重要。如果处理不好人际关系，不但影响工作，也影响生活质量。

在新入组织时，要善于观察，不要卷入一些消极的人际环境中去，如拉帮结派等。

大学生应该如何处理职场的人际关系呢？具体地说从以下几个方面入手：

(1)把握职场人际关系的原则

人际关系的建立需要从人际交往开始。人际交往本质是一种社会交往。需要按一定的规则和方式进行。一是尊重。新的工作环境，其人员结构与单一的学生相比，显得十分复杂。不管是比你学历高，能力强的骨干，还是比你学历低的工人，在交往时都要尊重。只有尊重他人，才能获得尊重。才能在关键时候得到帮助。二是真诚。真诚是人际关系的基石，是深化友谊的保证。诚实守信显示了一个人自身的身心的安全感、尊严感。它使人在交往中获得别人的信任，从而能建立良好的人际关系。三是宽容和理解。社会上的人们，由于生活阅历的不同，其思想观念千差万别，如果在人际交往中求安全感，斤斤计较，那么最后就是能使路越走越窄，剩下自己与自己交流了。理解是培植友谊的土壤。宽容是建立感情的桥梁，宽容的天空五彩斑斓。海纳百川，有容乃大。大海不在乎每朵浪花的美丑，所以大海波澜壮阔。

(2)处理好职场人际关系

职场要处理的人际关系主要两种：上下级关系，同事关系。对于这些具体的

人际关系，要根据他们不同的特点，采取不同的处理方式。处理好才会在工作中游刃有余。

①尊重上级

为了行使权利，维护权利，领导往往十分注重自己在公开场合的面子，所以要绝对地尊重领导。在交流中，要注意领导的情绪情感，尽量在领导心情好的时候提出不同的意见。俗话说："要正确领会领导意图"，就是这意思了。尊重不是溜须拍马，有的人一味拍马屁，十分明显，搞得领导下不了台，很尴尬，实际上就是不尊重领导了。

②支持同事

尽管办公室里个人工作有分工，但对同事的工作一定要真心支持。不能事不关己，高高挂起只管自己，甚至落井下石，指桑骂槐。要知道任何对别人的指责都会使自己的形象受损，相反帮助与支持会获得更多的回报。帮助别人也是在帮助自己。在同事需要的时候给予帮助才能在自己遇到困难的时候得到同事的支持帮助。

③包含竞争对手

许多人对竞争对手都会设防，甚至还会在背后诋毁。社会是一个竞争的社会，竞争对手之间存在利益冲突，因此使阴招、下黑手，殊不知这样很容易造成两败俱伤，"鹬蚌相争，渔翁得利"。让旁观者看到就会使人人都对你感到害怕，人人都对你设防，对工作是百害而无一利。相反对竞争对手大度一点，会使双方都在和谐的气氛中展开良性竞争，最好实现双赢。

4.正确面对困难，学会进步

刚参加工作，遇到各种困难和障碍是正常的，也是难免的。重要的是正确面对困难，学会克服困难的技巧。

遇到困难和障碍，千万不要心灰意冷，畏缩不前，逃避问题，而应学会解决问题。这不仅表明个人的能力、素质和进取精神，而且扫除了障碍，为未来的职业发展奠定良好的基础。同时还要在困难中学会如何进步。职业生涯早期的个人组织化阶段，是组织和个人相互测试和相互考察的时期。组织希望通过对员工进行一段时间的观察和了解，再尝试给特殊的人才安排特殊的职业通道。

总之，在工作早期或适应期，应让自己尽快融入组织，为职业目标打下良好的基础。要经常问自己：3 年以后我会怎样，5 年以后我要实现什么目标，10 年后我又在干什么？从而帮助自己把握前进方向。

第三节　通向成功之路

大学生毕业后，就在人生漫长的旅途中开始了新的征程。祖国现代化建设的伟大事业，为大学毕业生大显身手、通向成才和成功之路提供了广阔的天地和活动的舞台，同时也向大学毕业生提出了严格的要求和严峻的考验。必须牢牢记住的是，通向成功之路并不平坦，创业肯定艰苦，奋斗方能成才。不能指望时时事事都会一帆风顺，到处都有鲜花和掌声。只有积极进取、顽强拼搏才是建功立业、实现自己人生价值的唯一途径。

一　志存高远，奋勇拼搏

志，是人们所追求的奋斗目标和为达到这一目标所下定的决心，它是一个人世界观和人生观的重要组成部分，是一个人生活中的动力。立志是人生的一件大事。立志是成才的大门、成功的前提。早立志，立大志，事业才能早成；胸无大志无所追求者，终将碌碌无为而虚度终生。所以古人云："志不立，天下无可成之事"、"有志者事竟成"。传说大禹治水，三过家门而不入。诸葛亮说："志当存高远"。我们敬爱的周恩来总理，少年时代就立志要"为中华之崛起而读书"，终成一代伟人。法国著名的微生物学家巴斯德说过："立志、工作、成功，是人类活动的三大要素。立志是事业的大门，工作是登堂入室的旅程，这旅程的尽头就有成功在等待着，来庆祝你努力的结果。"这段话是巴斯德从事科学研究的总结，也是他成功的秘诀。正是由于他有正确的志向作为自己持之不懈地学习、研究的精神支柱，他才成就为近代微生物学、医学微生物学和免疫学的伟大奠基者。这样的例子还可以举出许许多多。中外古今，凡事业大有成就者，无一不是从年轻时就立下远大志向和追求目标的。总之，对于即将走上工作岗位的大学毕业生，要想成就一番事业，首先就要树立远大的志向。

个人志向与理想要同时代的发展、社会的需要、国家民族的前途结合起来。这样才能对人们的奋斗产生巨大的推动力，才能鼓舞人们奋发向上，孜孜以求，不畏艰难险阻，历尽风雨而始终不改初衷。有了远大的志向，还需要奋勇拼搏、坚持不懈。"有志之人立长志，无志之人常立志"，一旦立志，就要专一，不可朝秦暮楚、见异思迁。要将有限的精力完全集中在一个确定的、有限的目标上，经过长期苦苦求索、坚韧不拔的努力，才能得到成功。我国当代诗人艾青有一句为人传诵的名句："光荣的桂冠从来都是用荆棘编成"，这句话揭示了一个深刻的人生哲理。人生的道路大都不是平坦笔直的，往往充满着崎岖、坎坷和艰险。在这种时候，尤其需要正视困难，分析自己，扬自己之长，避自己之短，从而发挥优势，奋发进取，走出一条属于自己的道路。社会主义市场经济的进一步发展，还需要大学毕业生树立竞争意识，增强竞争能力，敢于竞争，善于竞争，在竞争中合作，在竞争中发展。

二 立足本职，艰苦创业

忠于职守，热爱本职工作，刻苦钻研业务，艰苦创业，为社会作出贡献，这是各行各业职业道德的基本要求。认准一个目标，一心一意、全力以赴地向着目标奋斗，充分发挥自己的潜能和创造力，最后一定能到达希望的彼岸。或许你经历了不少风险、绕了一些弯路，但是到达后回想起来则别有一番乐趣。社会主义市场经济体制的建立和完善、就业制度的进一步改革，为有知识的青年提供了空前多的选择机会。有的人被搞得眼花缭乱，总是跳来跳去找“适合”自己的工作，而有的人则安下心来积极投身于本职工作，“咬定青山不放松”，干一行、爱一行，自觉坚守工作岗位，勇挑重担，尽心尽责，对工作精益求精。事实证明，古今中外非本职岗位上成功的人为数不多，绝大多数人都是在本职岗位上埋头苦干、勤奋不辍而取得成功的，三心二意的人是很难尝到成功的喜悦。这是因为立足本职岗位奋斗有明显的优势。一方面，原有的专业知识内容和知识结构，基本上是为本职工作准备的，所以可充分利用已掌握的专业理论知识有效地指导自己的实践，可避免隔行所造成的知识领域上的“隔山”。立足本职，对自己工作的意义、内容、要求和程序、目标比较熟悉，了解透彻，对本职工作目前存在的问题和不足以及发展状况有深刻的认识，所以容易确立奋斗目标，容易很快投入，一般也容易有所发现、有所发明、有所创造。反之，介入新职业，得从头构建新的知识体系，而且还有一个对新工作熟悉了解和确定目标的过程，这实际上是增加了时间上和智力上的投入，而这种巨大的投入未必一定能取得满意的效益。立足本职奋斗，容易得到客观环境的大力支持。立足本职是在本职工作范围内努力工作，积极进取，有利于本行业的发展，容易得到本职工作上领导的肯定、赏识和大力支持，也就容易获得人力、物力上的帮助，时间上也有保障，有利于走向成功。立足本职工作，当前进的道路上遇到理论上自己原有知识和本职小环境技术力量难于解决的问题时，可以直接向曾经培养过自己的教师请教解决，少走许多弯路。再者，立足本职奋斗，有“近水楼台先得月”之利，一旦工作上有了发明创造或技术成果，可依靠工作系统的优势迅速得到传播应用，从而得到社会的认可。

立足本职要培养对本职工作的感情。雷锋之所以事事都做得出色，用他自己的话说是："干一行，爱一行，专一行"。热爱是成功的基石，是行动的巨大内驱力。"当一天和尚撞一天钟"虽然也是立足本职，但由于没有感情，不投入，最终也不能"得道"，只有热爱本职工作的人才有可能在本职工作中取得成功。

立足本职也要有艰苦奋斗的思想准备。成功之路无坦途。不管遇到多么艰苦的环境，遭受多么重大的挫折，面对多么迷人的诱惑都初衷不改，不屈不挠是每个成功者的品格，没有艰苦奋斗的精神不可能取得成功。

立足本职要有长期奋斗的思想准备。任何成功都不是一蹴而就的。"十年磨一剑"，"面壁十年"等成语都是说要取得成功就必须经历长时间的努力奋斗。有更多的人用了毕生的时间才取得成功，所以刚刚走出校门的大学生，要适当降低成功时间的期望值，不能急于求成，期望"在短期内创造出一片蓝天，拥有自己的一块领地"是不现实的。

三 更新知识，博采众长

知识是人类对于社会现象和自然现象的规律性认识，是人类智慧的结晶。20世纪以来，特别是近些年来，知识的海洋犹如南极冰山之突然消融而迅速扩展。读过两年私塾，上过几年高小就成为文化人，就可以一辈子"有饭吃"的时代已一去不复返了。社会的发展，知识的激增，科技的进步到了如此之快的程度，以至于虽然你是大学毕业，如果在"世外桃源"里过三两年再回到现实中就会有"恍若隔世"之感。大学所学到的知识只是为以后的成才打下一个基础。有人统计，一个大学毕业生在学校学到的知识大约只占一生工作所需要知识的10%，绝大多数知识需要在毕业之后结合工作实践，在不断学习中获得。小说家、科学家斯诺感叹20世纪之前，社会变化如此之慢，人们在整个一生中都感觉不到这种变化，而现在变化速度如此之快，连小说家和科学家的想象力都跟不上了。美国科学家推测，人类的科学知识在19世纪是每50年增加1倍，20世纪中叶是每10年增加1倍，而目前则是每2年增加1倍。由于知识的激增，知识陈旧的周期越来越短。一个大学毕业生无论在学校的学业多么优异，要适应社会的发展，在工作中有所建树，就必须不断更新知识，使自己的知识体系处在动态之中不断完善。从某种意义上说，知识体系的生命也在运动，这就是知识的"新陈代谢"。

大学毕业生要想成才必须掌握渊博的知识，同时还要具有合理的知识结构。一个人的创造力，不仅在于他掌握知识的多寡，也在于知识结构是否合理。既要

不断的学习补充新知识，还要注意完善知识结构。无论毕业后从事科研、生产还是建设工作，都只能是主要以专业知识立足，而绝不可能只靠专业知识立足。如同一名教师，他不但要精通自己教授的内容，还必须懂得一些心理学、教育学以及其他有利于教学的学科知识，只有这样他才有可能成为一名优秀的教师。一个人越要专深于一门、越要有所突破，就越需要具有广博的知识。诺贝尔物理学奖金获得者格拉肖劝告青年人要努力“涉猎多方面的学问”。他说，涉猎多方面的学问可以提供开阔的思路，可以提高想象力。格拉肖本人在物理学方面取得的成就已经说明了这个问题。美国一个部门曾经对 1300 多名科学家作了为时5年的调查，结果发现，有成就的很少是仅仅精通一门专业的“专才”，而是掌握了两门以上多至数门专业知识的“通才”，他们把这些通才誉为“时代的骄子”。目前，世界各发达国家都在极力呼吁培养“通才”。日本教育界从“通才取胜”的调查中得到启迪，决定培养“世界通用的日本人”，并且积极付诸行动。近些年来，我国高等教育也在逐步改变过去那种专业科目繁多、划分过细的培养方法，加强对学生全面的素质教育。但是这项工作还只在起步阶段。所以每一个有志向的毕业生，都要根据工作的需要自觉地学习一些与工作有关的其他知识，作为自己专业理论体系有益的补充。而且，大学毕业后同一专业的学生，即使在同一行业上，工作岗位的不同，工作的重点就不同，对知识的要求也就有所侧重，而学校的教育不可能解决这一问题。所以毕业生要根据所做的具体工作特点，有针对性的汲取营养，使自己的知识结构得以不断调整和完善。

大学毕业生在进一步构建和完善自己知识大厦的时候，需要认真考虑以下几个问题：一是在总体结构上，要有比较清晰的蓝图。然后根据这个总体的需要，选择材料——吸取你所需要的知识；选择构件——与主体有关的学科，展开你的“建筑工程”。二是在横向结构上，要有合适的比例。任何学习，必须有一个中心，围绕这个中心，选择与其关系密切的外围学科。外围之外，还有边缘部分。核心、外围、边缘这三者的比例必须适当、协调，他们既是一个统一体，又有主次轻重之分，否则“整体建筑”就会失去平衡，而不能达到预想的高度，甚至难以站立。三是在纵向结构上，要层次分明。比如一座塔、有塔基、塔身、还有塔顶，这三者之间要层次分明、宽窄适宜，而且又具有同等的重要性。四是要随着科技的发展、职业的需要，适时调整和更新自己的知识结构。

在工作岗位上一般都很难找出大块的时间来学习补充新知识，所以要避免胡子眉毛一起抓，切忌摊子铺得过大。要注意学习的针对性和实效性，所学内容必须与实际工作紧密相关；要注意拾遗补缺的“短、平、快”，把主要学习精力投放在工作技能的学习、新科技成果的学习和创造技能的学习上。

四 勇于实践，走向成功

实践是大学毕业生实现成才目标最基本的途径。一个人的知识和能力只有在实践中才能发挥其作用，才能得到丰富、完善和发展。只要反复实践就能不断取得进步，最终到达成功的彼岸。

通过实践不但可以加深对书本知识的理解，而且可以磨砺人的品格、克服坐而论道的习气和贪图安逸的思想。实践的最本质的意义是行动，脚踏实地地去做。再好的想法和愿望，如果不与实践相结合就永远也只是想法和愿望。就如同我们要建一幢漂亮大厦，就要把理想的大厦画成图纸，然后按着图纸一砖一石地建设。一些大学毕业生因为在校学习时缺少实践锻炼，所以常常有动手能力、实际操作能力弱的眼高手低病。走上工作岗位以后必须积极投身实践，学习和掌握在学校学不到的技能，更好地承担起自己的责任，并在实践中发现问题，确立前进的具体目标，最终实现自己的社会价值。

纵观古今中外，许多名人都是经过无数的实践，历尽磨难、饱经风霜才获得成功的。我国明代著名地理学家徐霞客，一生重实践、勤观察，用生命 2/3 的时间，走遍我国东半部 16 个省、市、跋山涉水、风餐露宿、历尽艰险、考察祖国的名山大川，研究我国的石灰岩地貌及发育规律，收集了十分丰富的资料，并记入《徐霞客游记》，为后人留下了传世之宝。

事实证明，每一个成功者都是有动力的人，而成就的大小与动力往往成正比。诺贝尔奖的奠基人诺贝尔的奋斗史世人皆知，其父亲和弟弟都在研究炸药的实验中丧生，诺贝尔本人也是九死一生，但他坚持实验毫不退缩，最终取得了成功，为人类社会的发展作出了巨大贡献。明代医学家李时珍也正是经历了千辛万苦的实践，才写出了不朽的药典《本草纲目》。大学毕业生要勇于实践，理论和实践相结合，在实践中不断学习新的知识，不断总结经验。只有这样，才能走向成功。

附录1 部分就业信息网站

中国国家人才网:http//www. newjobs. com. cn
中国南方人才网:http//www. job168. com
中国北方人才网:http//bfrc. online. tj. cn
中国上海人才网:http//www. hr. net. cn
中国武汉人才网:http//www. job98. com
前程无忧网:http//www. 51job. com
智联招聘网:http//www. zhaopin. com. cn
中华英才网:http//www. chinahr. com
伯乐人才网:http//www. goodjob. cn
中国高校毕业生就业服务信息:http//www. myjob. edu. cn
中国大学生网:http//www. chinadaxuesheng. com
湖北高校毕业生就业信息网:http//www. job. e21. edu. cn
《中国大学生就业》杂志:http//www. baidajob. com
中国高校就业联盟网:http//www. job9151. com

附录2　毕业生就业指导40问

1.毕业生就业的方针和原则是什么?

国家对高等学校毕业生就业的方针和原则是:统筹安排、合理使用、加强重点、兼顾一般、面向基层、加强生产、科研、教学第一线,以及学以致用,人尽其才。

2.我们国家毕业生就业机制是什么?

我们国家实行的是市场导向、政府调控,学校推荐,学生和用人单位双向选择的就业机制。

3.包分配与不包分配的含义是什么?

包分配与不包分配的确切含义是:包分配是指普通高校和中专学校毕业生由国家负责按计划统一分配工作。就是说,只要你考上了大中专学校,就成为国家人,毕业后就是国家干部的身份。不包分配确切地说,毕业生就业制度改革后,毕业生的就业由原来被动地分配工作变为主动地选择工作,即在国家方针政策指导下,实行在一定范围内毕业生选择职业、用人单位择优录用的制度。对少数未被录用的毕业生,国家不负责安排工作。

4.什么是"供需见面"与"双向选择"?

供需方面是指,供方:毕业生的培养单位,如大专院校、中专学校等,与需方:各用人单位,在一起经过充分协商,提出分专业,分用人单位的毕业生就业方案。学校与用人单位也可相互直接联系,学校向用人单位介绍本校的专业培养、使用方向以及毕业生的具体情况。而用人单位则向学校介绍本单位的情况、需要毕业生的情况以及具体要求,双方协商落实毕业生就业的供需方案。双向选择是指用人单位通过各种形式与毕业生直接见面洽谈。学校可向毕业生出具推荐函(信),毕业生则可通过多种途径与用人单位直接面谈落实工作单位,确定单位后,毕业生和用人单位签订就业协议书,经学校和地方毕业生就业主管部门同意后,即可形成就业方案。

5.双向选择活动的形式有哪些?

(1)集中、统一的双向选择洽谈会。在某一段时间内,毕业生就业主管部门邀请各有关用人单位,在指定地点,公开选择、录用毕业生,毕业生根据自己的择业范围、就业意愿及主观条件,对照用人单位的录用条件,有目的、有针对性地与用人单位洽谈协商,在双方自愿的基础上,签订就业协议。

(2)用人单位分别到学校直接选拔录用毕业生。学校根据用人单位的条件要求,以及毕业生个人条件,有针对性地组织相应的毕业生与用人单位见面洽谈,落实就业岗位。

(3)校、系毕业生就业工作机构牵线搭桥。由学校根据征集、掌握的毕业生需求信息和毕业生情况,向用人单位推荐、介绍毕业生,向毕业生推荐介绍用人单位,经双方同意确认后列入就业方案。

(4)毕业生自荐。毕业生根据学校公布或自己获得就业信息,持学校发给的推荐表及其他有效证件,在规定的时间和范围内,上门与用人单位洽谈,签订有效的就业录用协议。

(5)毕业生通过学校推荐,与用人单位信函往来落实就业单位。

6.什么是省优秀大学毕业生?

例如在湖北省,指符合湖北省教育厅规定的条件,由各普通高校按一定比例评选推荐,报省教育厅审核批准,同意授以“湖北省普通高等学校优秀毕业生”称号的毕业生。

7.毕业生、结业生和肄业生有何区别?

毕业生,是指具有正式学籍的学生,学完教学计划规定的全部课程,考试及格或修满学分,准予毕业者。毕业生由学校发给毕业证书。结业生,是指具有正式学籍的学生,学完教学计划规定的全部课程,其中有一门主要课程(包括毕业论文、毕业设计)不及格者。结业生由学校发给结业证书。肄业生,是指具有正式学籍的学生未学完教学计划规定的课程而中途退学者(被开除学籍者除外)。肄业生由学校发给肄业证书或学历证明。

8.国家对结业生的就业有什么规定?

结业生,即因学习成绩和政治思想表现等方面没有达到培养目标而没有获准毕业的学生。对这部分学生,从1989年起,国家规定不再负有为其安排工作的责任。但这部分毕业生毕竟还是在校学习了几年,掌握了一定的专业知识和技能。为尽量做到人尽其才,在三个月之内有接收单位的,可参照毕业生的就业方式就业。但在报到证上予以注明结业生。三个月之后无接收单位的,应将户口关系转回家庭所在地(家居农村的保留非农业户口),由本人自谋职业。如在一年之内经过补考成绩合格,而准予毕业的,虽补发了毕业证书,但也不再负责办理其就业事宜。按结业生办理的报到证也不予更改。

9.国家对大学的残疾毕业生的就业有何规定?

大学的残疾毕业生,是指肢体残疾(不继续恶化),生活能自理,不影响其所学专业,能从事本专业工作的毕业生。按国家有关部门的规定,高等学校录取的残疾考生，在录取时有县级以上民政部门的毕业后录用的协议的，按协议派遣就业；属国家统一安排就业的毕业生，则按其所学专业安排就业。若统一安排有困难的，由原报考生原地民政部负责安排工作。

10.患病不能坚持正常工作的毕业生能否就业？

毕业前学校要对毕业生进行健康检查，不能坚持八小时正常工作的暂不推荐就业，让其回家休养，两年内病愈的，有接收单位的可以就业。两年后仍未病愈的，学校将户口转至家庭所在地，由家庭负责供养。毕业生报到后发生疾病不能坚持工作的，应按在职人员病假期间的有关规定处理。

11.毕业生在校期间所受的处分能否撤销？

根据原国家教委规定，学生处分分为六种：警告、严重警告、记过、留校察看、勒令退学、开除学籍。对学生的处分材料，应归入学生档案，不得撤销。

12.在校期间犯有错误（含毕业前夕犯有错误）的毕业生能否签发报到证？

在校期间犯有错误的毕业生能否派遣，应视其错误的性质、情节轻重、危害程度、社会影响、认识态度、处分轻重等情况而定。一般所受处分在留校察看以下或已撤销留校察看处分、取得毕业资格的学生，有接收单位的，可以签发报到证。无用人单位接收的，学校将其户口和档案转至家庭所在地，按城镇待业人员就业。对毕业前夕犯有错误的毕业生要从严处分，直至取消派毕业生就业资格或降级就业（如本科生按专科生就业等）。

13.高等学校、中等专业学校毕业生毕业证书丢失可否补发？

执照国家规定，高等学校、中等专业学校毕业生毕业证书遗失后，由本人向原毕业学校申请，经学校查有实据，可开具毕业证明书，不能补发毕业证书。毕业证明书具有毕业证书的效力，出国使用者可由公证处公证。

14.毕业生《报到证》丢失如何处理？

毕业生报到证系毕业生到单位报到的凭证，应妥善保管好，不能丢失。万一丢失，应及时向学校报告，由学校向签发部门申请补办手续。

15.毕业时未落实就业单位的毕业生怎么办？

根据国家有关规定，凡毕业时仍未落实单位的国家任务计划招收的毕业生，原则上回家庭所在地区就业，档案、户口转至家庭所在地。两年内找到接收单位的，仍予办理就业手续，两年后找不到接收单位的，自谋职业。

16.就业协议签订后如发生违约怎么办？

就业协议书一经签署，毕业生、用人单位和学校任何一方不得擅自解除协议。违约责任方按规定缴纳违约金后，按新的协议办理就业手续。

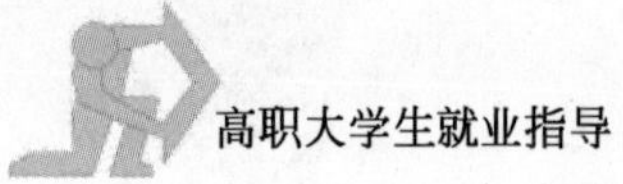

17. 毕业生与用人单位签订就业协议后，还可以更换就业单位吗？

毕业生与用人单位签订的就业协议，具有生效合同的性质，这时，毕业生作为签订方之一，必须履行所签订的协议，无权自行毁约更换就业单位，如毕业生个人或家庭出现了新的情况，无法履行协议经征得原签约单位同意，交纳一定的违约金后，方可另行更换工作单位。

18. 在规定的范围和时间没能与用人单位达成录用协议的毕业生怎么办？

每一个毕业生都应在双向选择活动中积极主动地按范围落实就业单位。对在规定的范围和时间内没能与用人单位达成就业协议的毕业生，自谋职业。

19. 毕业生需要调整就业单位的怎么办？

毕业生改变就业单位是一项严肃慎重的工作，其手续主要有：

(1)原接收单位必须出具函，同意将毕业生退回学校。

(2)新的接收单位应向学校出具正式同意接收的函件。

(3)学校将毕业生的调整意见报请上级毕业生就业部同意后，重新办理报到证手续。调整的时间为一年（当年的7月1日至次年的7月1日），一年以后不予调整。

20. 毕业生因表现不好而在报到后被用人单位退回怎么办？

按国家有关政策规定，对学习成绩、思想道德品质表现一贯不好，在校期间受过较重处分的毕业生，经学校推荐仍没有用人单位接收，或因此被用人单位退回的毕业生，由学校将其档案、户口关系转回家庭所在地，自谋职业。

21. 毕业生个人要求用人单位退回，学校还受理吗？

毕业生报到后提出种种理由，要求用人单位退回。对这类毕业生，学校不再受理其就业事宜。如用人单位同意退回，又有新的接受单位，学校可按违约处理，给予调整。

22. 毕业生报到时用人单位拒绝接收怎么办？

毕业生报到时如遇到用人单位拒绝接收，毕业生应主动向用人单位说明情况，不要与对方争吵，更不要贸然返校，应及时与学校取得联系，由学校分清责任，按有关规定妥善处理。如是用人单位发生重大变化（如撤并、破产、倒闭等），无接收能力的，应及时与学校协商，合理调整。若是用人单位对毕业生提出难以达到的又不符合政策规定的过分要求，则不能作为退人理由，即是要退则按违约处理。若是学生在校期间就有传染病史，精神病史，用人单位不知道，待毕业生报到时才被发现的，应允许提出退回；若是报到后才患病的，应按在职人员病假的有关规定处理。如果是因毕业生离校后违法或严重违纪，被用人单位拒绝接收的，则取消其毕业就业资格。

23. 毕业生报到后如何办理户口转移手续?

毕业生离校时已落实工作单位的(到各级各类事业单位就业的,须经各级政府人事部门批准),到用人单位报到后,凭用人单位出具的证明,用人单位与毕业生签订的《就业协议书》,毕业生所持的《毕业证书》和《毕业生就业报到证》,到当地公安部门办理落户手续。上述户口可转入家庭所在地,也可转入单位集体户口,符合单独立户的允许其单独立户。

24. 毕业生离校时未落实工作单位的户口、档案怎么办?

可经毕业生本人申请,学校同意,双方签订《湖北省普通高等学校未就业毕业生保存户口和档案协议书》后,其户口、档案两年内可继续保留在原就读的高等学校,待落实工作单位后,学校将其户口、档案转至工作单位所在地。超过两年仍未落实工作单位的高校毕业生,学校将其在校户口迁回入学前户籍所在地,档案转至入学前所在地政府人事部门所属的人才交流中心;也可根据本人意愿,在毕业离校时学校将其户口转至入学前户籍所在地(入学前户籍是农村的,入当地的非农业户口)。办理程序为:学校出具证明并按隶属关系经毕业生调配部同意,由公安部门将户口迁至入前学户籍所在地。

25. 毕业生到非公有制单位就业或自主创业的户口和档案怎么办?

到非公有制单位就业或自主创业的毕业生,其户口可转入家庭所在地,也可转入单位集体户口,符合单独立户的允许其单独立户,不具备上述条件的可落在政府人事部门所属的人才交流中心集体户口;其档案转至各级政府人事部门所属的人才交流中心管理。

26. 毕业生的工龄是如何计算的?

毕业生的工龄从到用人单位报到之日起计算。工资发放办法为上半月报到的发全月工资,下半月报到的发半个月工资。

27. 毕业生如何搜集和运用需求信息?

搜集需求信息要广拓渠道,多种途径。一是通过学校了解毕业生需求信息。每年一些用人单位都会把本单位的需求信息及时提供给学校的毕业生就业部门或各系,毕业生可以通过从事就业工作的老师、辅导员了解需求信息。二是充分利用社会实践的机会和寒假了解社会需求。社会实践一般都在专业对口的单位,所以需求最直接,而在寒假可以了解到家庭所在地的需求。三是通过家长、亲友搜集信息。因为家长、亲友都有一定的社会关系,这样可以帮助你扩大搜集信息的范围。四是通过媒体报道、人才市场和毕业生就业市场了解需求。五是通过各种形式的毕业生就业洽谈会或双向选择会了解需求。六是打电话,写求职信或登门拜访获取就业信息。

28.大学毕业生择业有哪些程序?

(1)了解政策。例如要知道毕业生就业有些什么规定,去非公有制单位就业有何规定,定向生如何就业等。

(2)收集信息。现代社会是一个信息社会,如果没有用人信息,择业则无从谈起,因经必须多渠道的收集需求信息,并从中整理和筛选。

(3)确定志愿。在收集信息的基础上,根据本人的情况和社会需求,确定自己的志愿。

(4)双向选择。毕业生通过直接与用人单位见面,介绍自己的情况,了解对方的需求和尽可能多的资料,进行充分的双向选择。

(5)签订协议。通过供需见面,双向选择后,毕业生要与用人单位签订协议书,规定有关的权利和义务。实际上到这一阶段,择业程序基本结束。

(6)报到上班。学校公布就业方案后,毕业生按就业方案在学校领取就业报到证,到用人单位报到上班,第一次择业过程到此结束。

29.什么样的大学生受欢迎?

(1)有真才实学的优秀生极受欢迎。

(2)用人单位喜欢学生干部。

(3)动手能力强的学生十分抢手。

(4)用人单位喜欢全面发展的学生。

(5)用人单位喜欢政治上靠得住,业务上过得硬的学生。

(6)有通才的毕业生受欢迎。

(7)用人单位喜欢专业思想牢固、能吃苦耐劳的毕业生。

(8)有专长的毕业生受用人单位欢迎。

30.什么样的毕业生不受社会欢迎?

(1)求职目标不明确的毕业生。

(2)行动被动,不善思索的毕业生。

(3)大学时代已热情燃尽的毕业生。

(4)不能与他人合作的毕业生。

(5)以我为中心,傲慢自负的毕业生。

(6)让人感受不到魅力的毕业生。

(7)高分低能的毕业生。

(8)人际关系紧张的毕业生。

(9)受过两次以上处分的毕业生。

(10)体弱多病的毕业生。

31. 社会需要什么样的大学毕业生?

(1)思想政治素质较高的毕业生受欢迎。

(2)有事业心和责任感的毕业生受欢迎。

(3)有吃苦精神的毕业生受欢迎。

(4)基础扎实、知识面宽、外语水平高的毕业生受欢迎。

(5)动手能力强的毕业生受欢迎。

(6)懂专业、会管理、善交际的毕业生受欢迎。

32. 打算从政的毕业生应具备的国家公务员职业道德主要有哪些?

全心全意为人民服务;公正廉洁,不谋私利;尊重群众,礼貌待人;坚持原则,团结同志;实事求是,开拓进取;遵纪守法,严守机密。

33. 希望到外事部门工作的毕业生应具备的外事职业道德主要有哪些?

维护国家利益与民族尊严;勤奋学习,努力工作;讲究礼节,友好往来;严守纪律,保守机密;敢于斗争,善于斗争。

34. 准备从事管理工作的毕业生应具备的管理职业道德主要有哪些?

质量第一,注意效益;开发市场,公平竞争;发展生产,保护环境;尊重职工,民主管理;以身作则,敢于负责。

35. 用人单位对录用毕业生只作口头承诺怎么办?

只有办理了录用签约的手续后,用人单位的录用才是规范的。而用人单位不与毕业生签约,只在口头上承诺,说明单位对录用毕业生的考虑仍未成熟,也就是说,对毕业生仍有不满意之处。那么,毕业生此时应怎么办?

第一、继续介绍自己的优势;

第二、表明自己愿意吃苦耐劳,勇挑重担的决心;

第三、想办法弄清用人单位对自己的不满在何处,针对性的回答,如果经过努力,仍不能使用人单位签约的话,毕业生应明智地及时放弃,另择合适的岗位。

36. 双向选择中,用人单位表示等候答复时怎么办?

这关系到自己要不要继续寻找单位,并在答复前与其他单位签约。要做出这样的决定,首先要试探自己被录用可能性的大小,这种试探只需对用人单位的工作人员进行,如在等候答复期间,要不要继续找别的单位。若对方断然反对你再找其他单位,则说明你已有较大的被录用可能,对方或许是要回去请示领导拍板决定而已;若对方认为你应该继续找单位,应及早多寻一条出路为妙,等待答复不作其他打算总是比较被动的事。

37. 毕业生到用人单位报到应注意些什么?

第一、不可忽视首次印象。毕业生初来乍到,应做到仪表整洁,举止大方,注

意使用老师请问、师傅请问、谢谢等文明用语，以体现尊重对方，给人留下文明、诚实、谦虚、有礼的好印象。

第二、不挑剔工作。报到后，用人单位将根据需要安排你的工作。作为毕业生，不应挑三拣四，拈轻怕重。

第三、不提过高要求。主要是生活、工作条件方面的要求。目前，住房条件普遍较差，两人一间，三人一间，住下再说。只要有地方办公，也不计较大或小。因为，你是来工作的，而不是来享受的。

第四、不贻误报到时机。同学们拿到报到证，要及时赶到单位报到，办理手续，顶岗上班。一方面用人单位总希望你早日到位，承担任务，以解燃眉之急。另一方面，你报到姗姗来迟，早来的人捷足先登了，你选择工作的余地将大大减少。

第五、不轻易往回跑。毕业生报到时，用人单位难免改变原使用意图，另作安排。在单位改变初衷的时候，毕业生正确做法是向单位主要领导或单位主管部门如实反映，就地妥善解决问题。如轻易跑回学校，引起单位反感，对解决问题更为不利。

第六、不要丢失报到证等必备证件。报到证是毕业生就业主管部门制发的就业和接收毕业生的重要依据。毕业生往往由于离校匆匆，对行李、物品保管不善，丢三落四，常有丢失报到证的。有的是警惕性不高，被小偷窃去了的。结果，一时报不了到急得团团转。因此，对报到证、户口、党团关系等证件要妥加保存，报到时及时交给单位，切勿丢失，以免招到麻烦。

第七、不要老当客人。毕业生报到正式上班了，就要以厂为家，以单位为家，手勤，腿勤，多做点分外事。不要老当客人，让人侍候。否则，人家会说三道四，对你站稳脚跟及今后的发展极为不利。

38.大学生走出校门要忌些什么？

(一)对待社会，要全面认识，忌以偏概全，一叶障目。

(二)对待人际关系，学会适应，忌自视清高，作茧自缚。

(三)对待经验，要虚心学习，忌狂妄自大，闭关自守。

(四)对待事业，勤勤恳恳，扎扎实实，具有真才实学，忌华而不实，腹中空空，得过且过。

(五)对待前途，目标适当，信心十足，锲而不舍，善始善终，忌无头苍蝇，或好高骛远，半途而废。

(六)对待冷遇，能屈能伸，忌自暴自弃，怨天尤人。

(七)对待挫折，吃一堑长一智，淡泊洒脱，忌一蹶不振，自甘沉沦。

39. 对职业介绍所有什么评价？

职业介绍所有好的，也有令人不满的。但是服务良好的职业介绍所是求职者的好助手，虽然可能很少登载广告，却掌握着需要招聘员工的许多公司的资料，并担任着求职者和雇主之间重要联系人的角色。但要警惕社会上打着职业介绍所的旗号，大搞欺骗活动。

40. 面试时常见的问题有哪些？

最主要的是以下20多个问题。

(1)谈谈你对我单位的看法。

(2)谈谈你自己的情况。

(3)你为什么要来这儿工作？

(4)你的人际关系如何？

(5)你过去的领导对你如何？

(6)你的主要缺点是什么？

(7)你有什么特长？

(8)你有哪些业余爱好？

(9)你对什么最感兴趣？

(10)你的家庭、婚姻状况如何？

(11)你对待遇有何要求？

(12)你能适应所要承担的工作吗？

(13)你对与工作有关的理论知识掌握如何？

(14)你的经验符合工作要求吗？

(15)这项工作压力大、困难多，你受得了吗？

(16)请举某项工作应该怎么办？

(17)工作中遇到麻烦怎么办？

(18)你的家人支持你的工作吗？

(19)今后在事业上有什么打算？

(20)你今后准备再学习吗？

(21)你今后准备再调换工作吗？

(22)你对出国这个问题如何认识？

所有这些问题你都要认真加以准备。回答尽量简洁、明确，充分运用你的说服力，并表现自己的潜在能力。

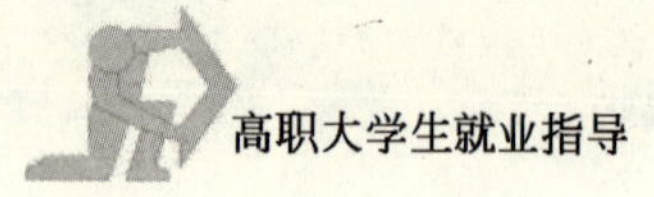

附录3 国家有关的就业政策

普通高等学校毕业生就业工作暂行规定

第一章 总 则

第一条 为做好普通高等学校(含研究生培养单位)毕业生(含毕业研究生)就业工作,更好地为经济建设和社会发展服务,维护毕业生和用人单位的合法权益,根据国家的有关法律和政策,制定本规定。

第二条 普通高等学校毕业生凡取得毕业资格的,在国家就业方针、政策指导下,按有关规定就业。

第三条 毕业生是国家按计划培养的专门人才,各级主管毕业生就业部门、高等学校和用人单位共同做好毕业生就业工作。毕业生有执行国家就业方针、政策和根据需要为国家服务的义务。必要时,国家采取行政手段,安置毕业生就业。

第四条 毕业生就业工作要贯彻统筹安排、合理使用、加强重点、兼顾一般和面向基层,充实生产、科研、教学第一线的方针。在保证国家需要的前提下,贯彻学以致用、人尽其才的原则。国家采取措施,鼓励和指导毕业生到边远地区、艰苦行业和其他国家急需人才的地方去工作。

第五条 国家教委归口管理全国毕业生就业工作,国务院其他部委(以下简称部委)和各省、自治区、直辖市(以下简称地方)负责本部门、本地方的毕业生就业工作。

第二章 职 责 分 工

第六条 国家教委的主要职责:

1.制定全国毕业生就业工作的法规和政策,部署全国毕业生就业工作;

2.组织研究并指导实施全国毕业生就业制度改革;

3.收集和发布全国毕业生供需信息,组织指导和管理毕业生就业供需见面、双向选择活动;

4.编制全国普通高等学校毕业生就业计划,制定国家教委直属高校毕业生就业计划和部委、地方所属高校抽调计划；

5.负责全国毕业生就业计划协调工作，管理全国毕业生调配工作；

6.指导、检查毕业生就业工作，授权各省、自治区、直辖市调配部门派遣本地区高校毕业生；

7.组织开展毕业教育，就业指导和人员培训工作；

8.开展毕业生就业工作的科学研究和宣传工作；

9.检查毕业生的使用情况。

第七条 国务院有关部委主管部门的主要职责；

10.根据国家的有关方针、政策和国家教委的统一部署，提出本部门毕业生就业的具体工作意见；

11.及时向国家教委报送所属院校毕业生就业计划和本部委需求信息；

12.组织协调所属院校的毕业生供需信息交流活动；

13.制定并组织实施所属院校的毕业生就业计划；

14.组织开展所属院校毕业生教育、就业指导工作；

15.负责本部门毕业生的接收工作，了解和掌握毕业生的使用情况；

16.开展有关毕业生就业工作改革的研究和宣传工作。

第八条 省、自治区、直辖市主管部门的主要职责：

17.根据国家的有关方针、政策和国家教委的统一部署，提出本省、自治区、直辖市毕业生就业的具体工作意见；

18.负责本地区毕业生的资源统计工作，并按时报送国家教委；

19.收集本地区毕业生的需求信息并及时报送国家教委；

20.制定本地区所属院校毕业生的就业计划并及时报送国家教委；

21.组织管理本地区毕业生就业供需见面和双向选择活动；

22.受国家教委委托组织实施本地区高校毕业生的资格审查，并负责毕业生的调配派遣和接收工作；

23.组织开展毕业教育、就业指导工作；

24.检查、监督本地区用人单位和高等学校的毕业生就业工作；

25.开展毕业生就业制度改革的研究和宣传工作；

26.完成国家教委交办的其他工作。

第九条 高等学校的主要职责：

27.根据国家的就业方针、政策和规定以及学校主管部门的工作意见、制定本学校的工作细则；

28.负责本校毕业生的资格审查工作，及时向主管部门和地方调配部门报送

毕业生资源情况；

29.收集需求信息，开展毕业生就业供需见面和双向选择活动，负责毕业生的推荐工作；

30.按照主管部门的要求提出毕业生就业建议计划；

31.开展毕业教育和就业指导工作；

32.负责办理毕业生的离校手续；

33.开展与毕业生就业有关的调查研究工作；

34.完成主管部门交办的其他工作。

第十条 用人单位的主要职责：

35.及时向主管部门报送毕业生需求计划，向有关高等学校提供需求信息；

36.参加供需见面和双向选择活动，如实介绍本单位情况，积极招聘毕业生；

37.按照国家下达的就业计划接收、安排毕业生；

38.负责毕业生见习期间的管理工作；

39.向有关部门和学校反馈毕业生的使用情况。

第三章 毕业生就业工作程序

第十一条 全国高等学校毕业生就业工作程序和时间安排由国家教委统一部署，各部委和地方应按照统一部署具体指导所属院校毕业生的就业工作。

第十二条 毕业生就业工作程序分为就业指导、收集发布信息、供需见面及双向选择、制定就业计划、进行毕业生资格审查、派遣、调整、接收等阶段。

第十三条 毕业生就业工作一般从毕业生在校内的最后一学年开始。

第十四条 用人单位一般应每年11～12月向主管部门及有关高校提出下一年度毕业生需求计划，11～5月与毕业生签订录用协议。

第十五条 毕业生的就业活动不得影响学校正常的教学秩序和学生的学习。毕业生联系工作时间应安排在1～5月，春季毕业研究生可适当提前。

第四章 毕业生就业指导与毕业生鉴定

第十六条 毕业生就业指导是高校教学工作的一个重要组成部分，是帮助毕业生了解国家的就业方针政策，树立正确的择业观念，保障毕业生顺利就业的有效手段。

第十七条 毕业生就业指导重点进行人生观、价值观、择业观和职业道德教育，突出毕业生就业政策的宣传。

第十八条 毕业生就业指导要理论联系实际，注重实效，可采用授课、报告、讲座、咨询等多种形式。

第十九条 毕业生就业指导要与毕业教育相结合，教育毕业生以国家利益为重，正确处理国家利益与个人发展的关系，自觉服从国家需要，到基层去，到艰苦的地方去，走与实践相结合的成才之路。

第二十条 高等学校要按照国家教委《普通高等学校学生管理规定》、《高等学校学生行为准则(试行)》和《研究生学籍管理规定》的要求，实事求是地对毕业生作出组织鉴定。

第二十一条 毕业鉴定主要包括毕业生在校期间德、智、体等各方面的基本情况，这些基本情况要按照档案管理的有关规定，认真核对无误后归档。档案材料应在毕业生派遣两周内寄送毕业生报到单位。

第五章 供需见面和双向选择活动

第二十二条 供需见面和双向选择活动是落实毕业生就业计划的重要方式。各部委、各地方主管毕业生就业工作部门负责管理举办本部门、本地区的毕业生就业供需见面和双向选择活动，其他部门不得举办以毕业生就业为主的洽谈会或招聘会。举办省级上述活动要报国家教委备案，跨省区、跨部门的有关活动须报国家教委审批。

第二十三条 有条件的高等学校要举办或校际联办毕业生供需见面和双向选择活动。高等学校在毕业生供需见面和双向选择活动中起主导作用。

第二十四条 经供需见面和双向选择后，毕业生、用人单位和高等学校应当签订毕业生就业协议书，作为制定就业计划和派遣的依据。未经学校同意，毕业生擅自签订的协议无效。

第二十五条 供需见面和双向选择活动要在国家就业方针、政策指导下，有组织、有计划、有步骤地进行，时间应安排在节假日。

第二十六条 供需见面和双向选择活动，不得以赢利为目的向学生收费，不得影响学校正常的教学秩序和学生的学习。

第六章 就业计划的制订

第二十七条 国家教委直属学校毕业生面向全国就业，其他部委所属学校毕业生主要面向本系统、本行业就业，地方所属学校主要面向本地区就业。根据招生"并轨"改革的进程，有关部委和各省、自治区、直辖市可根据本部门、本地区的实际情况确定所属高校毕业生的就业范围。

第二十八条 制定就业计划的原则：

40.遵循国家有关毕业生就业的方针、政策和规定；

41.依据国民经济和社会发展的需要；

42.优先保证国防、军工、国有大中型企业、重点科研和教学单位的需要；

43.来源于边远省区的本、专科毕业生，只要是边远省区急需的，原则上回来源省区就业；

44.师范类毕业生原则上在教育系统内就业；

45.定向生、委培生按合同就业；

46.实行招生"并轨"改革学校的毕业生在国家就业政策指导下，在一定范围内自主择业；

47.毕业研究生在国家规定的服务范围内就业；

48.其他类型毕业生按国家有关规定就业。

第二十九条　本、专科毕业生就业计划每年编制一次，毕业研究生就业计划分为春季和暑期两次编制。就业计划按部委、地方和高校各自的职责分工经上下结合，充分协商形成；有关部委和地方审核、汇总所属学校毕业生就业建议计划，并按时报送国家教委；国家教委审核、编制全国普通高等学校毕业生就业计划。

第三十条　毕业生就业计划经国家教委审核下达后，各部委、地方、高等学校和用人单位必须严格执行。

第七章　调配、派遣工作

第三十一条　地方主管毕业生调配部门和高等学校按照国家下达的就业计划派遣毕业生。派遣毕业生统一使用《全国普通高等学校毕业生就业派遣报到证》和《全国毕业研究生就业派遣报到证》(以下简称《报到证》),《报到证》由国家教委授权地方主管毕业生就业调配部门审核签发，特殊情况可由国家教委直接签发。

第三十二条　国家招生计划内招收的自费生(含电大、函授等普通专科班)毕业后自主择业，在规定时间内找到单位的由地方主管调配部门开具《报到证》。

第三十三条　对于华侨和来自港澳台地区的毕业生愿意留大陆工作的，学校可根据国家有关规定提供必要的帮助。

第三十四条　免试推荐和考取硕士、博士研究生的毕业生，在学校就业计划上报后提出不再攻读的，应回家庭所在地就业。

第三十五条　符合国家规定申请自费留学的毕业生，要在学校规定的期限内提出申请并按规定偿还教育培养费，经批准后，学校不再负责其就业。派遣时未获准出境的，学校可将其档案、户粮关系转家庭所在地自谋职业。

第三十六条　对残疾毕业生学校应帮助其就业，确有困难的，按有关规定由生源所在地民政部门安置。

第三十七条 学校应在派遣前认真负责对毕业生进行健康检查，不能坚持正常工作的，让其回家休养。一年内治愈的（须经学校指定县级以上医院证明能坚持正常工作的）可以随下一届毕业生就业；一年后仍未治愈或无用人单位接收的，户粮关系和档案材料转至家庭所在地，按社会待业人员办理。

第三十八条 结业生由学校向用人单位推荐或自荐，找到工作单位的，可以派遣，但必须在《报到证》上注明“结业生”字样；在规定时间内无接收单位的，由学校将其档案、户粮关系转至家庭所在地（家居农村的保留非农业户口），自谋职业。

第三十九条 全国普通高等学校要在七月一日后派遣毕业生（春季毕业研究生例外）。

第四十条 在派遣过程中出现特殊情况需要调整改派的，按下列原则办理：

49. 在本省、自治区、直辖市辖区内用人单位之间调整的，由地方主管毕业生调配部门审批并办理改派手续；

50. 跨部委、跨省（自治区、直辖市）调整的，由学校主管部门审核同意后，统一报国家教委审批并下达调整计划，学校所在地方主管毕业生调配部门按照调整计划办理改派手续；

51. 毕业生调整改派须在一年内办理，逾期不再办理有关调整改派手续。毕业生就业后的调整按在职人员有关规定办理。

第八章 接收工作及毕业生待遇

第四十一条 毕业生持《报到证》到工作单位报到，用人单位凭《报到证》予以办理接收手续和户粮关系。凡纳入国家就业计划的毕业生，地方政府不得征收其城市增容费。

第四十二条 毕业生报到后，用人单位应根据工作需要和毕业生所学专业及时安排工作岗位。

第四十三条 按国家计划派遣的毕业生，用人单位不得拒绝接收或退回学校。

第四十四条 毕业生报到后，发生疾病不能坚持正常工作的，按在职人员有关规定处理，不得把上岗后发生疾病的毕业生退回学校。

第四十五条 毕业生就业后，其工资标准和福利待遇按国家有关规定执行，工龄从报到之日计算。

第四十六条 到非公有制单位就业的毕业生，其档案按国家有关规定进行

管理,工资待遇由毕业生与用人单位协商确定,但工资标准原则上应不低于国家规定。

第九章 违反规定的处理

第四十七条 有以下情形之一的部委、地方和学校就业部门,要通报批评,情节严重的,建议主管部门对有关责任人员给予行政处分:

52.不按要求和时间报送生源、需求计划的;

53.不按国家的有关规定派遣毕业生的;

54.其他违反毕业生就业工作规定的。

第四十八条 对违反就业协议或不履行定向、委托培养合同的用人单位、毕业生、高等学校按协议书或合同书的有关条款办理,并依法承担赔偿责任。

第四十九条 对擅自拒收、截留按国家计划派遣毕业生的用人单位,由其主管部门责令改正,并对有关负责人员给予行政处分。

第五十条 有下列情形之一的毕业生,由学校报地方主管毕业生调配部门批准,不再负责其就业。在其向学校缴纳全部培养费和奖(助)学金后,由学校将其户粮关系和档案转至家庭所在地,按社会待业人员处理:

55.不顾国家需要,坚持个人无理要求,经多方教育仍拒不改正的;

56.自派遣之日起,无正当理由超过三个月不去就业单位报到的;

57.报到后,拒不服从安排或无理要求用人单位退回的;

58.其他违反毕业生就业规定的。

第五十一条 对利用职权干涉毕业生就业或在毕业生就业工作中徇私舞弊的工作人员,由主管部门或同级纪检、监察部门依法处理;情节严重、构成犯罪的,依法追究其刑事责任。

第十章 附 则

第五十二条 本规定中普通高等学校毕业生系指按照国家普通高等学校招生计划和研究生计划招收的具有学籍、取得毕业资格的本、专科生(含招生并轨招收的学生和招生并轨前招收的国家任务生、定向生、委培生、自费生及电大、函授普通专科班学生)和硕士、博士研究生(含统分生、定向生、委培生、自筹经费生)。

第五十三条 各有关部委和地方可根据本规定制定实施细则并报国家教委备案。

第五十四条 本规定由国家教育委员会负责解释。

第五十五条 本规定自发布之日起执行。

关于引导和鼓励高校毕业生面向基层就业的意见
中共中央办公厅 国务院办公厅发

（2005 年 6 月 25 日）

为进一步落实科学发展观，推进科教兴国战略和人才强国战略的实施，加快全面建设小康社会的步伐，现就做好引导和鼓励高校毕业生面向基层就业工作提出如下意见。

一、充分认识引导和鼓励高校毕业生面向基层就业的重要意义。高校毕业生是国家宝贵的人才资源，他们的就业是一个涉及全局的重大问题，不仅关系到广大人民群众的切身利益，而且直接影响到经济发展和社会稳定。当前，随着经济体制改革的深化和经济结构的战略性调整，一方面高校毕业生就业面临着一些困难和问题，另一方面广大基层特别是西部地区、艰苦边远地区和艰苦行业以及广大农村还存在人才匮乏的状况。积极引导和鼓励高校毕业生面向基层就业，有利于青年人才的健康成长和改善基层人才队伍的结构，有利于促进城乡和区域经济的协调发展，有利于构建社会主义和谐社会和巩固党的执政地位。

各地区各部门要站在党和国家事业发展全局的高度，统一思想，提高认识，在充分发挥市场配置高校毕业生人才资源的基础上，进一步加大政府宏观调控力度，切实做好引导和鼓励高校毕业生面向基层就业工作，努力建立与社会主义市场经济体制相适应的高校毕业生面向基层就业的长效机制。

二、积极引导高校毕业生树立正确的成才观和就业观。要认真贯彻《中共中央、国务院关于进一步加强和改进大学生思想政治教育的意见》（中发[2004]16号），开展积极有效的思想政治教育，引导大学生树立正确的世界观、人生观和价值观，自觉地把个人理想同国家与社会的需要紧密结合起来。要通过社会实践等多种方式，帮助大学生深入了解国情、了解社会，正确认识就业形势，树立行行建功、处处立业的观念，踊跃到基层锻炼成才。要加大宣传力度，通过报刊、广播、电视、网络等媒体，深入宣传党和政府有关高校毕业生到基层就业的政策，大力宣传高校毕业生在基层创业成才的先进典型，唱响到基层、到西部、到祖国最需要的地方建功立业的主旋律，在全社会形成良好的舆论导向。

三、完善鼓励高校毕业生到西部地区和艰苦边远地区就业的优惠政策。要完善人才资源市场配置与政府宏观调控相结合的运行机制，进一步消除政策障碍，健全社会保障体系，促进高校毕业生到西部地区、艰苦边远地区和艰苦行业就业。对到西部县以下基层单位和艰苦边远地区就业的高校毕业生，实行来去

自由的政策，户口可留在原籍或根据本人意愿迁往西部地区和艰苦边远地区。工作满5年以上的，根据本人意愿可以流动到原籍或除直辖市以外的其他地区工作，凡落实了接收单位的，接收单位所在地区应准予落户；需要人事代理服务的，由有关机构提供全面的免费代理服务。对毕业后自愿到艰苦地区、艰苦行业工作，服务达到一定年限的学生，其在校期间的国家助学贷款本息由国家代为偿还。到艰苦边远地区和国家扶贫开发工作重点县就业的，可提前执行转正定级工资，高定1～2档工资标准。

四、积极鼓励、支持高校毕业生到基层自主创业和灵活就业。要大力倡导高校毕业生发扬自强自立的精神，在就业时不等不靠、不挑不拣，勇于到市场经济大潮中拼搏竞争。各级党委和政府要创造良好的政策环境和市场条件，鼓励和支持高校毕业生到基层自主创业和灵活就业。对高校毕业生从事个体经营的，除国家限制的行业外，自工商行政管理部门登记注册之日起3年内免交登记类、管理类和证照类的各项行政事业性收费。要加强对大学生的创业意识教育和创业能力培训，为到基层创业的高校毕业生提供有针对性的项目、咨询等信息服务，对其中有贷款需求的提供小额贷款担保或贴息补贴。有条件的地区，可通过财政和社会两条渠道筹集“高校毕业生创业资金”。对于高校毕业生以从事自由职业、短期职业、个体经营等方式灵活就业的，各级政府要提供必要的人事劳动保障代理服务，在户籍管理、劳动关系形式、社会保险缴纳和保险关系接续等方面提供保障。

五、大力支持各类中小企业和非公有制单位聘用高校毕业生。各类中小企业和非公有制单位是高校毕业生就业的重要渠道。各级党委和政府要为高校毕业生到这些企业和单位就业营造氛围、疏通渠道、创造条件。对非公有制单位聘用非本地生源的高校毕业生，省会及省会以下城市要取消落户限制。对到中小企业和非公有制单位就业的高校毕业生，在专业技术职称评定方面，要与国有企业员工一视同仁；对他们当中从事科技工作的，在按规定程序申请国家和地方科研项目和经费、申报有关科研成果或荣誉称号时，要根据情况给予重视和支持。要规范人才、劳动力市场秩序，加大人事、劳动保障执法监察力度，通过法律、经济、行政等手段，规范高校毕业生和用人单位的“双向选择”行为。要依法加强对各类企业签订劳动合同、兑现劳动报酬和缴纳社会保险情况的监督检查，维护到中小企业和非公有制单位就业的高校毕业生的合法权益。到非公有制单位就业的高校毕业生，参加了基本养老保险的，今后考录或招聘到国家机关、事业单位工作，其缴费年限可合并计算为工龄。

六、探索建立高校毕业生就业见习制度。为帮助回到原籍、尚未就业的高校毕业生提升职业技能和促进供需见面，地方政府要创造条件，探索建立高校毕业生见习制度。地方政府有关部门可根据实际需要，联系部分企事业单位，为高校毕业生建立见习基地或提供见习岗位，安排见习指导老师，组织开展见习和就业培训，促进他们尽快就业。见习期一般不超过1年，见习期间由见习单位和地方政府提供基本生活补助。当地有关服务机构要为这些毕业生提供免费的人事代理和就业指导等服务。

七、逐步实行省级以上党政机关从具有2年以上基层工作经历的高校毕业生中考录公务员的办法。省级以上党政机关在贯彻执行党和国家的路线方针政策、指导各地区各部门开展工作方面负有十分重要的职责，需要拥有一支德才兼备、熟悉基层的高素质干部队伍。从2006年开始，省级以上党政机关考录公务员，考录具有2年以上基层工作经历的高校毕业生（包括报考特种专业岗位）的比例不得低于三分之一，以后逐年提高。对招录到省级以上党政机关、没有基层工作经历的高校毕业生，应有计划地安排到县以下基层单位工作1～2年。副省级城市党政机关考录公务员参照以上办法执行。今后在选拔县处级以上党政领导干部时，要注意从有基层工作经历的高校毕业生中选拔。

八、加大选调应届优秀高校毕业生到基层锻炼的工作力度。选调应届优秀高校毕业生到基层锻炼，在改革、建设的第一线和艰苦的环境中了解国情、砥砺品格、增长才干是青年人才成长的重要途径，也是优化基层公务员队伍结构、提高基层干部队伍素质的有效方式。要进一步扩大选调生的规模，各省、自治区、直辖市每年都要选拔一定数量的应届优秀高校毕业生到基层工作，主要充实到农村乡镇和城市街道等基层单位。各级组织人事部门要加强对选调生的日常管理和培养，在他们到基层工作2～3年后，按照干部队伍“四化”方针和德才兼备的原则，按照有关规定，结合岗位需求，从中择优选拔部分人员任用到乡镇、街道领导岗位。今后，县级以上党政机关补充公务员，应优先从选调生中选用。

九、实施高校毕业生到农村服务计划。目前，广大农村教育、医疗卫生、现代农业技术推广等方面的人才极其短缺，引导和鼓励高校毕业生到农村工作是促进农村发展的客观要求。各级党委和政府要重视加强农业推广服务机构和动物防疫体系的建设，搭建吸纳高校毕业生的舞台，既有利于高校毕业生就业，又有利于推动“三农”工作。中央和国家机关有关部门要继续做好“大学生志愿服务西部计划”，为西部基层教育、医疗卫生、文化、农技推广服务等公共事业的发展提供阶段性服务；要进一步落实和完善配套支持政策，丰富服务内容。各省、自治区、直辖市也要有计划地选派高校毕业生到本地区农村服务。从2005年起连续5年，每年招募2万名左右高校毕业生，主要安排到乡镇开展支教、支农、支医

和扶贫工作，时间一般为2～3年，工作期间给予一定生活补贴。安排到西部地区农村中小学、医疗卫生机构和农技推广服务机构工作的高校毕业生，其生活补贴由财政安排专项经费予以支付。服务期满后，进入市场自主择业，有关部门应协助在本系统内推荐就业。在今后晋升中高级职称时，同等条件下应优先评定。对报考公务员的，可以通过适当增加分数以及其他优惠政策，优先录用。对于已被录取为研究生的应届高校毕业生到基层服务的，为其保留学籍2年；对于到西部地区和艰苦边远地区服务2年队上的高校毕业生报考研究生的，应适当给予优惠并在同等条件下优先录取。

十、大力推广高校毕业生进村、进社区工作。要把引导和鼓励高校毕业生面向基层就业同加强基层组织建设结合起来，从2006年起，国家每年有计划地选拔一定数量的高校毕业生到农村和社区就业。到城市社区就业的，其薪酬可由所在地财政和社区共同解决。到农村就业的，可通过法定程序安排担任村党支部、村委会的相应职务，市县两级政府可给予适当的生活补贴，其人事档案由县级人事部门管理。要把这批人员作为将来补充乡镇、街道干部的重要来源。对工作2年后报考公务员的，要采取适当增加分数以及其他优惠政策，优先录用；报考研究生的，应适当给予优惠并在同等条件下优先录取。争取用3～5年时间基本实现全国每个村、每个社区至少有1名高校毕业生的目标。

十一、加大财政支持高校毕业生面向基层就业的力度。引导和鼓励高校毕业生面向基层就业，一方面要以基层经济社会全面协调可持续发展为长远基础，另一方面要加大财政支持的力度。地方财政可根据当地实际情况和发展需要安排专门经费，用于引导和鼓励高校毕业生面向基层就业。中央财政将通过不断加大转移支付力度予以支持。

十二、为西部地区和艰苦边远地区基层单位适当增加周转编制。为缓解西部地区和艰苦边远地区基层单位急需人才与编制紧缺的矛盾，在严格控制总体编制的前提下，从2006年起连续3年，采取先进后出的办法，由组织人事部门会同编制部门每年给西部地区和艰苦边远地区的乡镇下达一部分周转编制，用于接收应届或往届高校毕业生。

十三、实行面向基层就业的定向招生制度。根据基层的实际和需要，适当采取优惠政策，面向中西部地区生源实行定向招生，毕业后到中西部地区基层和艰苦行业就业。要严格招生管理，严格执行定向招生协议，保证招生工作公平公正，保证这部分学生完成学业后到协议单位服务。高等职业院校要以就业为导向，广泛加强与用人单位的合作，积极推行学历证书和职业资格证书制度，努力为基层培养更多的高技能人才和适应农村经济发展迫切需要的实用人才。

十四、认真做好高校毕业生就业信息服务工作。各高校就业指导服务机构要与各级人才交流服务机构、公共职业介绍机构合作，共同加强与社会用人单位的沟通，逐步建立起统一的高校毕业生就业服务信息网络，实现高校、省、国家三级就业网的联通和就业工作的信息化，及时发布需求信息，为高校毕业生与用人单位搭建方便、快捷、覆盖面广、资源丰富的信息平台。各级政府要统筹高校毕业生市场、人才市场和劳动力市场建设，使现有各类人才和劳动力市场实现联网贯通，加快建设统一的人才市场。当前应在已有的市场内开设不同类别的专业市场特别是面对高校毕业生的专业市场，提高供需对接的针对性，既方便高校毕业生求职择业，也帮助用人单位选用合适的高校毕业生。

十五、面向基层经济社会发展需要，进一步深化高等教育改革。要根据国家发展和社会需要科学规划高等学校的区域布局和层次结构，明确不同层次高校的办学宗旨和目标。要加强对高等教育发展的分析和预测，保持合理的招生规模，按照经济社会发展对人才的需求调整学科和专业设置。要加强素质教育，注重学生的技能培养和社会实践，提高毕业生适应市场和基层需求的能力。要切实加强对学生的职业发展指导，开设有关职业生涯发展辅导课程，帮助他们确立面向基层的职业意向。要把教育、指导和帮助学生面向基层就业作为高等学校的一项重要任务，大力整合校内资源，形成所有部门和教师共同关心和促进学生就业的强大合力。

十六、加强对高校毕业生面向基层就业工作的领导。高校毕业生就业是整个社会就业的重要组成部分，涉及方方面面，是一项长期的工作任务。各级党委和政府要注意结合本地实际，明确目标任务，采取有力措施，创新工作方法，把引导和鼓励高校毕业生面向基层就业的各项政策落实到位。组织人事部门要把引导和鼓励高校毕业生面向基层就业作为人才队伍建设的一项基础工作抓紧抓好。要从政治上爱护、工作上关心在基层工作的高校毕业生，积极为他们在基层经济社会发展的各项事业中贡献才智创造条件。为引导和鼓励高校毕业生面向基层就业，中央和国家机关有关部门及各省、自治区、直辖市要建立扎根基层、建功立业优秀人才评选表彰制度。

关于切实做好2006年普通高等学校毕业生就业工作的通知

教学[2006]8号

各省、自治区、直辖市党委组织部、宣传部，编办，教育厅（教委）、发展改革委、公安厅（局）、民政厅（局）、财政厅（局）、人事厅（局）、劳动保障厅（局），中国人民银行上海总部、各分行、营业管理部、省会（首府）城市中心支行、副省级城市中

心支行，工商行政管理局、扶贫开发领导小组办公室，团委：

2006年全国普通高校毕业生规模达到413万人，比上年增加75万人。高校毕业生是国家宝贵的人才资源，做好高校毕业生就业工作，是保持经济持续快速发展和全面建设小康社会的必然要求，是改变当前基层面貌、提高党的执政能力和建设社会主义新农村的现实需要，是党和政府关心广大人民群众切身利益的具体体现，关系到构建社会主义和谐社会的大局。要充分认识做好高校毕业生就业工作的重要性和紧迫性，全面贯彻落实中共中央办公厅、国务院办公厅《关于引导和鼓励高校毕业生面向基层就业的意见》(中办发〔2005〕18号)精神，按照党中央、国务院的部署和要求，全力以赴做好今年高校毕业生就业工作。现就有关问题通知如下：

一、加强领导，落实责任，确保今年目标任务的完成。各地区、各部门要进一步加强领导，切实把促进高校毕业生就业作为政府就业工作的重要组成部分，列入重要议事日程，加大调控力度，明确目标任务，落实工作责任。要调动各方面力量，采取有力措施，实行更加积极的就业政策，保持今年高校毕业生就业率水平的基本稳定，实现就业人数的增长，努力争取到西部、到基层就业和自主创业的毕业生人数进一步增加，并使未就业毕业生在离校后得到较为完善的就业服务和基本的社会保障。

二、把引导高校毕业生面向基层就业作为重点，全面抓好政策落实工作。各地区、各部门要进一步拓展工作思路，全面贯彻落实引导和鼓励高校毕业生面向基层就业的各项政策措施，各省级政府有关部门最迟应在今年6月出台具体实施意见，高等学校也应制定和完善鼓励毕业生面向基层就业的办法。要不断完善制度环境，使基层成为高校毕业生就业创业的主要渠道。

三、积极组织实施好引导高校毕业生面向基层就业的项目，努力探索政府开发基层公共服务岗位的新机制。认真做好“大学生志愿服务西部计划”、“三支一扶计划”、“农村义务教育阶段学校教师特设岗位计划”等项目的组织实施；因地制宜，稳步扩大地方项目规模和服务范围，各地要积极探索实施引导高校毕业生进村、进社区工作的地方项目，争取通过3～5年的努力，实现每个村和社区至少有1名高校毕业生。要落实好加大财政支持力度、代偿国家助学贷款等政策；组织人事部门会同编制部门为西部地区和艰苦边远地区的乡镇下达一部分周转编制，用于接收应届或往届高校毕业生。

四、切实加大对高校毕业生自主创业和灵活就业的扶持力度。要进一步落实对从事个体经营的高校毕业生三年内免交登记类、管理类和证照类的各项行政事业性收费的优惠政策。对自愿到西部地区及县级以下基层创业的高校毕业生，其自筹资金不足时，也可向当地经办银行申请小额担保贷款。对从事微利项目的，贷款利息由财政承担50%（中央财政和地方财政各承担25%），展期不贴息。各地要积极组织开展创业培训、开业指导、政策咨询、项目论证和跟踪辅导等“一条龙”服务，搭建毕业生自主创业“绿色通道”。有条件的地区，可通过财政和社会渠道筹集“高校毕业生创业资金”，为毕业生自主创业提供相应支持。各级政府有关部门要提供必要的人事劳动保障代理服务，在劳动关系形式、社会保险缴纳和保险关系接续等方面提供保障。高等学校要加强对毕业生的创业指导、创业培训和创业实践活动，培养学生的创业观念和创业能力。

五、进一步鼓励各类中小企业和非公有制单位聘用高校毕业生。要落实企业用人自主权的规定，鼓励各类企业根据实际需要多招聘高校毕业生。对到中小企业和非公有制单位就业的高校毕业生，在专业技术职称评定方面，要与国有企业员工一视同仁；公安机关要放宽建立集体户口的审批条件。要加大力度监督落实企业用工和劳动保障制度，加强对中小企业和非公有制单位在签订劳动合同、兑现劳动报酬，特别是缴纳社会保险等方面的监督检查，切实维护毕业生到中小企业和非公有制单位就业的合法权益。要加快建立并完善技术技能岗位准入制度，扩大高校毕业生就业空间，进一步推动全社会劳动分工结构的优化。

六、加强对离校后未就业高校毕业生的就业服务和社会保障工作。要切实把高校毕业生就业工作纳入就业再就业工作体系，加强统一领导和统筹协调。离校后未就业高校毕业生可到各类人才和职业中介机构登记求职，政府举办的公共就业服务机构、人才交流服务机构、高校毕业生就业指导服务机构应提供免费职业介绍服务。有就业愿望的应届毕业生9月1日后仍未就业的，可到入学前户籍所在城市或县劳动保障部门办理失业登记，劳动保障部门和人事部门应免费提供专门的就业服务，组织其参加职业培训或就业见习。高校毕业生见习期间由见习单位和地方财政部门根据当地实际情况，对其提供基本生活补助。高校毕业生因短期无法就业或就业后生活仍有困难的，民政部门要及时按照有关规定为符合条件的高校毕业生提供最低生活保障或临时救助，帮助他们渡过难关。对未就业毕业生中的党、团员，有关部门要按相关规定组织活动。

七、进一步落实和完善鼓励高校毕业生合理流动的政策。认真贯彻落实国务院有关文件精神，鼓励支持各类用人单位聘用高校毕业生。对用人单位跨地区聘用的高校毕业生，省会城市、副省级城市、地级市应取消落户限制，简化有关手续。各地要处理好当前事业单位改革与促进毕业生就业的关系，进一步落实事业单位用人自主权，方便用人单位通过公开招聘吸纳高校毕业生。

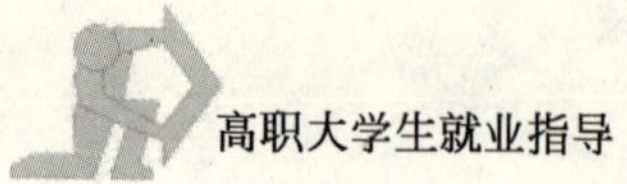

八、全面深化高等教育改革，努力提升高校毕业生就业能力。省级政府有关部门要适当控制高等学校招生增长幅度，相对稳定招生规模，及时调整不能适应社会需要的学校和专业。高等学校要积极开展社会需求调研，优化学科专业结构，把就业、创业理念引入教学环节，大力加强实践教学，切实提高学生的就业和创业能力。高等职业院校要大力开展“订单式”培养，积极推行学业证书和职业资格证书制度，组织职业技能培训，提高学生的实践技能和就业能力，促进人才培养与市场需求的紧密结合。

九、大力加强信息服务，建立高校毕业生就业供求信息发布制度。各地和高等学校要加速就业服务信息化进程，高等学校要积极开通网上远程面试，为毕业生提供方便、快捷、周到、细致的服务，努力降低毕业生求职成本。从 2006 年起，教育、人事、劳动保障部门要定期发布高校毕业生求职登记信息和用人单位对大学生的岗位需求登记信息。做好高校毕业生就业情况相关统计，由高校毕业生就业主管部门统计截至 9 月 1 日分地区、分学校初次就业率信息；由劳动保障部门统计截至 12 月 31 日分地区应届高校毕业生登记失业信息。实行国家高校毕业生就业网上联合招聘制度，由教育、人事、劳动保障等部门定期联合举行网上招聘活动。

十、积极培育和完善高校毕业生就业市场，确保招聘活动安全。要以校园市场为主要渠道和依托，积极开展应届高校毕业生就业招聘和双向选择活动，努力使供求信息及时对接。各地要积极培育高校毕业生就业常设市场，提倡在各地人才市场、劳动力市场普遍开设为毕业生服务的专门窗口。要大力推动高校毕业生就业市场、人才市场、劳动力市场相互贯通和信息共享。要加强市场监管，规范“双向选择”行为，切实维护学生合法权益。在社会上举办高校毕业生招聘会要经过当地主管部门批准，严禁以营利为目的举办毕业生招聘活动。要采取有效措施，防止发生挤踏、火灾等事故。

十一、满腔热情做好就业指导和服务，重点帮扶就业困难的贫困学生。高等学校要切实落实“一把手工程”，增强就业意识，加强就业指导队伍建设，提高就业指导的针对性。要积极主动联系用人单位，千方百计搜集就业信息。要组织目前尚未落实就业岗位的贫困学生多渠道进行见习、实习，采取多种途径扩大就业渠道。高等学校对就业困难的贫困学生要进行重点帮扶，给予重点推荐、指导、服务，可适当给予经济补助，努力帮助他们实现就业。

十二、认真做好思想教育和宣传工作，营造良好舆论环境。高等学校要加强对毕业生的思想教育，组织毕业生深入学习胡锦涛总书记关于社会主义荣辱观的重要论述，采取生动有效的教育形式，引导毕业生树立正确的世界观、人生观和价值观，树立行行建功、处处立业的观念，合理调整就业预期，踊跃到基层锻炼成才。要继续通过各种媒体，持续组织开展主题突出、特色鲜明、内容丰富的正面宣传报道活动，积极宣传党和国家的政策、各地促进就业的经验以及高校毕业生在基层创业的先进典型，努力营造良好的舆论氛围和社会环境。

目前，高校毕业生正处在求职择业的关键时期，各地和高等学校要针对他们的特点，切实加强毕业教育和文明离校教育，缓解心理压力，及时化解矛盾，确保高等学校和社会稳定。

二〇〇六年六月九日

关于建立高校毕业生就业见习制度的通知
国人部发〔2006〕17号

各省、自治区、直辖市人事厅（局）、教育厅（局）、财政厅（局）、劳动和社会保障厅（局）、国有资产监督管理部门、国防科学技术工业管理部门：

为贯彻落实《中共中央办公厅、国务院办公厅关于引导和鼓励高校毕业生面向基层就业的意见》（中办发〔2005〕18号，以下简称《意见》），帮助回到原籍、尚未就业的高校毕业生提升就业能力，促进供需见面，尽快实现就业，现就建立高校毕业生就业见习制度有关问题通知如下：

一、积极做好见习单位和见习基地建设工作。建立高校毕业生就业见习制度是疏通高校毕业生面向基层就业渠道、改善基层人才匮乏现状的重要措施。各级人事、劳动保障、教育、财政、国有资产监管、国防科学技术工业管理等部门，要根据《意见》和中组部、人事部、教育部印发的《贯彻落实<关于引导和鼓励高校毕业生面向基层就业的意见>的分工方案》，通力合作，从实际出发，积极创造条件，在试点的基础上，逐步建立和完善高校毕业生就业见习制度。各地要在认真考察用人单位的工作岗位、工作环境的基础上，将条件合格并有积极性的企事业单位，确定为见习单位。要广泛收集见习单位的见习岗位信息，并定期予以发布。对于有一定规模、各方面条件较好且能持续提供较多见习岗位的见习单位，可以将其确定为高校毕业生就业见习基地，并予以挂牌。见习基地挂牌期限一般确定为三年。三年期满，经考核合格的可继续挂牌。要加强对见习基地的检查与指导，以保证其能发挥应有的示范效应。

二、有计划地组织未就业高校毕业生参加就业见习。要加大宣传力度，通过报刊、广播、电视、网络等媒体，广泛宣传高校毕业生就业见习制度。要在政府网站上开辟就业见习专栏，为高校毕业生了解见习制度、选择见习岗位提供便利。要鼓励并有计划地组织当地未就业高校毕业生参加就业见习，帮助未就业高校

毕业生通过就业见习扩展就业机会。

三、认真做好见习期间的各项管理工作。各级人事、劳动保障、教育、财政、国有资产监管、国防科学技术工业管理等部门要加强对见习单位和高校毕业生的指导,加强宏观管理和检查,保证见习活动的顺利进行。见习期限一般为六个月,最长不超过一年。在见习期间被见习单位正式录(聘)用的,在该单位的见习期可以作为工龄计算。要指导见习单位制定见习活动的有关规定,规范见习单位和高校毕业生见习期间的有关事项,为见习生办理人身意外伤害保险,保障双方的合法权益。要定期了解见习单位的有关情况,加强与见习高校毕业生的沟通,协调解决见习工作中遇到的困难和问题。见习活动结束后,要指导见习单位对高校毕业生进行考核鉴定,出具见习证明,作为用人单位招聘和选用见习高校毕业生的依据之一。要逐步建立起见习单位落实见习工作情况的督查表彰通报制度。

四、切实解决未就业高校毕业生见习的基本生活补助。高校毕业生见习期间由见习单位和地方财政部门根据当地实际情况,对见习高校毕业生提供基本生活补助。

五、不断改进和完善毕业生见习期间的各项服务工作。政府人事部门所属

人才中介服务机构要为见习高校毕业生免费提供人事代理等服务。各级公共就业服务机构要加强对参加见习高校毕业生的失业登记管理和就业服务工作。各级人事、劳动保障、教育部门要会同有关部门及时了解见习高校毕业生的求职需求和用人单位的用人需求,适时组织公益性的规模适度的供需见面会、双向选择活动,帮助见习高校毕业生顺利实现就业。见习期满仍没有落实就业单位的高校毕业生,由政府所属人才中介服务机构、公共职业介绍机构和高校毕业生就业服务机构继续进行就业指导和推荐就业。

六、充分发挥就业见习的作用,积极引进所需的毕业生。各地在做好回到原籍的未就业高校毕业生就业见习工作的前提下,可以根据本地区人才引进工作的需要,吸纳非本地生源毕业生参加就业见习,改善本地人才队伍结构,满足本地区经济社会发展对人才的需求。非本地生源毕业生参加见习享受的优惠政策,由各地根据实际情况自行制定。

七、加强对高校毕业生就业见习工作的领导。建立并实施高校毕业生就业见习制度是一项系统工程,要站在构建和谐社会和实施人才强国战略的高度,提高认识,统一思想,形成合力。各级人事、劳动保障、教育、财政、国有资产监管、国防科学技术工业管理等部门要发挥职能作用,切实负起责任,认真做好本部门承担的工作,共同研究解决工作中出现的新情况、新问题,定期对贯彻落实情况

进行督促检查，切实把高校毕业生就业见习制度建设作为促进毕业生就业的一项重要工作抓紧抓好。

二〇〇六年二月二月二十七日

关于组织开展高校毕业生到农村基层从事支教、支农、支医和扶贫工作的通知
国人部发〔2006〕16号

各省、自治区、直辖市党委组织部，政府人事厅（局）、教育厅（教委）、财政厅（局）、农业（农牧）厅（委、局）、卫生厅（局）、扶贫开发领导小组办公室，团委：

为贯彻落实《中共中央办公厅、国务院办公厅关于引导和鼓励高校毕业生面向基层就业的意见》（中办发〔2005〕18号），中央组织部、人事部、教育部、财政部、农业部、卫生部、国务院扶贫办、共青团中央决定，联合组织开展高校毕业生到农村基层从事支教、支农、支医和扶贫工作（以下简称“三支一扶”计划）。现将有关事项通知如下：

一、指导思想

实施高校毕业生“三支一扶”计划，要以邓小平理论和“三个代表”重要思想为指导，全面落实科学发展观和中央关于做好大学生志愿服务西部、服务基层工作的重要指示精神，引导和鼓励高校毕业生到西部去、到基层去、到祖国最需要的地方去，经受锻炼，健康成长，为促进农村基层教育、农业、卫生、扶贫等社会事业的发展、建设社会主义新农村和构建社会主义和谐社会作出贡献。

二、组织招募

按照公开招募、自愿报名、组织选拔、统一派遣的方式，从2006年开始连续5年，每年招募2万名高校毕业生，主要安排到乡镇从事支教、支农、支医和扶贫工作。

（一）组织领导。人事部联合教育部、财政部、农业部、卫生部、国务院扶贫办、共青团中央成立全国“三支一扶”工作领导小组和工作协调管理办公室，负责这项工作的总体规划、协调和指导工作。各省（自治区、直辖市）也要相应成立由人事、教育、财政、农业、卫生、扶贫、团委等部门组成的工作领导小组和工作协调管理办公室，研究制定具体的实施办法，落实本地区基层服务岗位，负责组织报名、招募、审核、体检、培训、派遣及相关材料的上报等工作。

（二）招募对象和条件。招募对象主要为全国普通高校应届毕业生，并应具

备以下条件：

1.政治素质好，热爱社会主义祖国，拥护党的基本路线和方针政策；

2.学习成绩合格，具有相应的专业知识；

3.具有敬业奉献精神，遵纪守法，作风正派；

4.身体健康。

（三）招募原则和程序。招募工作应坚持“公开、平等、竞争、择优”的原则，并应有一定比例的名额招募家庭经济困难的学生。具体招募工作可按以下程序进行：

1.汇总计划。每年4月底前，省级工作协调管理办公室要收集、汇总乡镇一级教育、农业、卫生、扶贫等基层岗位需求信息，并上报全国“三支一扶”工作协调管理办公室，同时面向社会公开发布；

2.组织招募。每年5月底前，各地根据下达的招募计划和实际情况，采取考核或考试的方式进行招募；

3.确定人选。经审核、体检确定人选后，省级工作协调管理办公室要组织“三支一扶”大学生签署《高校毕业生“三支一扶”计划申请书》，并于每年6月底前将“三支一扶”大学生名单上报全国“三支一扶”工作协调管理办公室备案；

4.培训上岗。各地要组织“三支一扶”大学生进行上岗前的集中培训，培训内容主要是党和国家有关基层工作特别是农业、教育、卫生、扶贫方面的方针政策、本地区基层工作的现状、拟服务单位和岗位的基本情况、乡镇共青团有关工作业务等。每年7月底前派遣“三支一扶”大学生到服务单位报到。

三、服务期间的管理

各地及有关部门要高度重视，积极制定和完善有关政策规定，切实做好“三支一扶”大学生的管理服务工作。

（一）户档管理。服务期间，“三支一扶”大学生户口应统一由省级工作协调管理办公室指定的有关机构管理，也可根据本人意愿将户口转回入学前户籍所在地，公安机关应按规定为其办理落户手续。人事档案原则上统一转至服务单位所在地的县级政府人事部门，党团组织关系转至服务单位。对服务期间积极要求入党的，由乡镇一级党组织按规定程序办理。

（二）日常管理。服务单位要负责为“三支一扶”大学生安排工作岗位，提供必要的生活条件，承担其日常管理工作，并根据工作需要积极为其提供业务培训机会。团县委要在每个接收“三支一扶”大学生的乡镇择优选拔1～2名条件适宜的大学生兼任乡镇团委副书记，并负责协调落实相关任职程序。领导小组成员单位及协调管理办公室要引导并教育“三支一扶”大学生遵纪守法，服从分配，虚心学习，联系群众，自觉遵守服务单位的各项规章制度，接受服务单位的管理，充分运用掌握的知识和技能为基层群众服务。

(三)考核管理。县级政府人事部门负责“三支一扶”大学生年度考核和服务期满考核工作，凡兼任乡镇团委副书记的大学生，由团县委会同乡镇党委负责考核其担任团干部期间的工作情况，并将考核材料汇总报送县级政府人事部门，考核情况存入本人档案，并报省级工作协调管理办公室备案。服务期满考核合格的，经省级工作协调管理办公室审核，颁发由人事部统一印制的《高校毕业生到农村基层服务证书》，作为服务期满后享受相关就业优惠政策的依据。“三支一扶”大学生应按照规定期限完成服务工作，由于身体状况等特殊原因不能继续服务的，须经省级工作协调管理办公室批准，并履行有关手续。

(四)经费保障。“三支一扶”计划服务期限一般为2～3年，工作期间给予一定的生活、交通补贴，统一办理人身意外伤害保险和住院医疗保险。上述费用及所需工作管理经费，由地方财政安排专项经费予以支付。中央财政将通过不断加大转移支付力度予以支持。

四、服务期满后的相关政策及就业推荐

各地及有关部门要重视和做好服务期满“三支一扶”大学生的就业工作，采取多种形式，开辟多种渠道，积极为其就业创造条件。

(一)各级人事、教育、财政、农业、卫生、扶贫、团委等部门要积极制定优惠政策，鼓励服务期满的“三支一扶”大学生扎根基层。原服务单位有职位空缺需补充人员时，应优先考虑接收服务期满考核合格的“三支一扶”大学生。县、乡各类事业单位，有职位空缺需补充人员时，也应拿出一定职位专门吸纳这部分毕业生。服务期满自主创业的，可享受行政事业性收费减免、小额贷款担保和贴息等有关政策。应届毕业生自愿到国家需要的艰苦地区、艰苦行业基层工作，服务达到国家规定年限，并符合相应条件的，可享受国家助学贷款代偿政策，具体办法另行制定。

(二)服务期满考核合格的“三支一扶”大学生，报考党政机关公务员的，可以通过适当增加分数以及其他优惠政策，优先录用。到西部地区和艰苦边远地区服务2年以上，服务期满后3年内报考硕士研究生的，初试总分加10分，同等条件下优先录取。对于已被录取为研究生的应届高校毕业生参加“三支一扶”项目的，学校应为其保留学籍。

(三)各级人事、教育、农业、卫生、扶贫等部门要制定切实有效措施，采取多

种手段，充分挖掘本系统就业岗位，积极吸纳“三支一扶”大学生进入本系统工作。各级人事部门要为“三支一扶”大学生建立专门的人才库，广泛收集各类用人单位的岗位需求信息，动员各类用人单位接收“三支一扶”大学生，有针对性地提供就业指导和推荐，帮助其落实就业单位。

（四）服务期满考核合格的“三支一扶”大学生，根据本人意愿可以回到原籍或到其他地区工作，凡落实了接收单位的，接收单位所在地区应准予落户。进入国有企事业单位的，由接收单位按照所任职务比照同等条件人员确定其职务工资标准；其服务期限，计算为工龄。在今后晋升中高级职称时，同等条件下优先评定。

五、工作要求

各级组织、人事、教育、财政、农业、卫生、扶贫、团委等部门要加强协调，密切配合，精心组织，狠抓落实，切实有效地实施高校毕业生“三支一扶”计划。

（一）要加强工作领导机构和工作管理机制的建设，明晰职责，相互支持，紧密合作，及时总结分析工作中出现的新情况、新问题，研究提出解决问题的办法和思路，把这项工作涉及的各项政策和措施落到实处。

（二）要关心爱护“三支一扶”大学生，建立定期联系制度，深入了解其上岗服务情况，及时协助解决其工作和生活上出现的问题。

（三）要注意发现和培养在基层作出突出贡献的“三支一扶”大学生，通过各种新闻媒体，广泛宣传典型事迹，努力营造良好氛围，唱响到基层去、到艰苦地区去、到祖国和人民最需要的地方去的时代强音。

二〇〇六年二月二十五日

教育部关于以就业为导向深化高等职业教育改革的若干意见

教高[2004]1号

高等职业教育是我国高等教育体系的重要组成部分，也是我国职业教育体系的重要组成部分。近几年，高等职业教育呈现出前所未有的发展势头，高等职业院校数、在校生数和毕业生人数持续增长，其规模已占普通高等教育的一半左右。以就业为导向，切实深化高等职业教育改革，是满足我国社会发展和经济建设需要、促进高等职业教育持续健康发展、办人民满意教育的关键环节。为贯彻落实党的十六大和中央人才工作会议精神，进一步促进高等职业教育改革的深入开展，现提出以下几点意见：

一、坚持科学定位，明确高等职业院校办学方向。高等职业教育应以服务为宗旨，以就业为导向，走产学研结合的发展道路。高等职业院校要主动适应经济和社会发展需要，以就业为导向确定办学目标，找准学校在区域经济和行业发展中的位置，加大人才培养模式的改革力度，坚持培养面向生产、建设、管理、服务第一线需要的“下得去、留得住、用得上”，实践能力强、具有良好职业道德的高技能人才。要扭转目前一些高等职业院校在高等职业教育中过多强调学科性的倾向，扭转一些学校盲目攀高升格倾向。要在全社会倡导并树立不同层次、不同类型学校都能办出一流教育的思想。所谓一流的教育，主要体现在先进的办学理念、先进的管理和服务、优质的办学条件和培养出高质量人才上，最根本的标准是要培养出受社会欢迎的各类高质量人才。高等职业院校都应立足高等职业教育领域，以鲜明的办学特色、过硬的人才培养质量和较高的毕业生就业率赢得社会的认可和尊重。

二、紧密结合地方经济和社会发展需求，科学合理地调整和设置专业。专业设置是社会需求与高等职业教育教学工作紧密结合的纽带，是学校教学工作主动、灵活适应社会需求的关键环节。高等职业院校在调整和设置专业时，要认真开展市场调研，准确把握市场对各类人才的需求情况，根据学校的办学条件有针对性地调整和设置专业。省级教育行政部门应支持学校根据社会需要，按照技术领域和职业岗位(群)的实际要求灵活设置专业；同时，要将就业状况作为专业设置及其结构调整的依据，对就业率连续三年低于全省(自治区、直辖市)平均水平的专业，应减少或停止安排招生计划；对不符合市场和社会需要的专业应予以撤销。

三、以培养高技能人才为目标，加强教学建设和教学改革。培养高技能人才必须有“双师型”教师队伍作支撑，各高等职业院校要采取有效措施，推动学校的教师定期到企业学习和培训，增强实践能力。同时，要积极聘请行业、企业和社会中(含离退休人员)有丰富实践经验的专家或专业技术人员作为兼职教师。各地教育行政部门要根据高等职业教育的特点，在职称评定、教师聘任等方面单独制定适合“双师型”教师发展的评聘制度，为“双师型”教师队伍建设提供政策支持。要根据高技能人才培养的实际需要，借鉴国内外成功的高等职业教育经验，运用现代教育理念，改进理论教学，改革教学方法，重视现场教学和案例教学。学校要将职业道德教育与职业素质教育内容融入课程教学中，加强学生职业能力与职业养成教育。教材内容要紧密结合生产实际，并注意及时跟踪先进技术的发展。要特别重视高等职业院校实习实训条件的建设。各地教育行政部门要根据本地区的实际需要，认真制定本地区高等职业教育实训基地的整体建设规划，并采取有效措施认真落实规划内容。不断更新教学设施和仪器设备，保证学

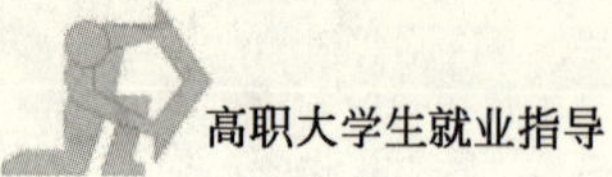

生有足够时间的、高质量的实际动手训练，切实提高学生的职业能力，满足高技能人才培养的需要。要在中心城市或高等职业院校比较集中的地区，创建一批起示范作用的高等职业教育实训基地，实现该地区职业教育的资源共享，担负该地区相应专业学生的实训、教师培养以及职业技能鉴定等任务。2004 年，各地应重点落实教育部等六部委共同启动的“国家技能型紧缺人才培养培训工程”和国家示范性软件职业技术学院建设工作，加快培养社会急需的高技能人才。

四、积极开展订单式培养，建立产学研结合的长效机制。产学研结合是高等职业教育发展的必由之路，要积极探索校企全程合作进行人才培养的途径和方式。高等职业院校要大力开展订单式培养，从专业设置与调整、教学计划制定与修改、教学实施、实习实训直至学生就业等方面，充分发挥企业和用人单位的作用。各省级教育行政部门要积极支持高等职业院校开展订单式培养，重点培育一批与本地支柱产业发展密切相关、在产学研结合方面特色突出、以订单式培养为特色的高等职业院校，每所高等职业院校都要形成一批以订单式培养为特色的专业。要重视地方政府在高等职业教育规划和发展中的统筹、协调等作用，有条件的地区可以根据需要组建机械、电子等不同类别、各具特色的“职教集团”，探索产学研结合发展高等职业教育的新道路。

五、大力推行“双证书”制度，促进人才培养模式创新。各地教育行政部门要主动与当地劳动、人事部门及相关行业厅(局)共同配合，在高等职业院校大力推进职业资格证书制度。认真落实劳动保障部、教育部、人事部《关于进一步推动职业学校实施职业资格证书制度的意见》(劳社部发[2002]21 号)，选择部分具备条件的高等职业院校的主体专业，推行学生毕业取得学历证书的同时，直接取得职业资格证书的试点工作。高等职业院校必须把培养学生动手能力、实践能力和可持续发展能力放在突出的地位，促进学生技能的培养。要依照国家职业分类标准及对学生就业有实际帮助的相关职业证书的要求，调整教学内容和课程体系，把职业资格证书课程纳入教学计划之中，将证书课程考试大纲与专业教学大纲相衔接，改进人才培养方案，创新人才培养模式，强化学生技能训练，使学生在获得学历证书的同时，顺利获得相应的职业资格证书，增强毕业生就业竞争能力。对就业形势不好的专业，学校应在学生毕业前半年，及时为学生调整专业方向，补充相关课程，强化职业技能培训，促进就业。对于毕业时未能落实工作单位的学生，在学生自愿的前提下，学校应在毕业后一段时间内对其组织职业技能培训，使其获得相应的职业资格证书，增强毕业生的就业竞争能力。2004 年，各地教育行政部门要与当地劳动保障、人事部门及相关行业厅(局)共同配合，继续实施高等职业院校毕业生职业资格培训工程，力争 80%以上有职业资格证书领域的高等职业院校毕业生都能取得“双证书”。2006 年，这一比例要达到 90%以上。

六、大力推进灵活的教学管理制度，引导学生自主创业。高等职业院校应根据本地区、本行业的人才需求状况以及职业技术与职业岗位的特点，以满足岗位(群)的能力、素质培养要求为标准，在各专业中推行弹性学制和以学分制为主要内容的灵活的教学管理制度。学校应积极开设“辅修专业”、“第二专业”或“双专业”以及系列实用课程等，允许学生在相关专业领域自主选择学习，以灵活的专业和课程设置，培养社会需要的复合型职业技术人才。积极鼓励学生自主创业。学校应开设创业课程，培养学生的创业意识，为学生自主创业提供实际锻炼的平台，并在管理制度等方面创造条件，促进他们成功创业。

七、积极进行高等职业教育两年制学制改革，加快高技能紧缺人才培养。为推动高等职业院校正确定位，加快高技能紧缺人才培养，要把高等职业教育的学制由三年逐步过渡为两年。要通过学制改革推动高等职业教育在课程体系和教学内容等方面的改革，突出职业教育的灵活、快捷和适应性强的特点。国家示范性软件职业技术学院建设单位、参与国家技能型紧缺人才培养工程的院校和中央广播电视大学的相关专业，要从 2004 年入学的新生开始，实施两年制试点。今后，凡新批准设立的高等职业院校原则上都实行两年学制。各省级教育行政部门也应积极组织开展高等职业教育两年制试点工作，取得经验后逐步推开。

八、以就业为导向，进一步完善高等职业教育人才培养工作水平评估制度。国家将建立五年一轮的评估制度。今后，高等职业院校每五年都要接受一次评估。毕业生的就业状况将作为检验学校办学水平的核心指标，就业率较低的院校不能被评为良好和优秀。各省级教育行政部门应对办学水平高、评估结论为“优秀”的院校在跨省招生和灵活设置专业等方面给予积极支持，使优质的教育教学资源发挥更大的作用。各省级教育行政部门要认真执行《教育部关于进一步深化教育改革 促进高校毕业生就业工作的若干意见》(教学〔2003〕6 号)精神，坚持学校办学“三个适度挂钩”的要求，即将就业工作与院校的事业发展、专业设置、评估结论相挂钩，推动高等职业院校以就业为导向，促进高等职业教育改革和发展。对就业率明显低于全国平均水平的省(自治区、直辖市)，我部将在一段时间内对这些省(自治区、直辖市)审批设立的高等职业院校暂缓备案或不予备案，以督促重视对高等职业院校的投入，提高教育质量，促进就业。同时，要加强对高等职业教育的规范管理，特别是对一些非高等职业院校举办的名不副实的高等职业教育要进行整顿和清理。

九、加大宣传力度，在全社会树立高等职业教育主动服务于社会经济发展的

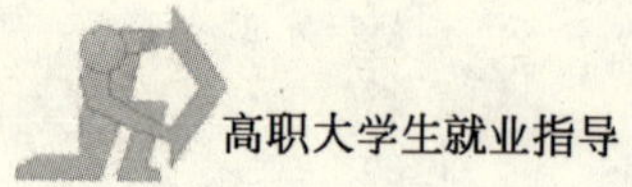

良好形象。国家和省级人民政府将要陆续实施一批示范性高等职业院校、精品专业等项目。要加大对这些优秀成果的宣传力度，树立在人才培养和就业工作中的先进典型，以引导全国高等职业教育建设和改革的正确方向，增强社会对高等职业教育的了解和认可，促进高等职业院校毕业生就业。

十、各地教育行政部门要充分认识以就业为导向，深化高等职业教育改革对于促进我国经济和社会发展的重要意义，结合本地实际情况，认真贯彻落实本意见精神，并将改革进展情况及时报我部。

二OO四年四月二日

周济同志在2007年全国高校毕业生就业工作会议上的讲话
2006年11月20日

陈至立国务委员在百忙之中出席“全国高校毕业生就业网络联盟”及首次招聘月启动仪式，体现了中央领导同志对高校毕业生就业工作的高度重视。今天，教育部、人事部、劳动保障部等部门共同召开2007年全国普通高校毕业生就业工作会议，会议的主要任务是学习贯彻十六届六中全会精神，进一步落实中共中央办公厅、国务院办公厅《关于引导和鼓励高校毕业生面向基层就业的意见》（以下简称中办发18号文件）和2006年中组部等十四部委《关于切实做好2006年普通高等学校毕业生就业工作的通知》（以下简称十四部委8号文件）精神，总结2006年全国高校毕业生就业工作，全面部署2007年工作。下面我讲四点意见。

一、2006年全国高校毕业生就业工作取得显著进展

在党中央、国务院的领导下，有关部门密切配合，各地党委政府高度重视，高等学校狠抓落实，2006年全国高校毕业生就业工作取得了显著进展，主要体现在以下几个方面：

一是实现了就业率水平基本稳定和就业人数的较大增长。2006年全国普通高校毕业生达413万人，比2005年净增75万，增幅为22.2%。通过各方面的共同努力，截止到9月1日，2006年全国普通高校毕业生初次就业率与2005年相比基本稳定，落实就业的毕业生人数有较大增长。

二是引导和鼓励高校毕业生面向基层就业工作取得积极进展。各地、各部门和高等学校全面贯彻中办发18号文件精神，积极完善政策措施，层层狠抓落实。中组部、教育部、人事部、劳动保障部、团中央等部门对7省市进行了专项督查；部际联席会议各部门用一年左右的时间出台了10多个工作文件，对毕业生

到基层就业、自主创业、从事个体经营加大了政策支持力度。中编办为西部和艰苦边远地区乡镇下达了5000名周转编制；劳动保障部为到基层就业创业的毕业生积极开展培训、见习等多种服务；人事部门牵头启动了“三支一扶计划”；团中央等部门继续实施了“大学生志愿服务西部计划”；财政部、教育部启动了农村教师“特岗计划”，并出台了《高等学校毕业生国家助学贷款代偿资助暂行办法》。目前，已有26个省份制定了地方配套文件，25个省份为到艰苦边远地区就业的毕业生减免助学贷款，一大批高校也都出台了奖励、表彰等鼓励措施。

三是各类招聘服务丰富多彩，就业市场有序发展。教育、人事、劳动保障三部门首次共同举办“2006年应届高校毕业生网上联合招聘活动”。教育部通过“中国高校毕业生就业服务信息网”等网络，与国家发展改革委、国资委、商务部等部门联合为毕业生举办了12场全国性大型网上招聘会；人事部举办了“高校毕业生就业服务周”活动，劳动保障部在全国主要城市开展了“毕业生就业服务月”活动。各省区就业主管部门举办了500多场较大规模现场招聘会和150多场较大规模网上招聘会。高校就业信息化建设进一步提速，全国93%的高校都建立了毕业生就业信息网。各高校千方百计收集需求信息，促进了供需双方有效对接。

四是以就业和社会需求为导向的高等教育改革不断深化。有27个省份开展了就业评估，所有省份都把毕业生就业状况纳入高校教学评估指标体系，并与年度招生计划适度挂钩。例如，安徽省教育厅今年调减了低于全省就业率平均水平的6所高校的招生计划4130人。一大批高职高专院校自觉地以市场需求设置专业，注重技能培养和社会实践，实施“双证书”制度，强化职业技能培训，毕业生适应市场和基层需求的能力明显提高。

五是毕业生的社会保障服务体系建设取得了新的进展。有关方面认真落实十四部委8号文件，加大了相关工作力度。劳动保障部门首次从今年9月1日开始对未就业毕业生进行失业登记，提供多种就业服务和帮助；民政部门将生活困难的毕业生纳入低保，提供社会救助。教育部门组织中西部8个省份的35所高校实施了提升贫困生就业能力的项目。高校也普遍对这部分毕业生在求职过程中给予了重点指导、重点服务、重点培训和重点推荐。

2006年全国普通高校毕业生就业工作战胜了诸多困难和挑战，取得了显著进展。借此机会，我代表教育部，代表高校毕业生就业工作部际联席会议各部门，向关心、支持、参与高校毕业生就业工作的各部门、各地区、各有关方面的领导和同志们表示衷心的感谢，向辛勤奋斗在毕业生就业工作第一线的同志们表示亲切的慰问。

二、进一步提高认识，把高校毕业生就业工作摆在更加突出的重要的位置

党的十六届六中全会通过的“决定”把社会就业比较充分列入构建社会主义和谐社会的目标和主要任务，并对做好高校毕业生就业工作提出了明确要求，强调要引导和鼓励大学生到基层建功立业，强调注重增强学生的实践能力、创造能力和就业能力、创业能力，强调要加强大学毕业生就业指导与服务。我们要全面深入地学习领会和贯彻六中全会精神，充分认识到在构建社会主义和谐社会进程中做好高校毕业生就业工作的重要性，切实增强做好这项工作的主动性和自觉性。

第一，做好高校毕业生就业工作是促进经济社会发展、建设创新型国家的强烈需求

高校毕业生是国家宝贵的人才资源，是社会中最富有朝气、最富有活力、最富有创造性的群体。我国经济及各项社会事业的持续、快速、健康发展，需要大量的高校毕业生，相对于社会主义现代化建设的需要，相对于创新型国家的人才需求，大学生不是多了，我们还要继续完成培养数以千万计的高素质专门人才和一大批拔尖创新人才的光荣任务。当前高校毕业生就业面临的主要困难是结构性矛盾突出，主要反映在毕业生就业的区域分布和行业分布上，有业不就和无业可就的现象并存。我们要把高校毕业生就业摆在更加突出的位置，把高校毕业生输送到国家建设最需要的地方去，充分发挥他们的聪明才智，为社会主义现代化建设提供有力的人才支撑和智力支持。

第二，做好高校毕业生就业工作是维护人民群众切身利益的现实需要

就业是民生之本，是涉及百姓切身利益的民生问题。党的十六届六中全会强调要重点解决人民群众最关心、最直接、最现实的利益问题。高校毕业生就业是全社会就业的重要组成部分，做好高校毕业生就业工作是促进社会和谐的重要内容。大学生多年寒窗苦读，国家培养，家庭倾力支持，每个学生身后都有一个充满期盼的家庭。如果毕业生不能顺利就业，不仅直接影响毕业生个人的生活和思想情绪，还会给毕业生家庭带来精神和经济负担，会诱发各种矛盾和问题。

第三，做好高校毕业生就业工作是落实科学发展观，提高高等教育质量，保持高等教育持续健康发展的本质要求

近年来，我国高等教育发展取得了显著成绩，进入大众化教育阶段，这是值得充分肯定的。但与此同时，高等教育在快速发展的过程中也出现了一些新情况、新问题，其中，高等教育的人才培养质量还不能适应经济社会发展的需要。

高校毕业生的就业问题在高等教育发展链条中处于关键位置，我们必须牢固树立以就业和社会需求为导向的意识，切实把高等教育发展的重点放到提高质量上来，优化人才培养模式。

高校党政领导要高度重视毕业生就业工作，把毕业生就业当作学校发展的重点问题，当作学校发展的关键问题。主要领导必须亲自抓，切实把"一把手"工程落实到位。特别要强调的是，一些就业率还比较低的学校，老百姓往往也就会认为是办学质量比较低的学校，这些学校的就业工作还需要大力加强和改进，这些学校的党政一把手更要亲自抓，要调动学校内部各方面力量，赶紧扭转被动局面，否则，这样的学校是没有前途的。同志们要充满感情地抓就业工作，要负责任地抓好就业工作，努力做到：对毕业生极端的热忱，对大学生就业工作极端地负责任。

三、全力以赴做好 2007 年全国普通高校毕业生就业工作

2007 年，全国普通高校毕业生达到 495 万，比 2006 年增加 82 万，增幅达 20%。在全社会就业形势比较严峻、城镇新增就业岗位有限的背景下，高校毕业生就业的压力仍然非常突出。对此，必须有清醒的认识和判断。根据高校毕业生就业工作部际联席会议精神，2007 年要立足当前，着眼长远，全力以赴，精心做好以下几方面的工作：

（一）要把引导和鼓励毕业生面向基层就业作为重中之重，持之以恒地抓下去

引导高校毕业生面向基层就业，是未来一个时期高校毕业生就业工作的方向。各地和有关部门要积极组织开展调查研究，梳理政策，总结经验，剖析问题，探索规律，努力构建长效机制。要深入贯彻落实中办发 18 号文件、十四部委 8 号文件精神，重点落实好代偿助学贷款、考研考公务员加分、生活补贴、户档迁转、职称评定、权益保障、创业扶持等事关毕业生切身利益的政策；要积极探索建立政府开发基层公共服务岗位的新机制，加强项目间的政策衔接和适当整合；要加大在资金和编制等方面的条件保障，切实做到组织到位、政策到位、项目到位、保障到位，抓出实效，抓出长效。

（二）加大宏观调控力度，积极强化政府促进就业职能

要加大政府促进高校毕业生就业的宏观调控力度，一是要进一步落实中央和地方两级管理、以地方管理为主的工作体制，尽快健全市、县级毕业生就业领导协调机构；二是要实施积极促进高校毕业生就业创业的相关政策，按照中央要求，扩大再就业政策扶持范围，加大对高校毕业生的政策支持力度；三是要大力

开发适合大学生的就业岗位，努力向国家重点工程项目、经济技术开发区、高新技术产业开发区、社会公益性岗位和跨国公司服务外包领域等，输送更多的高校毕业生人才，创造条件大力扶持高校毕业生自主创业；四是要积极培育市场，推进以校园市场为主体，以常设性、区域性、行业性、高校间协作市场为补充，教育、人事、劳动三大市场资源共享，国家、地方、学校三级市场相贯通的市场体系建设。

（三）加快建设和完善对高校毕业生的社会保障体系

完善针对高校毕业生的社会保障体系是在新形势下引导毕业生到基层就业、实现毕业生充分就业的重要保证，各地和有关部门要切实把高校毕业生就业纳入社会就业大系统，加快完善对高校毕业生的社会保障。对于高校毕业生以灵活方式就业、到基层就业的，要在户籍管理、劳动关系形式、社会保险缴纳和保险关系接续等方面提供保障；要尽快健全对离校后未就业高校毕业生的社会保障，认真做好9月1日起未就业毕业生的失业登记工作，为他们提供职业介绍、培训、就业见习、人事劳动保障代理等系列服务。

（四）加强机构和队伍建设，尽快完善高校内部就业工作体系

各高等学校尤其是民办高校、高职院校、新办院校要将就业工作作为学校改革发展的一项重要工作抓好，落实好“一把手”工程，完善“领导主抓、中心统筹、院系为主、全员参与”的校内就业工作体系。所有高校都必须成立专门的就业指导服务机构，调集精兵强将充实工作队伍，在人、财、物等方面予以重点倾斜；要加快建设素质高、业务精、有爱心、讲奉献的工作队伍，加快开展就业指导教师培训和认证工作；加强就业指导课程建设，把就业指导课列入必修课或必选课，积极开发教材，完善课程体系。

（五）完善评估督查机制，促进高等教育规模、结构、质量和效益协调发展

今后一个时期，各地和各级教育部门要以科学发展观为指导，把相对稳定招生规模、切实提高高等教育质量作为发展的首要任务。这里要强调几点，一是要完善就业工作评估体系，定期、全面地开展就业工作评估检查，对先进典型进行宣传表彰，对存在的问题要限期整改。二是要切实把就业状况作为高校本科教学评估的一级指标，作为高职院校和独立学院教学评估的核心指标，从2007年起，在教学评估中突出对就业状况的考查，不仅要看就业率，还要看就业工作的举措是否落实；明年检查的重点就是高校就业率的真实性，对就业率作假的高校实行“一票否决”，并把处理结果向全社会公布。三是要深入落实就业状况与招生计划、专业设置等高校发展的18项工作适度挂钩的制度，2007年要将就业率与年度招生计划适度硬挂钩，坚决调减就业率低的高校和专业的招生名额，及时

调整学科布局和专业设置。四是要切实转变人才培养模式和机制，完善实践教学体系，努力提高学生的实践能力、创造能力和就业能力、创业能力。高职院校必须紧紧围绕培养应用型高技能人才这一目标，尽快与行业、企业建立一大批实习基地，确保学生有半年以上的实习时间；要把毕业生获得职业资格证书作为硬任务，确保就业资格准入的相关专业 80%以上的毕业生能获得"双证书"。要采取强有力的措施做好这件事情，这是教育教学改革的重要组成部分，也是就业工作的重要组成部分，今年要作为工作重点抓好。2007 年要把"双证书"获取率和"双师型"教师数量作为高职院校教学评估的重要指标。

(六)推动社会就业观念的转变，营造有利于大学生就业的舆论氛围

各地和高校要把就业宣传教育作为就业工作的重要组成部分，把职业指导和就业教育贯穿大学教育的始终；要加强调查研究，及时了解和掌握当前高校毕业生的就业心态和思想动向，有的放矢地开展就业教育活动；要把教育学生与引导舆论密切结合起来，在媒体上开展主题突出、特色鲜明、内容丰富的正面宣传报道，积极宣传党和国家的政策、各地促进就业的经验以及基层创业的先进典型，逐步引导广大毕业生、家长及全社会更新就业观念，营造有益于工作的舆论氛围和社会环境。

四、开展全面服务年活动，把各项服务工作做细做实做好

按照全国高校毕业生就业工作部际联席会议要求，2007 年是高校毕业生就业全面服务年，要大力完善服务体系，创新服务手段，丰富服务内容，提高服务水平。各地各部门各高校要坚持以学生为本，把"一切为了学生，为了一切学生"作为就业工作的理念，满腔热情、精心周到地为毕业生提供各项就业服务，重点要做好以下几方面的服务工作：

(一)依托高校毕业生就业网络联盟，积极开展网上求职招聘活动

成立全国高校毕业生就业网络联盟，是"就业全面服务年"的一项重要活动，是建立国家大学生就业信息发布制度和联合招聘制度的重大举措，也是新形势下全面提升信息服务水平、使毕业生就业服务实现跨越的宏伟工程。就业网络联盟将通过联合各大行业部门、主要用人单位和有关高校，采用搜索引擎技术、远程面试技术、网络技术搭建高效便捷的网络平台，通过多样化的招聘形式和多种方式的信息共享，实现行业部门、高等学校、用人单位和毕业生在网上的直接面对面，使信息发布实时化、网络招聘常年化，使网上就业服务做到"全天候、多功能、广覆盖"，从而逐步改变目前信息不对称的情况，改变人才招聘大会的无序混乱状况，降低求职招聘成本，为高校毕业生充分就业和用人单位广纳贤才，提

供更加优质的服务。

网络联盟将持续地开展各种活动，不断拓展丰富服务功能和服务内容。希望各部门、各地、各高校切实予以重视，认真统筹，加强协调，周密安排，精心组织，确保物质保障和技术支持到位，积极动员有关单位参加联盟，积极参与联盟的相关活动。有关主管和承办单位要搞好联盟的建设、发展和运营维护，相关单位要加强配合，广泛收集并及时发布各类相关信息，努力探索信息共享的有效机制。从2007年起，教育系统要把所有教师岗位招聘信息及时上传到就业网络联盟网站。各地要适度整合网络资源，完善信息服务体系。高等学校也要加强就业网的建设和维护，不断丰富网络服务功能。

（二）围绕落实毕业生面向基层就业的项目细致做好服务工作

各地和高校要精心实施好“大学生志愿服务西部计划”、“三支一扶计划”、“农村教师特岗计划”、“大学生村官计划”等各个项目，广泛开展动员组织工作，持续地关注已经下基层的毕业生，特别要为服务期满的毕业生提供周到的就业服务，使他们切实感受到政府、学校、社会的关心和温暖。

（三）认真细致地做好就业政策咨询和信息服务

各地方、部门和高校要主动地把国家和地方促进高校毕业生就业的政策信息及时传递给毕业生，帮助毕业生掌握政策，吃透政策，用好政策。高等学校要主动“走出去、请进来”，举全校之力为毕业生收集就业信息，拓展就业市场。

（四）突出“两个加强”，积极援助就业困难的重点人群

各地要采取切实措施，加强对薄弱学校特别是高职院校、民办高校、新办院校毕业生的服务，加强对经济贫困、身体残疾、长线专业等有求职困难的毕业生的服务。高校要积极开展就业帮扶工作，各级公共就业服务机构和有关部门也要进一步落实培训、见习等帮扶措施，努力帮助毕业生实现就业。

（五）加强监管，切实维护好毕业生的合法权益

各地和有关部门要加强对毕业生的求职安全教育，切实保障毕业生参加招聘活动的安全；要进一步加强对各类就业市场的管理，教育行政部门和高校要尽快建立用人单位招聘毕业生信用档案，以积极主动的态度切实维护好毕业生的合法权益。

（六）善始善终地做好毕业生离校前的各项工作，确保校园稳定

高校要把离校前的各项服务做细做实，精心设计毕业教育的各个环节，隆重举办毕业典礼等活动，营造良好的校园氛围，倡导学生文明离校；要简化环节、方便快捷地为毕业生办理派遣等手续，善始善终地做好服务工作。尤其要强调的是，在当前严峻的就业形势下，部分学生因就业带来较大的心理压力，极易形成

不稳定因素，有关部门和高等学校要及时进行排查和处理，化解矛盾。

2007年高校毕业生就业工作即将展开，各地、各高校要立即行动起来，按照本次会议精神，抓紧动员部署，明确目标任务，抓住关键环节，落实工作责任，精心组织实施，扎实做好各项工作。通过我们不懈的努力，努力推动高校毕业生就业工作不断前进，切实使毕业生得到较完善的就业服务和社会保障，以做好高校毕业生就业工作的实际行动，为构建社会主义和谐社会作出新的贡献。

参考文献

[1] 江光荣.选择与成长——大学生心理学.武汉:华中师范大学出版社,2004
[2] 何详林,谢守成.大学生职业生涯规划与就业指导.武汉:华中师范大学出版社,2004
[3] 郑晓边.心灵成长——校园生活中的健康心理与辅导.合肥:安徽人民出版社,2006
[4] 谢志远.大学生创业教育与创业精神的培育[J].船山学刊,2004(3)
[5] 谢相勋.论培养学生独立创业精神的现代人格——高等教育面向21世纪的重要使命[J].乐山师范高等专科学校学报,2000(4)
[6] 雷卫平.浅议高校学生工作中的人本思想[J].科技创业月刊,2005(7)
[7] 贾文华.试论大学生创业精神与创业能力的培养[J].商丘师范学院学报,2006(3)
[8] 赵居孔.大学生就业与创业指导教程.北京:机械工程出版社,2001
[9] 孙江林.大学择业智典.北京:中国国际广播出版社,2001
[10] 王路江.大学生就业指导.北京:高等教育出版社,1998
[11] 吴洪涛.高等教育大众化背景下我国大学生就业探析.中国大学生就业,2003(2)
[12] 罗双平.职业生涯规划.北京:中国人事出版社,1999
[13] 程社明.你的职业-职业生涯开发与管理.北京:改革出版社,1999
[14] 沈之菲.生涯心理辅导.上海教育出版社,2000
[15] 孙淑云.厚积薄发.北京:中国时代经济出版社,2002.
[16] 朱健,费毓芳.大学生就业实用手册.上海交通大学出版社,2003
[17] 刘晓波.大学生就业指导.武汉:华中科技大学出版社,2002
[18] 张遐道.大学生求职指南.南京大学出版社,1998
[19] 朱永新,陶新华.我们需要怎样的员工.北京:高等教育出版社,2003
[20] 张再生.职业生涯管理.北京:经济管理出版社,2002